TOEIC® L&R TEST
ドリルでマスター
出る順英単語

出る単語を出る順番に700語収録

西嶋愉一
Yuichi Nishijima

無料音声
ダウンロード付

ベレ出版

目次

はじめに

▃▃▃▃▃ ▃ ▃ ▃▃▃▃▃

　TOEIC L&R テスト（以下 TOEIC）で高いスコアを獲得するには、語彙の習得が不可欠であることは議論をまちません。ところがこの語彙というものはなかなか厄介で、単語集を読んでいれば覚えられるというものではありません。覚えた語彙をすぐに使ってみる、覚えた単語に他の場所で出合う、といったことが、語彙を記憶に定着させるためには必要になってきます。

　本書では、単語集とパート 5 形式の問題集を組み合わせることで、問題を解きながら覚えた語彙にすぐ出合う仕掛けを作りました。収録した単語は、日本と韓国で出版された公式問題から作成したコーパスをもとに各パートについて使用頻度順のリストを作り、著者の経験を反映して選定した重要語です。

　この重要語を使ってパート 5 形式の問題集を作りました。問題作成はこの分野で定評のあるロス・タロックさんにお願

いしました。400 問の問題は、どれも本書に収録した見出し
語とその派生語が正解になるように作られています。さらに、
不正解選択肢のおよそ半分は見出し語またはその派生語です
から、問題を解くことで覚えた語彙にすぐ出合って記憶をリ
フレッシュすることができます。

　本書の見出し語には、TOEIC の各パートで使われる形に
近づけた例文を収録してあります。例文と一緒に覚えること
で、語彙を単独で覚えようとするよりも使用シーンをイメー
ジしやすく、記憶に定着しやすくなります。ぜひ活用してく
ださい。

　本書を隅々まで使っていただけること、そして、目標スコ
ア達成のお役に立てることを願っています。

西嶋　愉一

本書の構成と使い方　本書は単語編と問題編の2つの要素で構成されています。単語編に収録した見出し語が問題編で使われているので、両方を学習することで語彙を記憶に定着させやすくなります。

単語編の構成

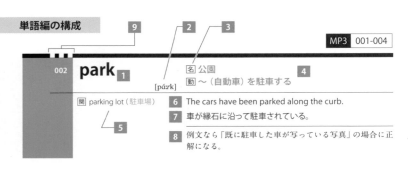

1	見出し語	見出し語はTOEICのパートごとに出現頻度順に並んでいます。出現頻度は、日本と韓国で出版されている現行形式（いわゆる新形式）の公式問題をもとに作成したコーパスを用いてカウントしています。語彙の選定にあたっては、出現頻度だけでなく著者の経験を反映して重要語を選んでいます。
2	発音記号	アメリカ発音の発音記号を記載しています。
3	品詞	

記号の説明	名 名詞	動 動詞	形 形容詞	副 副詞
	前 前置詞	類 類義語	反 反意語	関 関連語

4	見出し語訳	TOEICで使われることの多い訳を記載しました。
5	関連情報	派生語、類義語、反意語、関連語を記載しています。
6	例文	見出し語の例文です。TOEICのパートごとに、そのパートに出現する形に近づけた例文にしました。
7	例文訳	できるだけ英文に忠実かつ不自然な表現にならないように訳しています。
8	解説	TOEICでの使われ方、頻出表現、注意点などを記載しています。
9	チェックボックス	マスターできたと思ったらチェックを入れてください。

単語編の使い方

1 見出し語は目で見て分かるだけではなく、音で聞いた時に、瞬時に認識できることが大切です。

2 発音記号を見ながらダウンロード音声も聞いて確認しましょう。本書を見ずに音だけ聞いて、その単語の意味や用法をすぐに思い出せるようにしておきましょう。

3 品詞と **4 見出し語訳**を確認しましょう。品詞が分かれば文法問題の正解率が、ぐん！と上がります。特に紛らわしい品詞は注意して、確実に押さえておきましょう。辞書を見れば、見出し語にはさまざまな意味がありますが、ここではTOEICで出題されやすい意味に絞って載せています。まずはここに出ている見出し語訳を確実に覚えるようにしてください。

中学校で習うような基本的な単語にもTOEIC特有の使われ方があります。基本単語の見出し語には、特に注意してください。

5 関連情報が充実しているのが本書の大きな特長の一つです。別品詞や言い換え表現などの知識のストックを充実させておくことが、中級レベルの方のスコアアップに非常に有効です。見出し語と一緒に関連情報も覚えるようにしましょう。

全ての見出し語に、TOEICのパートごとの **6 例文**と **7 例文訳**がついていることも、本書の特長の一つです。TOEICによく出る形の例文を丸ごと覚えてしまえば、文をそのまま理解する力がつきます。最後に **8 解説**の内容を確認しましょう。単語はさまざまな方法で何度も繰り返すことによって、自然に頭に定着します。目で見る、耳で聞く、知識を確認する、例文を音読するなど、自分に合った方法を駆使して、本物の単語力を身につけてください。

本書の構成と使い方

問題編の構成

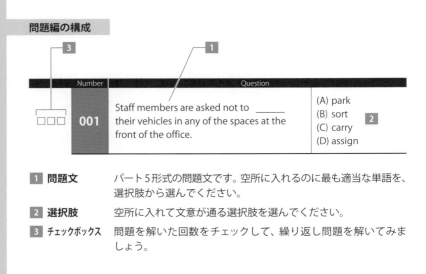

1 問題文 パート5形式の問題文です。空所に入れるのに最も適当な単語を、選択肢から選んでください。

2 選択肢 空所に入れて文意が通る選択肢を選んでください。

3 チェックボックス 問題を解いた回数をチェックして、繰り返し問題を解いてみましょう。

問題編解答ページ

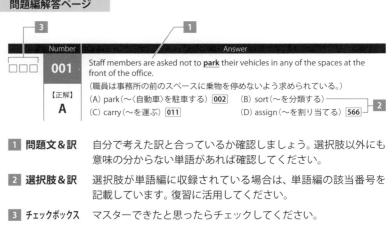

1 問題文＆訳 自分で考えた訳と合っているか確認しましょう。選択肢以外にも意味の分からない単語があれば確認してください。

2 選択肢＆訳 選択肢が単語編に収録されている場合は、単語編の該当番号を記載しています。復習に活用してください。

3 チェックボックス マスターできたと思ったらチェックしてください。

問題編の使い方

基本的な本書の使い方は、①まずしっかりと**単語編**の見出し語を覚えてから、覚えたことを確認し定着させるために、**問題編**に取り組むという方法です。問題編はTOEICのパート5の語彙問題形式になっています。短文の意味を読み取り、全体の文意が通る選択肢を選んでください。その際に、意味の分からない選択肢があったらチェックし、解答ページで確認するようにしましょう。大切な単語は何度も選択肢に出てきます。何度も繰り返し目にすることで記憶に定着していきます。

②試験本番まで時間がないという方は、先に**問題編**に取り組むという方法も有効です。問題を解いてみて、分からなかった単語や間違えた問題をチェックします。チェックした単語は**単語編**に戻って確認してください。単語編にはさまざまな情報が詰まっていますので、解けた問題であっても後で単語編の解説も見るようにしてください。

解答ページには、問題文と選択肢の日本語訳が載っていますので、必ずチェックするようにしてください。選択肢の中で本書の見出し語になっているものは、単語編の対応番号を付けていますので、その番号に戻って確認するようにしてください。このように、単語編と問題編を何度も行き来することで、重要な単語が自然と覚えられるようになっています。本書を使い倒して、TOEICのスコアアップを達成してください。

本書は、問題を解きながら何周もする（何度もやり直す）ことで、単語の情報を記憶に定着させられることが大きな特長です。問題編に出てくる全ての選択肢の訳を瞬時に思い出せるようにしておきましょう。特に解答ページに単語編の対応番号が載っている選択肢は重要です。単語を見た（聞いた）だけで、単語編にある見出し語の訳や品詞、関連情報や例文、解説の内容といったものまで頭に浮かぶようになれば、その単語を完全にマスターしたと言っていいでしょう。

ダウンロード音声について

パソコンからのダウンロード

❶ パソコンで「ベレ出版」サイト内、『TOEIC L&R TEST　ドリルでマスター 出る順英単語』の詳細ページへ。「音声ダウンロード」ボタンをクリック。（ URL https://www.beret.co.jp/book/47278 ）
❷ 8 ケタのコードを入力してダウンロード。
　 ダウンロードコード：**pmDEeBgh**

《注意》スマートフォン、タブレットからのダウンロード方法については、小社では対応しておりません。
＊ダウンロードされた音声は MP3 形式となります。zip ファイルで圧縮された状態となっておりますので、解凍してからお使いください。
＊zip ファイルの解凍方法、iPod 等の MP3 携帯プレイヤーへのファイル転送方法、パソコン、ソフトなどの操作方法については、メーカー等にお問い合わせくださるか、取扱説明書をご参照ください。小社での対応はできかねますこと、ご理解ください。

スマートフォン・タブレットからのダウンロード

 abceed
AI英語教材エービーシード

ご利用の場合は、下記のQRコードまたはURLより
スマホにアプリをダウンロードしてください。

 https://www.abceed.com
abceedは株式会社Globeeの商品です。

＊以上のサービスは予告なく終了する場合
　がございます。
＊音声の権利・利用については、小社サイト
　内［よくある質問］にてご確認ください。

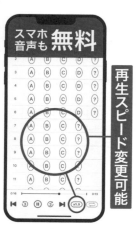

1 単語編

単語はパートごとに「出る順」に並んでいます。
前から順番に覚えていきましょう。

Part 1

---

001 **put**
[pút]

動 ～を置く、～を載せる

A man is putting on a tie.

男性はネクタイを身に着けている。

put on（身に着ける）、put away（しまう、片付ける）などの形で頻出。

---

002 **park**
[páːrk]

名 公園
動 ～（自動車）を駐車する

関 parking lot（駐車場）

The cars have been parked along the curb.

車が縁石に沿って駐車されている。

例文なら「既に駐車した車が写っている写真」の場合に正解になる。

---

003 **plant**
[plént]

名 植物、工場、発電所
動 ～（植物）を植える

類 factory（工場）

Some potted plants have been placed in a line.

鉢植えの植物が一列に並べられている。

パート1では植物の意で頻出する。リーディングセクションでは工場（manufacturing plant）、発電所（power plant）の意で使われる。

---

004 **display**
[dɪspléɪ]

名 展示、陳列
動 ～を展示する、～を陳列する

Some food items are being displayed.

食品が陳列されているところだ。

受動態の進行形は、その動作をしている人が写っていないと正解にならないのが基本だが、動詞のdisplayに限っては例文の形で「食品を並べている人が写っていない写真」でも正解になったことがある。名詞のdisplayを使ったSome food items are on display.（食品が陳列されている）の形も頻出。

005 stack
[sték]

名 積み重ね
動 〜を積み重ねる

類 pile（〜を積み上げる、〈物が積み上げられた〉山）

Some chairs are stacked against the wall.
壁際に椅子が積み重ねられている。

パート1では box（箱）、carton（段ボール箱）、pot（鉢）、flowerpot（植木鉢）などが stack される。

006 water
[wá:tər]

名 水
動 〜に水を掛ける

A woman is watering some plants.
女性が植物に水をやっている。

動詞の water がパート1では頻出する。海や湖、川などの広い水面を指して名詞の water が使われることも多いので注意。

007 place
[pléɪs]

名 場所
動 〜を置く

A chair has been placed next to the bookshelf.
椅子が本棚の隣に置かれている。

パート1では「場所」の意の名詞ではなく、「ものを置く」意の動詞で使われるので注意。それ以外のパートでも place an order（注文する）、place an advertisement（広告を出す）など、動詞でよく使われる。

008 cart
[ká:rt]

名 カート

He's pushing a cart.
彼はカートを押している。

パート1の写真には shopping cart（ショッピングカート）や vending cart（フードカート）が登場する。語末のtは弱く発音されるため、car と間違えやすいので注意。

13

Part 1

---

009 repair
[rɪpéər]

名 修理、修理作業
動 ～を修理する

類 fix（～を修理する）
類 mend（～〈壊れたもの〉を
直す）

A mechanic is repairing a car.
整備士が自動車を修理している。

TOEICで「修理する」意味で多く使われるのはrepair。類
義語のfixも頻出する。合わせて覚えておこう。

---

010 sign
[sáɪn]

名 標識、掲示物、看板
動 ～に署名する

名 signature（署名）

A woman is putting a sign on a wall.
女性が壁に掲示物を貼っている。

road sign（道路標識）も覚えておきたい。

---

011 carry
[kéri]

動 ～を運ぶ

類 move（～を動かす）

A man is carrying a cardboard box.
男性が段ボール箱を運んでいる。

---

012 merchandise
[mɔ́ːrtʃəndàɪz]

名 商品
動 ～（商品）を売買する

類 goods（商品）
類 item（商品）

A woman is holding some merchandise.
女性が商品を手に持っている。

「店内の写真に写っている商品（本や衣類など）」を具体
的な名詞でなくmerchandiseで指すことがある。

---

013 store
[stɔ́ːr]

名 店、商店
動 ～を蓄える、～を保管する

名 storage（貯蔵）

A laptop is stored on a shelf.
ノートパソコンが棚に保管されている。

動詞・名詞どちらも頻出。

014	**walkway** [wɔ́:kwèɪ]	名（公園や街路の）歩道
類 sidewalk（歩道）	They're strolling down the walkway. 彼らは歩道を散歩している。	
	「公園などの幅の広い歩道」は walkway。「車道の脇にある舗装された歩道」は sidewalk。	

015	**cabinet** [kǽbənət]	名 キャビネット
	Some files are stored in a cabinet. ファイルがキャビネットに保管されている。	

016	**furniture** [fɔ́:rnɪtʃər]	名 家具
	He's moving some furniture. 彼は家具を移動している。	

017	**pile** [páɪl]	名（物が積み上げられた）山 動 ～を積み上げる
類 stack（～を積み重ねる） 関 in a pile（山積みで）	Food items are piled up in a showcase. 食品がショーケースに積み上げられている。	
	同種のものを積み上げる（積み重ねる）とき pile が使われる。	

018	**remove** [rɪmú:v]	動 ～を取り去る、～を脱ぐ
名 removal（撤去） 形 removable（取り外せる） 類 take off ~（～を脱ぐ）	A woman is removing her hat. 女性が帽子を脱いでいる。	

019	**drawer** [drɔ́:r]	名 引き出し
	A drawer has been left open. 引き出しは開いたままだ。	

15

020	**employee** [ɪmplɔ́ːiː]	名 従業員、被雇用者

名 employment（雇用） 動 employ（〜を雇う） 反 employer（雇用者）	An employee is wiping the table with a cloth. 従業員がテーブルを布巾で拭いている。
	全パートで頻出。「動詞employ（雇う）+ "-ee"（される人）」で「被雇用者」を表す。"-er"（する人）を付けて employer とすると「雇用者」になる。

021	**rack** [rǽk]	名 棚、〜掛け、ラック

Brochures are displayed on a rack.
パンフレットがラックに陳列されている。

display rack（陳列棚）、towel rack（タオル掛け）のように複合語で使うことが多い。

022	**reach** [ríːtʃ]	動 〜に達する、〜に届く、（手）をのばす

He's reaching for his smartphone.
彼はスマートフォンに手を伸ばしている。

物を取ろうとして手を伸ばしている写真で reach for が使われることが多い。バッグに手を入れている写真では reach into (a bag) が使われる。

023	**shelf** [ʃélf]	名 棚

The man is putting a book on a shelf.
男性が本を棚に置いている。

複数形は shelves となるので注意。

024 **assemble**
[əsémbl]

動 ～を組み立てる

名 assembly（組み立て）

A man is assembling a chair.
男性が椅子を組み立てている。

パート1では、例文のように「物を組み立てる」意で使われることが多い。

025 **face**
[féɪs]

動 ～に向く、～に顔を向ける、～に直面する

They're facing each other.
彼らは互いに向かい合っている。

「（人だけでなく）椅子や自動車などが何かの方を向いている写真」でfacingが使われることがある。

026 **install**
[ɪnstɔ́:l]

動 ～を取り付ける、～を設置する

名 installation（取り付け）

They're installing a handrail.
彼らは手すりを設置している。

全パートで頻出。コンピュータのソフトウェアをインストールする意でも使われるが、パート1では「装置などを取り付ける」意でよく使われるので覚えておきたい。

027 **lean**
[lí:n]

動 もたれかかる、寄りかかる

類 prop（～を支える）
関 lean on ～（～に寄りかかる）

A bicycle is leaning against a wall.
自転車が壁に立てかけられている。

028 **wear**
[wéər]

動 ～を身に着けている

反 remove（～を取り去る）
反 take off ～（～を脱ぐ）

A man is wearing sunglasses.
男性がサングラスをかけている。

「何かを身に着けている状態」を表す。服だけでなくメガネやヘッドホンなどの小物にも使われる。

17

Part 1

---

029 **backpack**
[bǽkpæk]

名 バックパック、リュックサック

A woman is reaching into a backpack.
女性がリュックサックに手を入れている。

---

030 **ladder**
[lǽdər]

名 はしご

A man is climbing a ladder.
男性がはしごを登っている。

---

031 **material**
[mətíəriəl]

名 材料、資材、資料

類 document（文書）
関 written material（資料）

A man is examining some reading material.
男性が読み物を見ている。

パート1では本や雑誌などを指す reading material（読み物）がよく使われる。raw material（原料）、promotional materials（宣材）といった組み合わせも押さえておこう。

---

032 **pot**
[pά:t]

名 植木鉢、（深い）鍋、（コーヒーや紅茶の）ポット
動 ～（植物）を鉢に植える

A pot is placed on the counter.
鍋がカウンターの上に置かれている。

動詞 pot を使った potted plant（鉢植えの植物）も頻出。

---

033 **railing**
[réilɪŋ]

名 手すり

類 handrail（手すり）

A stairway is separated by a railing.
階段が手すりで仕切られている。

パート1では「手すり」は handrail または railing が使われる。

034 armchair
[áːrmtʃèər]

图 肘掛け椅子

An armchair has been placed next to a bookshelf.
肘掛け椅子が本棚の隣に置かれている。

肘掛けつきの椅子は armchair、一般的な椅子は chair、背もたれのない腰掛けは stool。

035 ceiling
[síːlɪŋ]

图 天井

A light fixture has been hung from the ceiling.
照明器具が天井から吊り下げられている。

036 construction
[kənstrʌ́kʃən]

图 建設、建物

動 construct（〜を建設する）
形 constructive（建設的な）
関 under construction（工事中）

A worker is standing at a construction site.
作業員が建設現場に立っている。

construction site（建設現場、工事現場）は頻出。
construction 単独で「建物」の意でも使われる。

037 doorway
[dɔ́ːrwèɪ]

图 出入り口

A man is standing in a doorway.
男性が出入り口に立っている。

038 laptop
[lǽptɑ̀ːp]

图 ノートパソコン

A man is working on his laptop.
男性がノートパソコンで作業している。

本来は lap（ひざ）、top（上）なので、laptop computer で「ひざに載せて使えるコンパクトなコンピュータ」の意。普及が進んで laptop だけで laptop computer を表すようになった。

Part 1

---

039 load

[lóud]

名 積み荷

動 ～(荷物)を(車などに)積む、～(車など)に(荷物を)積む

反 unload (～を下ろす)

A man is loading a box into a truck.

男性がトラックに箱を積み込んでいる。

load a truck with some boxes (トラックに箱を積む) の形もよく使われる。

---

040 patio

[pǽtiòu]

名 中庭、テラス

類 courtyard (中庭)

The patio is paved with bricks.

中庭にレンガが敷き詰められている。

「家などに隣接する中庭」は patio。「城や邸宅などの建物や塀に囲まれた中庭」は courtyard と呼ぶ。

---

041 point

[pɔ́int]

名 先端、点

動 指さす、示す

関 make a point of ～ (決まって～する)

関 point out ～ (～を指摘する)

A man is pointing at a document.

男性が書類を指さしている。

パート1では動詞で使われることが多い。

---

042 porch

[pɔ́:rtʃ]

名 ポーチ、玄関

A man is standing on the porch.

男性が玄関に立っている。

「建物の入口の、屋根が付いている部分」が porch。

---

043 prop

[prɑ́:p]

動 ～を支える、～をもたせかける

類 lean (もたれかかる)

A bike is propped against the wall.

自転車が壁に立てかけられている。

パート1では例文のように、支えられるものを主語にして受動態の形で使われることが多い。

20

044 **rearrange**
[rìəréɪndʒ]

動 ～を並べ替える、～を配置し直す

Chairs are being rearranged.
椅子が並べ替えられているところだ。

re（再び）+ arrange（～を整える）で rearrange。

045 **server**
[sə́:rvər]

名 給仕人

動 serve（～を供する）

A server is taking orders.
給仕人が注文を取っている。

レストランの給仕人は waiter/waitress が使われてきたが、現在の TOEIC では性別を区別しない server が使われることが多い。

046 **sweep**
[swíːp]

動 ～を掃く、～を掃除する

A man is sweeping the area.
男性が付近を掃除している。

ほうき（broom）やブラシなどで掃き掃除するのが sweep。

047 **handrail**
[hǽndrèɪl]

名 手すり

類 railing（手すり）

She's holding the handrail.
女性が手すりをつかんでいる。

048 **unoccupied**
[ʌnɑ́:kjəpàɪd]

形 占有されていない

類 empty（空の）
反 occupied（占有されている）

The bench is unoccupied.
ベンチは無人である。

パート1では「椅子などに人が座っていない無人の状態」を表すことが多い。

21

Part 1

049 **awning**
[ɔ́ːnɪŋ]

名 日よけ

Some tables are set up under an awning.

テーブルが日よけの下に置かれている。

「窓やドアの上に取り付ける布製の日よけ」がawningと呼ばれる。

050 **cookware**
[kúkwèər]

名 調理器具

類 utensil（調理器具）

Cookware is placed in the sink.

調理器具が流しに置かれている。

cookwareは「鍋なども含む調理器具全般」、utensilは「泡立て器やフライ返しなどの道具」を指す。

Part 2

051 order
[ɔ́ːrdər]

名 注文、順序
動 〜を注文する

関 place an order（注文する）
関 process the order（注文を処理する）
関 ship the order（注文の品を発送する）

Your order will be delivered in two days.
ご注文いただいた商品は2日後にお届けします。

パート1を除く全パートで頻出。I ordered the office supplies.（私は事務用品を注文した）のように動詞で使われることも多い。

052 conference
[ká:nfərəns]

名 会議

類 convention（大会）
関 conference call（電話会議）
関 conference center（会議場）

I have reserved Conference Room A.
会議室Aを予約しました。

conferenceは主に「大人数の正式な会議」、meetingは「日常的な会議や打ち合わせ」を指す。

053 book
[búk]

名 本、帳簿
動 〜を予約する

名 booking（予約）
類 reserve（〜を予約する）

I have already booked my return flight.
帰りのフライトは既に予約してあります。

fully bookedはよく使われる。The flight is fully booked.（その便は満席だ）

054 client
[klái ənt]

名 顧客、取引先

類 consumer（消費者）
類 customer（客）

I have a client meeting tomorrow.
明日、お客様との打ち合わせがあります。

「店で商品を買う客」はcustomer、「取引先・顧客」はclient、「宿泊客」はguestを使う。

Part 2

---

055 arrive
[əráɪv]

動 着く、到着する

名 arrival (到着)
反 depart (出発する)
関 arrive late (遅れて到着する)
関 arrive on time (定刻に到着する)

The shipment hasn't arrived yet.

荷物はまだ届いていない。

例文のように、人ではなく、「物の到着」にも使われる。

---

056 copy
[ká:pi]

名 コピー、写し、(本・雑誌などの) 部

関 copy machine (コピー機)
関 photocopier (コピー機)

Haruka Murayama's new book has sold five million copies.

Haruka Murayama の新作は 500 万部売れた。

本や雑誌などの「部数」の意で使われることを押さえておこう。

---

057 project
名 [prá:dʒekt] 動 [prədʒékt]

名 計画、企画、プロジェクト
動 ～を計画する、～を見積もる

名 projection (見積もり)

The construction project was approved by the city council.

建設プロジェクトは市議会で承認された。

---

058 update
名 [ʌ́pdèɪt] 動 [ʌpdéɪt]

名 更新、最新版
動 ～を更新する、～を最新のものにする

I will update the presentation slides by tomorrow morning.

プレゼンテーションスライドは明日の朝までに更新します。

---

059 department
[dɪpáːrtmənt]

名 (企業などの) 部門・部・課

形 departmental (部門の)
類 division (部門)

I'll contact the accounting department.

経理部に連絡しておきます。

企業の「部」や「課」のこと。customer service department (顧客サービス部) や accounting department (経理部) は頻出。同じ意味で division も使われる。

060 **package**
[pǽkɪdʒ]

名 荷物、包み、パッケージ
動 ～を包装する

名 packaging（パッケージ）
類 parcel（包み）

The package will be delivered tomorrow.
荷物は明日配達されるだろう。

関連するものをひとまとめにして package と呼ぶ場合がある。
a benefit package（福利厚生パッケージ）など。

061 **product**
[prá:dəkt]

名 製品

名 production（製造）
動 produce（製造する）

We plan to launch three new products this year.
今年は3つの新製品を発売する予定です。

product は「工業製品」、名詞の produce は「農産物」を表す。
違いを押さえておこう。

062 **site**
[sáɪt]

名 現場、遺跡、サイト

For further details, please visit our Web site.
詳細は当社ウェブサイトをご覧ください。

on site（現場で）、historic site（史跡）、construction site
（工事現場、建設用地）も覚えておきたい。

063 **account**
[əkáunt]

名 口座、（コンピュータの）アカウント、顧客
動 占める

関 account for ～（～を占める、
～の原因となる、～を説明
する）

I'll check my account balance.
預金残高を確認します。

名詞account は「顧客」の意味でも使われることがあること
に注意。句動詞account for は理由や原因を説明する意味
でさまざまに使われる。

064 **budget**
[bʌ́dʒət]

名 予算

関 on a budget（限られた予算
で）

The project budget has been finalized.
プロジェクトの予算が最終確定された。

25

Part 2

---

065 **hire**
[háɪər]

名 従業員、社員
動 ～を雇う

類 employ（～を雇う）
類 recruit（～を新規採用する）
関 new hire（新入社員）

The firm is planning to hire additional staff.

その会社は追加のスタッフを雇うことを計画している。

hire a professional photographer（プロのカメラマンを雇う）のように、お金を払って仕事を依頼する場合も hire を使うので注意。

---

066 **post**
[póust]

名 郵便、投稿
動 ～（通知など）を貼る、～を載せる、～を掲示する

名 poster（ポスター）

I'll post the notice on the bulletin board.

掲示板にお知らせを貼り出します。

post ～ on the Web site（ウェブサイトに～を載せる）のような使い方もできる。

---

067 **presentation**
[prì:zentéɪʃən]

名 プレゼン（テーション）

関 give a presentation（プレゼンテーションをする）

I watched an online presentation on the CEO's new marketing strategy.

CEO の新しいマーケティング戦略に関するオンラインプレゼンテーションを視聴しました。

---

068 **review**
[rɪvjú:]

名 見直し、再検討、批評
動 ～を見直す、～を再検討する

名 reviewer（評者）

Please review the proposed budget.

予算案を見直してください。

TOEIC では予算やプレゼンなど、何かの文書を review することが多い。

---

069 **printer**
[príntər]

名 プリンター、印刷業者

The printer ran out of paper.

プリンターの紙がなくなった。

070	**service** [sə́:rvəs]	名 サービス、応対、(交通機関の) 運行・便、点検、修理 動 〜 (機械など) を点検する、〜を修理する
		Smoke detectors must be serviced periodically. 煙感知器は定期的に点検される必要がある。

071	**shift** [ʃíft]	名 (勤務の) 交替、シフト 動 〜を移す、〜を移動させる
		I'll work the night shift today. 今日は夜勤です。
		TOEIC では「交替制勤務のシフト」を表すことが多い。

072	**ship** [ʃíp]	動 〜を送る、〜を発送する
類 dispatch (〜を送る) 関 shipping date (発送日)		Replacement parts will be shipped to you free of charge. 交換部品は無料で送られるでしょう。
		shipping (配送料)、shipment (発送、出荷、荷物) と合わせて押さえておきたい。

073	**workshop** [wə́:rkʃɑ̀:p]	名 研修、講習会、ワークショップ
		I'll attend a marketing workshop tomorrow. 明日はマーケティングワークショップに出席するつもりです。

074	**available** [əvéiləbl]	形 入手できる、利用できる
名 availability (予定などの空き具合) 反 unavailable (入手できない)		Our operators are available 24 hours a day, 365 days a year. 当社のオペレーターは24時間365日体制で対応しています。
		Complimentary beverages are available in the lobby. (ロビーでは無料のお飲み物をご用意しています) のように、「〜が利用可能な状態にある」の意で幅広く使われる。

27

Part 2

075 fee
[fíː]

名 料金、手数料

関 admission fee（入場料）

The subscription fee is $120 per year.
定期購読料は年に 120 ドルだ。

076 form
[fɔ́ːrm]

名 用紙、書式

Please complete the application form.
申し込み用紙に記入してください。

077 move
[múːv]

動 ～を動かす、～を移転する

類 carry（～を運ぶ）
類 transport（～を輸送する）

We'll be moving our office next month.
私たちは来月オフィスを移転する予定です。

「移転する・引っ越す」を表す move は頻出する。

078 attend
[əténd]

動 ～に出席する、～に参列する

名 attendance（出席）
名 attendee（出席者）
類 participate in ~（～に参加する）

I can't attend the party tonight.
私は今夜のパーティーには出席できません。

attend するのは workshop（ワークショップ）や conference（会議）だけでなく、party（パーティー）や awards ceremony（授賞式）などもある。

079 closet
[klάːzət]

名 戸棚、クローゼット、小部屋

Printer ink cartridges are in the supply closet.
プリンターのインクカートリッジは備品の戸棚に入っている。

080 **contract**

名 [ká:ntrækt] 動 [kəntrǽkt]

名 契約
動 〜を契約させる、〜する契約を結ぶ

名 contractor（請負人）
形 contractual（契約の）
副 contractually（契約上）
類 deal（取引）
関 win a contract（契約を勝ち取る）

The contracts must be signed by the end of the week.
契約は週末までに署名される必要がある。

negotiate a contract（契約を交渉する）、renew a contract（契約を更新する）など、一緒に使う動詞も合わせて押さえよう。

081 **extra**

[ékstrə]

名 追加料金
形 追加の、余分の
副 追加して

類 additional（追加の）
関 extra charge（追加料金）

An extra fee will be charged.
追加料金が請求されるだろう。

082 **offer**

[ɔ́:fər]

名 申し出、提案
動 〜を申し出る、〜を提示する、〜を提供する、〜を述べる

名 offering（提供物）

The restaurant offers vegetarian dishes.
そのレストランはベジタリアン向け料理を提供している。

パート3・4の設問で使われるofferは「〜を申し出る」。offer a discount（割引をする）、offer free shipping（送料を無料にする）のように「〜を提供する」意で使われることも多い。

083 **appointment**

[əpɔ́intmənt]

名 （面会の）約束、（病院などの）予約

動 appoint（〜を任命する）
関 make an appointment（予約する）

I have a doctor's appointment this afternoon.
私は今日の午後は医者の予約があります。

appointmentは「人と会う約束」を指す。「ホテルや乗り物の予約」はappointmentではなくreservationを使うので注意。

Part 2

---

084 contact
[ká:ntækt]

名 連絡
動 〜と連絡を取る

I'll contact you by e-mail later.
後ほどメールでご連絡します。

contact list（連絡先のリスト）がよく登場する。

---

085 pick
[pík]

動 〜を選ぶ、〜を取る、〜を摘み取る

Please pick up your package at the front desk.
荷物はフロントでお受け取りください。

「〜を車で迎えに行く、〜を拾い上げる、〜を集める、（荷物など）を受け取る」などの意でpick upは多用される。

---

086 traffic
[træfik]

名 交通、交通量

The traffic is busier than usual today.
今日はいつもより交通量が多い。

---

087 aisle
[áɪl]

名 （座席や棚などの間の）通路

Ink cartridges are in aisle five.
インクカートリッジは通路5にあります。

sは発音しない。"I'll"と同じ音になることに注意。seat by the aisle / aisle seat（通路側の席）も押さえておこう。

---

088 convention
[kənvénʃən]

名 大会、集会、会議

類 conference（会議）

I'm attending a medical convention next week.
私は来週、医学会議に参加します。

conventionが行われる施設を指すconvention center（会議場）は頻出。

089 final
[fáɪnl]

形 最終の、最終的な

動 finalize（〜を最終決定する）

I'll complete the final draft of my report this week.
私は報告書の最終稿を今週中に完成させる予定です。

final decision（最終決定）、final interview（最終面接）など、さまざまな形で登場する。

090 fix
[fíks]

動 〜を修理する

I have to fix my computer.
パソコンを直さなければいけません。

類義語の repair も多用される。

091 inspector
[ɪnspéktər]

名 検査官、監査官

名 inspection（検査）
動 inspect（〜を検査する）

Safety inspectors will visit the plant tomorrow.
明日、安全検査官が工場を視察する予定だ。

TOEICには safety inspector（安全検査官）や health inspector（衛生検査官）が登場する。

092 projector
[prədʒéktər]

名 プロジェクター

Can you fix the projector in the conference room?
会議室のプロジェクターを直せますか。

「プロジェクターを接続したが映らない」といったトラブルは、現実と同様に TOEIC でも多発する。

31

093	**rental** [réntl]	名 賃貸、レンタル、賃貸料 形 賃貸の、レンタルの
動 rent（〜を賃借する）		A rental deposit of $20 is required. 賃貸保証金として20ドルが必要だ。
		rental car（レンタカー）、rental fee（賃貸料）などがよく使われる。

094	**vegetarian** [vèdʒətéəriən]	名 ベジタリアン、菜食主義者 形 ベジタリアンの
		Do you offer a vegetarian menu? ベジタリアンメニューはありますか。

095	**attendance** [əténdəns]	名 出席、出席者
名 attendant（接客係） 名 attendee（出席者） 動 attend（〜に出席する）		Attendance is required at the meeting. 会議への出席が必須だ。
		出席表（attendance sheet）がよく登場する。

096	**euro** [júərou]	名 ユーロ（通貨）
		The price is 20 euros. 価格は20ユーロだ。
		発音に注意。複数形のeurosで出てくることが多い。

097	**hallway** [hɔ́:lwèɪ]	名 廊下、通路
		The conference room is down the hallway to the left. 会議室は廊下を進んで左側だ。

098 **prescription**

[prɪskrípʃən]

名 処方箋、処方（薬）

動 prescribe（〜を処方する）
類 medication（薬剤）

Your prescription will be ready at 3:00 P.M.
処方薬は午後3時に用意できます。

医師が処方する（prescribe）薬が記載されているのが処方箋。処方箋を薬局に持っていって（drop off a prescription）、処方薬を受け取る（pick up a prescription）。

099 **quarterly**

[kwɔ́ːrtərli]

名 季刊誌
形 年4回の、四半期ごとの

名 quarter（四半期、4分の1）

Do you have a copy of the quarterly report?
四半期報告書の写しをお持ちですか。

1年を4分の1の3カ月ごとに分けたのがquarter（四半期）、-lyをつけて形容詞化したのがquarterly（年4回の、四半期ごとの）。同様に、year/month/weekなどの期間を表す名詞は-lyをつけて形容詞化される。

100 **reschedule**

[rìːskédʒuːl]

動 〜の予定を変更する

I'll reschedule the next meeting.
次回の会議の予定を変更します。

meeting（会議）やappointment（予約）、interview（インタビュー）などがrescheduleされる。

---

101 **meeting** 名 会議

[míːtɪŋ]

There will be another meeting at 4:00 P.M.
午後4時から別の会議がある。

「日常的な会議」は meeting、「より大規模で公式の会議」は conference と呼ぶ。TOEIC にはどちらも登場する。

---

102 **goods** 名 商品、品物

[gúdz]

類 item (商品)
類 merchandise (商品)

A new sporting goods store has opened nearby.
近くに新しいスポーツ用品店がオープンした。

baked goods (焼き菓子)、canned goods (缶詰類) など、さまざまな組み合わせで使われる。

---

103 **customer** 名 客、顧客

[kʌ́stəmər]

類 client (顧客)
関 customer satisfaction (顧客満足度)
関 customer service representative (顧客サービス担当者)
関 customer survey (顧客アンケート)
関 potential customer (見込み客)

If you have any questions, please contact our customer service department by calling 123-555-7890.
何かご質問がありましたら、当社顧客サービス部 (電話：123-555-7890) までお問い合わせください。

カスタマーレビュー (customer review) などもよく使われる。

---

104 **job** 名 職、仕事

[dʒáːb]

類 assignment (仕事)
類 task (仕事)
関 job opening (就職口)

I will apply for a job in programming.
私はプログラマーの仕事に応募するつもりです。

求人・求職は TOEIC でよく扱われる。job advertisement (求人広告)、job applicant (求職者) など、job につながりのある組み合わせを押さえておこう。

105 location
[loukéɪʃən]
图（会社、店舗などの）場所、店舗

動 locate（〜を置く）

Yoneda Home Center has opened a new location in Kawagoe.

Yoneda ホームセンターは新店舗を Kawagoe にオープンした。

store（店）や office（事務所）、branch（支店）などの言い換えに使われることがある。

106 purchase
[pɔ́ːrtʃəs]
图 購入（品）
動 〜を購入する

類 buy（〜を買う）
関 make a purchase（購入する）

I recently purchased a car.

私は最近、車を購入しました。

商取引としての購入を指す。

107 provide
[prəváɪd]
動 〜を提供する、〜を供給する

图 provision（提供）
图 provider（供給業者）

TMG Consulting provides a wide range of services.

TMG Consulting 社は幅広いサービスを提供している。

provide a photo identification（写真付き身分証明書を提示する）のような使い方も重要。provide ＋人・場所＋ with ＋物（〈人・場所〉に〈物〉を提供する）の形も押さえておこう。

108 request
[rɪkwést]
图 要請、依頼
動 〜を頼む、〜を要請する

関 upon request（要請に応じて）

We have received your request to cancel your order.

ご注文のキャンセル依頼を承りました。

パート3では設問の文や選択肢に使われることが多い。会話に出現する他の依頼表現（動詞 ask や Could you ~? などの疑問文）が解答根拠になるので、言い換えを押さえておきたい。

Part 3

---

109 leave

[líːv]

图 休暇
動 〜を出る、〜を去る、〜（伝言など）を残す

Please leave a message after the tone.
発信音の後にメッセージを残してください。

leave the company（退職する）を押さえておこう。

---

110 area

[éəriə]

图 地域、地区、分野

類 district（地域）
類 region（地域）
関 residential area（住宅街）

This is a restricted area.
ここは立ち入り禁止区域だ。

地理的な範囲だけでなく、area of expertise（専門分野）のような使い方もする。

---

111 design

[dɪzáɪn]

图 設計、デザイン
動 〜を設計する、〜をデザインする

He designed the company's Web site.
彼が会社のウェブサイトをデザインした。

architectural design（建築設計）、cover design（出版物の表紙デザイン）、graphic design（グラフィックデザイン）など、TOEICにはさまざまなdesignが登場する。

---

112 equipment

[ɪkwípmənt]

图 機器、装置

動 equip（〜を備えつける）
類 device（装置）

Some office equipment has been upgraded.
いくつかの事務機器がアップグレードされた。

パート3では、選択肢の中でcomputer equipment（コンピュータ機器）、office equipment（事務機器）、sports equipment（スポーツ用品）などの形で登場する。会話の中に出てくる具体的な表現の言い換えになることに注意したい。

113 colleague
[ká:li:g]

名 同僚

類 associate (仲間)
類 coworker (同僚)

This is my colleague, Yuichi.

こちらは私の同僚のYuichiさんです。

類義語のcoworkerもよく使われる。

114 tour
[túər]

名 見学、旅行、ツアー
動 ～を見学する、旅行する

The factory tour starts at 11:00 A.M.

工場見学は午前11時からだ。

会社の中で、施設を見学する (tour a facility)、工場を見学するといった話題がよく登場する。

115 increase
名 [ínkri:s] 動 [ɪnkrí:s]

名 増加
動 増える、増加する、～を増やす

形 increasing (ますます増加する)
副 increasingly (ますます)
類 surge (急に上昇する)
反 decrease (減る、減少する、～を減らす)

Sales for the quarter increased by five percent.

この四半期の売り上げは5パーセント増加した。

116 complete
[kəmplí:t]

動 ～を完成させる
形 完全な

名 completion (完成)
類 fill out ~ (～に記入する)

I have to complete my expense report.

私は経費報告書を完成させなければいけません。

書式に記入する (complete a form)、プロジェクトを完成させる (complete a project) など、何かのタスクを完成させる・終わらせる意で使われる。

Part 3

117 happen
[hǽpən]
動 起こる

That has never happened before.
それは今まで起こったことがない。

パート3では設問文でWhat will happen next week?（来週何が起こりますか）のように、偶発的な出来事ではなく予定されていることを問うのに使われる。

118 document
[dá:kjəmənt]
名 文書、書類

名 documentation（公式文書）
類 written material（文書）

Please read the attached document and give me your feedback.
添付文書をお読みいただき、ご意見をお寄せください。

主に選択肢に登場する。会話の中では、より具体的な文書（report, menu, time table, map など）を指して話されていることに注意したい。

119 deadline
[dédlàm]
名 締め切り、期限

類 due（期限が来て）

When is the deadline for proposal submission?
提案書の提出期限はいつですか。

仕事につきものなのが締め切り。meet a deadline（締め切りに間に合わせる）、extend a deadline（締め切りを延ばす）などを押さえておこう。

120 reservation
[rèzərvéiʃən]
名 （飛行機、ホテル、レストランなどの）予約

動 reserve（〜を予約する）
類 booking（予約）
関 cancel a reservation（予約を取り消す）
関 change a reservation（予約を変更する）
関 make a reservation（予約する）

Please confirm your reservation at least 24 hours before departure.
少なくとも出発の24時間前までに予約をご確認ください。

「予約」の意味ではbookingも使われる。reservationと一緒に覚えておこう。

121 **policy**
[páːləsi]

名 （会社などの）方針、（保険などの）約款

関 return policy（返品規定）

Under the new security policy, employees must wear their employee ID card at all times.

新しい警備方針では、社員は社員証を常時着用しなければならない。

会社の方針や規定に関わるものとしてはvacation policy（休暇制度）、payroll policy（給与規定）、約款の意味ではinsurance policy（保険契約）、car rental policy（レンタカー約款）など、さまざまな形で使われる。

122 **revise**
[rɪváɪz]

動 ～を修正する、～を改訂する

名 revision（改訂）

I will send you the revised schedule later.

修正したスケジュールを後ほどお送りします。

パート3では主に選択肢に使われる。会話の中ではupdate（～を更新する）、change（～を変える）、modify（～を修正する）などの別の表現を用いていて、その言い換えとしてreviseが使われている。

123 **inspection**
[ɪnspékʃən]

名 視察、監査、検査

名 inspector（検査官）
動 inspect（～を検査する）

A safety inspection of the plant will take place next week.

来週、工場の安全点検が行われる。

conduct an inspection（監査を実施する）、pass an inspection（検査に合格する）など。時にはsurprise inspection（抜き打ち検査）も行われる。

---

124 incorrect
[ìnkərékt]

形 不正確な、誤った

副 incorrectly（間違って）
反 correct（正確な）

Incorrect charges to the customer will be refunded immediately.

お客様への誤請求は、直ちに返金される。

パート3では主に選択肢に使われる。会話の中ではincorrect とは言わないので、やりとりの内容から判断することを意識したい。例えば、incorrect charges（誤請求）なら、My credit card was charged twice.（クレジットカードに2回請求が来た）などが会話に現れる。

---

125 assignment
[əsáinmənt]

名（割り当てられた）仕事、任務、（座席などの）割り当て

動 assign（～を割り当てる）
類 job（仕事）
類 task（仕事）

My new assignment is rather complex.

私の新しい仕事はかなり複雑です。

仕事の意で使われることが多いが、seat assignment（座席指定）、room assignment（部屋割り）など、場所の割り当てで使われることもある。

---

126 task
[tǽsk]

名 仕事、任務
動 ～に仕事を課す

類 assignment（〈割り当てられた〉仕事）
類 job（仕事）

That is a time-consuming task.

それは時間のかかる仕事だ。

---

127 complain
[kəmpléin]

動 不満を言う

名 complaint（不満）

Guests are complaining about slow Internet connections.

お客様からインターネット接続が遅いと苦情が寄せられている。

主に選択肢で使われる。会話の中にdisappointingやnot satisfiedなどの不満を表す表現が出てくることに注意したい。

128 gallery
[ɡæləri]

名 美術館、画廊

She held an exhibition of her paintings at the gallery.
彼女は美術館で絵の個展を開いた。

129 save
[séɪv]

動 ～を節約する、～を確保する

名 saving（節約）

That saves time.
それは時間の節約になる。

save money（お金）、save energy（エネルギー）などを「節約する」意でも使われるが、save some seats（席を確保する）のような使い方も覚えておこう。

130 suppose
[səpóʊz]

動 ～と思う

The package is supposed to arrive today.
荷物は今日届く予定だ。

be supposed to ~（～することになっている）の形で頻出。

131 exchange
[ɪkstʃéɪndʒ]

名 交換、やりとり
動 ～を交換する

関 exchange a greeting（あいさつを交わす）

Foreign currency exchange is available at this ATM.
このATMで外貨両替が可能です。

exchange an item（商品と商品を交換する）、exchange an order（注文品を交換する）のように何かを交換する意で動詞として使われることが多い。

Part 3

---

132 assembly
[əsémbli]

名 組み立て

関 assembly line（工場の組立ライン）

Please read the assembly instructions carefully.
組立説明書を注意深くお読みください。

動詞 assemble（～を組み立てる）も頻出。

---

133 certainly
[sə́:rtnli]

副 確かに、（質問への返答として）その通り

形 certain（～を確信している）

Can I have a cup of coffee, please? / Certainly.
コーヒーをいただけますか。／かしこまりました。

質問への応答として、"Yes." と同じ機能で使われることが多い。

---

134 clinic
[klínɪk]

名 診療所、クリニック

関 medical clinic（医院）

Our clinic welcomes patient feedback.
当クリニックでは患者様の声を歓迎します。

---

135 decline
[dɪkláɪn]

動 ～を断る、～を辞退する、減少する

類 refuse（～することを断る）
類 reject（～を拒絶する）

Mr. Tanaka declined the job offer.
Tanaka さんはその求人を辞退した。

主に選択肢で使われる。会話の中では decline とは異なる表現（cannot, not accept など）が使われていて、その言い換えとして機能していることを意識しよう。

---

136 trade
[tréɪd]

名 業界、商売、貿易
動 貿易する

関 trade magazine（業界誌）

The Electronics Trade Show will be held in October.
エレクトロニクス見本市が10月に開催される。

trade show（トレードショー、見本市）は頻出。

137 absolutely
[ǽbsəlùːtli]

形 absolute (絶対の)

副 絶対に、(質問の返答として) その通り

To reduce costs, the use of company vehicles is not permitted unless absolutely necessary.

経費削減のため、やむを得ない (絶対に必要な) 場合を除き、社用車の使用は認められていない。

パート3では "Absolutely." は "Certainly." (その通り) と同様に、会話の中で質問に対する答えとして使われることが多い。

138 layout
[léɪàut]

名 配置、設計、間取り

This diagram shows the layout of the entire office floor.

この図はオフィスフロア全体の配置を示したものだ。

store layout (店の配置)、factory layout (工場の配置) などがよく使われる。

139 retire
[rɪtáɪər]

名 retirement (退職)
類 quit (辞める)
類 resign (退職する)

動 退職する、引退する

Mr. Suzuki will retire at the end of the year.

Suzukiさんは年末に退職する。

TOEICでは長い間働いて退職する人の話題が登場する。その際に retirement celebration (退職祝い) が行われる。

140 slide
[sláɪd]

名 (プレゼンテーション用の) スライド

I finished my slides for tomorrow's presentation.

明日のプレゼン用のスライドを完成させました。

動詞の「滑る」の意味もあるが、TOEICではほぼ presentation slides (プレゼンテーション用スライド) の意味で使われる。

141 voucher
[váutʃər]

類 coupon（クーポン）

名 引換券、割引券

You will receive a $300 discount voucher for your next purchase.

次回のお買い物で使える300ドル割引券を差し上げます。

142 cafeteria
[kæ̀fətíəriə]

名 （セルフサービスの）食堂、社員食堂、学食

Starting next month, the company cafeteria menu will be expanded.

来月から社員食堂のメニューが拡充される。

143 clerk
[klə́ːrk]

名 （会社などの）事務員、店員

He works as a hotel clerk.

彼はホテルの従業員として働いている。

パート3では hotel clerk、store clerk（店員）などが選択肢に登場する。

144 complex
[ká:mpleks]

名 総合ビル、複合施設

A new shopping complex will open in the city center next year.

来年、新しい商業施設が都心にオープンする。

apartment complex（集合住宅）、sports complex（スポーツ施設）などが登場する。

145 complicated
[ká:mpləkèɪtɪd]

動 complicate（～を複雑にする）

形 複雑な、込み入った

The procedure is complicated.

手順が複雑だ。

リスニングに多く登場する。強勢が語頭にある点に注意しよう。

146 **demonstrate**
[démənstrèɪt]

動 ～を実演（して説明）する

名 demonstration（実演）
名 demonstrator（実演者）
形 demonstrable（実証できる）
形 demonstrative（証明する）
副 demonstratively（明白に）

I will demonstrate how to use this new tablet computer.

この新型タブレットコンピュータの使い方を実演します。

パート3では What will the man do next?（男性は次に何をしますか）のような設問の選択肢として、demonstrate a procedure（手順を実演する）のように、会話の内容をざっくり言い換えた形で使われる。

147 **medication**
[mèdəkéɪʃən]

名 薬剤

形 medical（医学の）
類 prescription（処方箋）

The doctor prescribed pain medication.

医師が痛み止めの薬を処方した。

45

Part 4

148 excerpt
[éksəːrpt]

名 抜粋

Questions 80 through 82 refer to the following excerpt from a meeting.

問題80-82は次の会議の抜粋に関するものです。

パート4でトークの種類を示すのにexcerpt from a meeting（会議の抜粋）が使われる。

149 award
[əwɔ́ːrd]

名 賞
動 ～（賞）を授与する

関 award-winning（賞を受賞した）

The awards ceremony will take place at 1:00 P.M.

授賞式は午後1時から行われる。

会社が社員に賞を与える話題はTOEICの定番の一つ。他にもさまざまな賞が登場する。

150 trail
[tréɪl]

名 （人が通ってできた）小道、経路

Hiking trails in the Forest Park are closed to visitors.

森林公園のハイキングコースは閉鎖されている。

パート4では地図を示してルートを説明したり、閉鎖されたルートを迂回するなどの話題が出題される。

151 factory
[fǽktəri]

名 工場

類 plant（工場）

Onda Motor Corporation plans to open a new factory in Niigata.

Onda Motor社はNiigataに新しい工場をオープンする予定だ。

factory inspection（工場の監査、視察）、factory tour（工場見学）に加え、新しい工場が開設される話題も頻出する。

152 survey
[sə́rveɪ]

图（アンケートなどの）調査

图 questionnaire（アンケート）
関 complete a survey / fill out a survey（アンケートに記入する）
関 conduct a survey（アンケート調査を行う）
関 customer satisfaction survey（顧客満足度調査）

Please fill out the customer survey and return it to us.
お客様アンケートにご記入の上、ご返送ください。

TOEICにはさまざまなアンケート調査が登場する。アンケートは指定の書式（form）があるのが普通なので、「記入する」意味でcomplete, fill outが使える。

153 application
[æ̀plɪkéɪʃən]

图 申し込み、応募書類、申請、申請書、（コンピュータの）アプリケーション

图 applicant（応募者）
動 apply（申し込む）
形 applicable（適用できる）

I have submitted a job application for the graphic designer position.
グラフィックデザイナー職の応募書類を提出しました。

membership applicationやjob applicationなら会や仕事の「申し込み」、mobile applicationやvideoconferencing applicationなら「アプリケーション」。両方の意味を押さえておこう。なおsmartphone application（スマートフォンアプリ）はappと略されることが多い。

154 broadcast
[brɔ́ːdkæst]

图 放送
動 ～を放送する

KOWR NewsPlus is broadcast simultaneously on the radio and on the streaming service Radio+.
KOWR NewsPlusは、ラジオとストリーミングサービスRadio+で同時放送されている。

パート4ではトークの種類を示すのにQuestions ○○ through ○○ refer to the following broadcast.（問題○○-○○は次の放送に関するものです）のような形で使われる。最近では同じ音声メディアのpodcast（ポッドキャスト）も登場する。broadcastは過去形・過去分詞形もbroadcast（語末変化なし）なので注意しよう。

155 feature
[fíːtʃər]

名 特徴、特色
動 ～を特集する

形 featured（主演の）

The new product was featured on a television program.
その新製品はテレビ番組で特集された。

例文のfeaturedは動詞。名詞でthe new feature（新機能）のように使うこともできる。

156 additional
[ədíʃənl]

形 追加の

名 addition（追加）
名 additive（添加物）
動 add（～を加える）
副 additionally（その上）
類 extra（追加の）

We will hire three additional employees.
私たちはさらに3人の従業員を採用する予定です。

additional staff（追加のスタッフ）、additional cost（追加のコスト）、additional equipment（追加の機器）など、さまざまなものが追加される。

157 mobile
[móʊbəl]

形 移動式の

Please turn off your mobile devices.
携帯電子機器の電源をお切りください。

mobile phone（携帯電話）、mobile device（携帯電子機器）、mobile app（モバイルアプリ）が多く使われる。

158 session
[séʃən]

名 集まり、セッション

An employee training session will be held on Wednesday.
水曜日に社員セッションが行われる。

training session（研修）やorientation session（オリエンテーション）といった仕事に関わるものに多く使われるが、recording session（収録）やphotography session（撮影）も登場する。

159 fund
[fʌ́nd]

名 資金
動 ～に資金を提供する

名 funding（資金）

The start-up company raised sufficient funds.
そのスタートアップ企業は十分な資金を調達した。

fund-raising（募金集め）はよく出る話題。

160 reduce
[rɪdúːs]

動 ～を減らす

名 reduction（減少）
形 reduced（減らされた）
類 decrease（～を減らす）

The introduction of new machinery has reduced manufacturing costs.
新しい機械の導入により、製造コストを削減した。

reduce するのはコストだけではなく、reduce stress（ストレスを減らす）、reduce delivery time（配送時間を短くする）なども頻出。

161 submit
[səbmít]

動 ～を提出する

名 submission（提出）
類 hand in ~（～を提出する）

I must submit this month's sales report.
今月の売上報告書を提出しなければいけません。

書類だけでなく、submit a payment（支払いを行う）のように使われることもある。

162 annual
[ǽnjuəl]

形 年一回の、例年の

副 annually（毎年）
類 yearly（年一度の）

The annual art festival will take place this Saturday.
今週の土曜日に、年一回の芸術祭が行われる。

annual salary（年俸）、annual subscription fee（年間購読料）といった使い方も覚えておこう。

Part 4

MP3 163-166

163 remind
[rɪmáɪnd]

動 ～を気付かせる、～について念を押す

名 reminder（思い出させるもの）

This e-mail is to remind you of the employee training program.

このメールは社員研修について念を押すためだ。

remind A of/about B で「A に B について念を押す」。
remind A that ~、remind A to ~ の形も使われる。

164 campaign
[kæmpéɪn]

名 キャンペーン

Omni Corporation is developing an online advertising campaign.

Omni 社はオンライン広告キャンペーンを展開している。

marketing campaign（マーケティングキャンペーン）や
advertising campaign / ad campaign（広告キャンペーン）
が頻出。

165 conduct
[kəndʌ́kt]

動 ～を行う、～を管理する

類 carry out ~（～を実行する）
類 implement（～を実行する）
類 perform（～を行う）

Tandem Technology plans to conduct a survey of its customers.

Tandem Technology 社は自社の顧客を対象にアンケート調査を行う予定だ。

conduct a survey（アンケート調査を行う）、conduct some research（調査を行う）は頻出。conduct an inventory（棚卸しする）、conduct an inspection（検査を行う）などにも使える。

166 film
[film]

名 映画、映像
動 ～（映像）を撮影する

The crew is filming a promotional video.

スタッフが宣伝用の動画を撮影している。

動詞の film は写真撮影だけでなく、動画の撮影にも使う。

50

167 **coupon**
[kú:pɑːn]

名 クーポン、割引券

類 voucher（クーポン）

You will receive a coupon for 15 percent off to use on your next purchase.

次回のお買い物で使える15パーセントオフクーポンを差し上げます。

168 **delay**
[dɪléɪ]

名 遅れ、遅延
動 〜を遅らせる

関 shipping delay（配送の遅れ）

The flight was delayed for one hour.

フライトは1時間遅れた。

delay は「(原因・理由)が(物事)を遅らせる」という意味の他動詞なので、能動態で The thunderstorm delayed the flight.（雷雨はフライトを遅らせた）とは言えるが、the flight を主語にしたい場合は例文のように受動態を使う。

169 **fill**
[fíl]

動 〜を満たす、〜を埋める

関 fill up（いっぱいになる）

Please fill out the application form.

申し込み用紙にご記入ください。

fill out はよく使われる。「〜に記入する」という意味で complete（〜を完成させる）と一緒に覚えておこう。

170 **concern**
[kənsə́ːrn]

名 心配、不安
動 〜を心配させる

形 concerned（心配そうな）

I have a concern about the price.

私は価格が気になります。

パート4では設問の文の What is the speaker concerned about?（話し手は何を心配していますか）や選択肢に多く登場する。トークの中では I'm concerned about ~. と直接には言わず、missing（ない）、short（不足）、delayed（遅れている）などのネガティブな意味を持つ表現が使われることが多い。心配事の内容を押さえることを意識したい。

51

Part 4

---

171 register

[rédʒɪstər]

名 記録、レジ
動 ～を登録する、（授業などに）登録する

名 registration（登録）
類 sign up for ~（～に申し込む、～の契約をする）

You can register online for the TOEIC seminar taking place next week.

来週行われるTOEIC セミナーはオンラインで登録できます。

TOEIC ではほぼ動詞で使われる。名詞で使われる場合は店のレジ（cash register）が大半。

---

172 flight

[fláɪt]

名 フライト、（飛行機の）便

関 flight attendant（客室乗務員）

Wireless Internet access is available on this flight.

この便では無線インターネット接続が利用できる。

---

173 research

名 [ríːsəːrtʃ] 動 [rɪːsə́ːrtʃ]

名 研究、調査
動 ～を研究する、～を調査する

名 researcher（研究員）
類 study（～を研究する）

The marketing department has conducted extensive research on this year's trends.

マーケティング部門は今年のトレンドについて広範囲にわたる調査を行った。

a research project（研究計画）、research and development（研究開発）などが頻出。

---

174 access

[ǽkses]

名 （場所やオンラインサービスへの）アクセス、接近、権利、機会
動 ～にアクセスする、～に接続する

形 accessible（行きやすい）

The hotel offers easy access to nearby ski resorts.

ホテルから近隣のスキー場に簡単にアクセスできる。

コンピュータ用語と思われがちだが、例文のような使い方も覚えておこう。

175 confirm

[kənfə́ːrm]

動 ～を確認する

I need to confirm your passport number.

あなたのパスポート番号を確認する必要があります。

名詞confirmation（確認）と合わせて頻出。

176 extend

[ıksténd]

動 ～を延長する、～を延ばす

名 extension（拡大、内線）
関 extend arms（腕を伸ばす）

To extend your smartphone's warranty, open your phone's "Settings" and tap "Add MultiCare".

スマートフォンの保証期間を延長するには、スマートフォンの「設定」を開き、「MultiCareを追加」をタップします。

保証期間（warranty）、営業時間（store hours）、deadline（締め切り）などがよく extend される。

177 fitness

[fítnəs]

名 フィットネス、健康

Our hotel has a swimming pool, sauna, and fitness center.

当ホテルにはプール、サウナ、フィットネスセンターがございます。

fitness center は頻出。fitness tracking device（活動量計、フィットネストラッカー）も覚えておこう。

178 resource

[ríːsɔ̀ːrs]

名 資源

形 resourceful（資源に富んだ）

The company's most valuable resource is its staff.

会社の最も貴重な資源はスタッフだ。

human resources（人事部）は頻出。financial resources（財源）や water resource（水資源）のような使い方もできる。

Part 4

---

179 attention
[əténʃən]

图 注意、注目

関 pay attention（注意する）
関 raise/attract attention（注目
を集める）

Can I have your attention, please?
ご注目ください。／お知らせします。

TOEICでは "Attention, please." や "Attention, everyone."
のように呼びかけで使われることが多い。

---

180 expand
[ıkspǽnd]

動 ～を拡大する、進出する

名 expansion（拡大）
類 enlarge（～を拡大する）
関 expand into a new market
（新しい市場に進出する）

Flex Systems plans to expand into overseas markets.
Flex Systems 社は海外市場への進出を計画している。

例文のような使い方の他に expand a business（ビジネスを
拡大する）なども頻出。

---

181 express
[ıksprés]

名 速達、急行
動 ～を伝える、～を表明する

名 expression（表現）
形 expressive（表情豊かな）

The CEO expressed appreciation for the hard work of
the development team.
CEOは開発チームの苦労に対して感謝を伝えた。

動詞では express gratitude（感謝の意を表す）、express
concern（懸念を表明する）などが頻出。名詞の express
delivery（速達便）も覚えておきたい。

---

182 promotion
[prəmóuʃən]

名 昇進、販売促進、プロモーション活動

動 promote（～を昇進させる）
類 advancement（進歩、昇進）

Several staff promotions will be announced soon.
近々、数名のスタッフの昇進が発表される予定だ。

形容詞の promotional（販売促進の）と合わせて覚えてお
きたい。

183 **address**
[ədrés]

名 住所、アドレス、演説
動 ～を伝える、～に処理する

関 keynote address (基調講演)

Please enter your name and e-mail address.

お名前とEメールアドレスを入力してください。

パート4では住所やメールアドレスの意味で使われること
が多いが、リーディングセクションではaddress customer
concernsのように「～に対処する」意で、動詞として使わ
れることも多い。

184 **firm**
[fɔ́ːrm]

名 会社、事務所

関 accounting firm (会計事務
所)
関 law firm (法律事務所)

Aoki Corporation is one of the reputable landscaping
firms in the area.

Aoki 社はこの地域の評判のいい造園会社の一つだ。

パート4では主に選択肢に登場する。トークに出現する具
体的な会社名や業種を受けて、選択肢ではa publishing
firm (出版社) などと、ざっくり言い換えられている。

185 **guide**
[gáɪd]

名 案内人、ガイド
動 ～を案内する

関 guided tour (ガイドつきツ
アー)

I will be your guide for today's museum tour.

私が今日の博物館ツアーのガイドを務めます。

パート4では頻出トピックのガイドツアー。トークの最初に
例文のような発言をするので、話し手が何者で、現在どこ
にいるのかが分かる。

186 **warranty**
[wɔ́ːrənti]

名 保証、保証書

類 guarantee (保証)
関 extended warranty (延長保
証)
関 lifetime warranty (永久保証)
関 under warranty (保証期間
中)

This tablet computer has a five-year warranty.

このタブレットコンピュータには5年保証がついている。

Part 4

MP3 187-190

187	**code**
	[kóud]

名 コード、符号

関 dress code (ドレスコード、服装規定)
関 postal code (郵便番号)

Just enter coupon code X220 to get a five percent discount.

クーポンコードX220を入力するだけで5パーセント割引になります。

promotional code / discount code (割引コード) のように商品の割引に関わるもの、access code (アクセスコード) などが使われる。

188	**emphasize**
	[émfəsàɪz]

動 ～を強調する

名 emphasis (強調)
類 highlight (～を強調する)
類 stress (～を強調する)

The mayor emphasized that the new shopping mall will attract eight million visitors per year.

市長は、この新しいショッピングモールが年間800万人を集客すると強調した。

パート4では What does the speaker emphasize about the service? (話し手はサービスについて何を強調しているか) のように、設問の文の中で使われる。トークの中では Our next-day delivery service is available anywhere in Japan. (日本全国どこでも当社の翌日配達サービスをご利用いただけます) のように emphasize を使わずに表現されることに注意したい。

189	**maintain**
	[meɪntéɪn]

動 ～を維持する、～を整備する

Maintaining good health requires a balanced diet.

健康を維持するには、バランスのとれた食生活が必要だ。

名詞 maintenance (保守・メンテナンス) と合わせて頻出。

190	**nutrition**
	[nu:tríʃən]

名 栄養、栄養摂取

形 nutritious (栄養のある)

After a counseling session, a personalized nutrition plan can be obtained.

カウンセリングセッションの後、個人に合った栄養計画を得ることができる。

191 prototype
[próutoutàɪp]

名 試作品

We are developing the first prototype of the new tablet computer.

新しいタブレットコンピュータの最初の試作品を開発しています。

design prototype（設計試作）。自動車、航空機、機械などの試作品を prototype と呼ぶ。

192 receptionist
[rɪsépʃənɪst]

名 受付係

名 reception（受付、フロント）
関 reception desk（受付）

Please call the hospital receptionist between 8:00 A.M. and 11:00 A.M.

病院の受付に午前8時から午前11時の間にお電話ください。

病院の受付だけでなく、hotel receptionist（ホテルのフロント係）なども登場する。

193 tablet
[tǽblət]

名（コンピュータ）タブレット、錠剤

Nebula Corporation has unveiled a new lineup of tablets.

Nebula 社はタブレットコンピュータの新ラインアップを発表した。

TOEIC ではほぼタブレットコンピュータの意で使われる。

194 donation
[dounéɪʃən]

名 寄付、寄付金

名 donor（寄付をする人）
動 donate（〜を寄付する）
類 contribution（寄付金）
関 make a donation（寄付する）

Your generous donation will be used for the maintenance of this historic park.

寛大なご寄付は、この歴史公園の維持管理に活用させていただきます。

寄付を集める（raise funds）もセットで覚えておこう。

Part 4

195 handbook
[hǽndbùk]

图 手引書、ハンドブック

The employee handbook can be downloaded from the company server.

社員ハンドブックは社内サーバーからダウンロードできる。

196 refreshment
[rɪfréʃmənt]

图 軽食、飲食物

Light refreshments will be provided.

軽食が提供されるだろう。

パート4では選択肢に登場することが多い。トークの中で food and beverages（食べ物と飲み物）と言っているのを選択肢の refreshments で言い換える形で使われる。

Part 5

---

197 while

[wáɪl]

名 しばらくの間
接 ～している間に

Keiko Aoki has put together more than 100 large contracts while working at the Paris branch.

Keiko Aokiは Paris支店で働いている間、100件を超える大型契約をまとめた。

while は接続詞。ほぼ同じ意味を持つ前置詞during もセットで覚えておこう。

---

198 late

[léɪt]

形 遅い、遅れた、最近の
副 遅く、遅れて

類 latest（最新の）
類 state-of-the-art（最新の）
類 up-to-date（最新の）

The flight was delayed due to a late arrival of the aircraft.

フライトは使用する航空機の到着遅れのため遅延した。

latest model（最新モデル）のように、「最近の」の意味を押さえておこう。

---

199 although

[ɔːlðóu]

接 ～にもかかわらず、～けれども

類 though（～にもかかわらず）

Although the budget for the project was tight, we managed to complete it.

プロジェクトの予算は厳しかったが、何とか完了することができました。

although は接続詞。同様の意味を持つ前置詞despite もセットで覚えておこう。

---

200 among

[əmʌ́ŋ]

前 ～の間に、～の間を、～に囲まれて

The software is designed to support collaboration among employees.

そのソフトウェアは社員間の協力を支援するように設計されている。

among residents（住民の間で）のようにamongに続くのは名詞の複数形または集合名詞。

Part 5

201 during
[dóːrɪŋ]

前 ～の間じゅう

If you need any assistance during your stay, please feel free to contact the front desk at any time.

ご滞在中、お手伝いが必要でしたら、いつでもお気軽にフロントまでご連絡ください。

during は前置詞なので名詞句が続く。同様の意味を持つ while は接続詞で、こちらは S+V が続く。違いを押さえておこう。

202 except
[ɪksépt]

動 ～を除く、～を除外する
前 ～を除いて

名 exception（例外）
形 exceptional（例外的な、特に優れた）
関 except for ~（～を除いて）

The new Neptune smartphone has the same features as its predecessor, except for the camera.

Neptune スマートフォンの新モデルは、カメラを除いて従来モデルと同じ機能を搭載している。

パート5では前置詞 except が選択肢に使われることが多い。

203 position
[pəzíʃən]

名 位置、立場、職位

We will be interviewing three candidates for the marketing position.

マーケティング職の候補者3人と面接を行う予定です。

TOEIC では、例文のように職種や地位を表す使い方が多い。

204 within
[wɪðín]

前 ～以内に、～の範囲内で

The roadwork is expected to be finished within four hours.

道路工事は4時間以内に終わることが予想される。

例文の within を in にして in four hours とすると、「～以内」ではなく「4時間後に終わる予定」の意になる。区別して覚えておきたい。

205 despite
[dɪspáɪt]

前 ～にもかかわらず

類 in spite of ~ (～にもかかわらず)
類 notwithstanding ~ (～にもかかわらず)

Despite the traffic, we made it there by the scheduled time.
渋滞にもかかわらず、予定時刻に間に合いました。

despite は前置詞なので直後に名詞句が来る。接続詞の although は S + V の節を取る。

206 either
[íːðər]

形 どちらかの、どちらの～でも
代 どちらか、どちらでも

関 either A or B (AかBのどちらか)

Either will be fine.
どちらでも結構です。

207 well
[wél]

副 よく

Supernova Corporation is well known for its innovative products.
Supernova 社は革新的な製品でよく知られている。

パート5では A as well as B (Bだけでなく A も) がよく使われる。

208 financial
[fənǽnʃəl]

形 財務の、財務上の

名 finance (財政)
類 monetary (金銭的な)

Orchid Industries appointed a new chief financial officer.
Orchid Industries 社は新しい最高財務責任者を任命した。

パート3～7に頻出。financial adviser (ファイナンシャルアドバイザー) や financial consultant (ファイナンシャルコンサルタント) といった職名でも登場する。

209 industry
[índəstri]

名 産業、業界

形 industrial (産業の)

Ken Suzuki has worked in the pharmaceutical industry for 30 years.
Ken Suzuki は製薬業界で30年間働いてきた。

Part 5

210 **director**
[dəréktər]

名 取締役、重役、部長

The human resources director proposed a new hiring policy.

人事部長は新しい採用方針を提案した。

human resources director（人事部長）、marketing director（マーケティング部長）など、directorの前に担当する職務が付く形で多く登場する。

211 **board**
[bɔ́ːrd]

名 幹部会、役員会

Omni Technologies' board of directors approved the merger with Nova Systems.

Omni Technologies社の取締役会はNova Systems社との合併を承認した。

board of directors（取締役会）は頻出。

212 **along**
[əlɔ́ːŋ]

前 ～に沿って

Trees have been planted along the road.

木は道路に沿って植えられている。

bring along（連れてくる、持ってくる）を合わせて覚えておこう。Please be sure to bring along a photo identification. （写真付き身分証明書を必ず持参してください）

213 **due**
[dúː]

形 （提出物などの）期限が来て

類 deadline（締め切り、期限） The report is due today.

報告書は今日が締め切りだ。

due to ~（～のために、～のせいで）は頻出。The flight was canceled due to crew shortage. （フライトは乗員不足のため欠航になった）

62

214 **establish**

[ɪstǽblɪʃ]

動 ～を設立する、～を創立する、～を定着させる、
～を確立させる

形 established (確立された)
類 found (～を設立する)

Starlight Jewelry Company was established 50 years ago.

Starlight Jewelry 社は 50 年前に創立された。

an established business (老舗)。名詞の establishment (創立) も頻出。

215 **improve**

[ɪmprúːv]

動 ～を改良する、～を改善する

形 improved (改良した)

The new video conferencing software has improved employee communication.

新しいビデオ会議ソフトウェアは、社員のコミュニケーションを改善した。

名詞の improvement (改良) も頻出。

216 **whether**

[wéðər]

接 ～かどうか

類 if (～かどうか)

Please let me know whether you need a ride to the convention center.

会議場までの車の送迎が必要かどうかお知らせください。

パート 5 では選択肢によく使われる。whether の後ろに or を探したくなるが、whether は単独で使われることが多いので注意。

217 **allow**

[əláu]

動 ～を許す、～させておく

名 allowance (許容量)
形 allowable (許容される)

The Neptune NX smartphone allows anyone to take professional-looking photos.

Neptune NX スマートフォンは誰でもプロのような写真を撮ることができるようにする。

「許可する」意味だけでなく、例文のような allow + 人 + to do 「(人) に (行為) をできるようにする」の意味も押さえておこう。

Part 5

---

218 benefit
[bénəfit]

名 利益、恩恵
動 ～の利益になる、～のためになる

名 beneficiary (受益者)
形 beneficial (有益な)

The employee handbook contains information on employment contracts, salaries, and benefits.

社員ハンドブックには雇用契約、給与、福利厚生に関する情報が含まれている。

---

219 community
[kəmjú:nəti]

名 地域社会、地域住民

Northwood Community Center is asking for volunteers to help with gardening.

Northwoodコミュニティセンターでは、ガーデニングを手伝ってくれるボランティアを募集している。

---

220 hold
[hóuld]

動 ～ (物) を持っている、～ (物) をつかんでいる、～ (会議など) を開く、～を行う

類 grasp (～を握る)

The Polar Store will hold a sale in October.

The Polar Store は10月にセールを開催する。

「(物を) 持っている」意でパート1でも頻出。リーディングセクションでは「会議や催しなどを開く」意味でよく使われる。

---

221 once
[wʌns]

副 一度
接 いったん～すると、～するとすぐに

Once you have paid, you can download the software immediately.

支払いが完了したら、すぐにそのソフトウェアをダウンロードすることができます。

「～するとすぐに」のonceは接続詞。once以下の節では未来のことでもwillを使わないことに注意しよう。

64

222 participate
[pɑːrtísəpèit]

動 参加する

名 participant（参加者）
名 participation（参加）
類 attend（～に参加する）

All employees are required to participate in a marketing strategy workshop.

全ての社員はマーケティング戦略ワークショップへの参加を義務づけられている。

「～に参加する」は participate in ~ を使う。

223 promote
[prəmóut]

動 ～を促進する、～を昇進させる

名 promotion（昇進）
形 promotional（販売促進の）

Mr. Kei Tanakada was promoted to accounting manager.

Kei Tanakada さんは経理部長に昇進した。

「○○さんが昇進した」と言いたい場合は、例文のように受動態を使う。

224 rather
[rǽðər]

副 いくぶん、やや、むしろ

Instead of taking a taxi, I would rather take a bus.

タクシーに乗るより、私はむしろバスに乗ります。

A rather than B（B よりも A）の形は頻出。

225 throughout
[θruáut]

前 ～の至るところに、～の間じゅう

Starlight Accessories Company opened stores throughout Asia.

Starlight Accessories 社はアジア各地に店舗をオープンした。

throughout は地域だけでなく、例えば throughout October（10月を通して）のように期間に対して使うこともできる。

Part 5

226 clear
[klíər]

動 ～を片付ける
形 明快な、分かりやすい

Northwood Shop will have a sale in September to clear its inventory.

Northwood Shop は9月に在庫一掃セールを行う。

名詞の clearance（撤去）、副詞の clearly（はっきりと）も頻出。

227 consider
[kənsídər]

動 ～をよく考える、～を熟慮する

I am considering applying for a position at Omni Technologies.

私は Omni Technologies 社への応募を検討しています。

complete/mind/finish/suggest などと同様、目的語として動名詞を取ることに注意。名詞の consideration（考慮）、形容詞の considerable（かなりの）、副詞の considerably（かなり）も合わせて覚えておきたい。

228 corporation
[kɔ̀ːrpəréɪʃən]

名 株式会社、大企業

形 corporate（会社の）

Omni Corporation acquired a China-based battery manufacturer.

Omni 社は中国の電池製造会社を買収した。

会社の類義語の company、firm、enterprise も一緒に押さえておこう。

229 credit
[krédɪt]

名 信用貸し、入金
動 ～に信用貸しをする、～を入金する

Payment can be made by credit or debit card.

支払いはクレジットカードまたはデビットカードでできる。

credit card の形で使われることが多いが、Points are credited the day after your purchase.（ポイントは購入の翌日に加算されます）のように動詞で使うこともある。

230 **figure**
[fígjər]

名 数、数字
動 重要な位置を占める、目立つ

関 figure out ~（〜を考え出す、〜であると分かる、〜を解き明かす）

Supernova Corporation's sales figures have risen every year for the past decade.

Supernova 社の売り上げは、この10年間、毎年上昇している。

sales figures（売り上げ）は頻出。action figure（フィギュア）や figure skater（フィギュアスケーター）も覚えておこう。

231 **lead**
[líːd]

名 先頭
動 〜を導く、〜を率いる、〜を担当する

名 leader（リーダー）
形 leading（主要な）
関 lead to ~（〜に至る）

John McDonald will be leading a training workshop on the new accounting software.

John McDonald が新しい会計ソフトのトレーニングワークショップを担当する予定だ。

もとは「先導する」意だが、例文のように「セミナーを担当する」などの表現にも使われる。

232 **locate**
[lóukeɪt]

動 〜を置く、〜の場所を突き止める

名 location（位置）
類 situate（〜を置く）

Our store is conveniently located in front of the train station.

当店は駅前の便利な場所にあります。

「（〜に）位置している」の意味で例文のような受動態の形でよく使われる。

233 **record**
名 [rékərd] 動 [rɪkɔ́ːrd]

名 記録、最高記録
動 〜を記録する

名 recording（記録）
関 sales record（売上記録）

Omni's record sales are due to the strong performance of its latest tablet product line.

Omni 社の記録的な売り上げは、最新のタブレット製品ラインの好調な業績によるものだ。

keep a record（記録しておく）、medical record（医療記録）のように「記録」の意でも多用される。

Part 5

234 approve
[əprú:v]

動 ～を承認する、～を認可する

名 approval (承認)
形 approved (承認された)
反 disapprove (～を承認しない)

The manager approved the schedule change.

部長はスケジュールの変更を承認した。

「権限のある人が正式に承認 (認可) する」意味で使われる。

235 condition
[kəndíʃən]

名 状態、状況
動 ～を調整する

形 conditional (条件付きの)
副 conditionally (条件付きで)
関 in good condition (良い状態で)

Due to unfavorable weather conditions, some flights were delayed.

天候不順のため、一部のフライトに遅延が生じた。

terms and conditions (取引条件) も覚えておこう。

236 encourage
[ɪnkə́:rɪdʒ]

動 ～を励ます、～するように勧める

名 encouragement (励み)
形 encouraging (励みとなる)
反 discourage (～をがっかりさせる)

Employees are encouraged to participate in company fitness programs.

従業員は会社のフィットネスプログラムに参加することが奨励されている。

各種イベントやプログラムへの参加を推奨するのは TOEIC の定番。

237 ensure
[ɪnʃúər]

動 ～を確実にする、～を保証する

類 make sure ~ (～を確かめる)

Please ensure that you have all of the relevant equipment before you start work.

作業を開始する前に、全ての関連する機器が揃っていることを確認してください。

ensure は「これから起こる that 以下のことについて保証する」、assure は「人に対して請け合う・保証する」、insure は「保険をかける」の意味。形が似ているので注意。

238 instead
[ɪnstéd]

副 その代わりに

The monthly meeting will be held this Tuesday instead of Wednesday.

月例ミーティングは水曜日ではなく今週火曜日に行われる。

パート5では選択肢に使われることが多い。despite（〜にもかかわらず）やotherwise（さもないと）と取り違えないように注意しよう。

239 regard
[rɪɡáːrd]

名 配慮、評価
動 〜を（高く）評価する

反 disregard（〜を無視する）
関 highly regarded（高く評価されている）

Haruka Murayama is regarded as one of Japan's most important writers.

Haruka Murayamaは日本で最も重要な作家の一人であると見なされている。

前置詞のregarding（〜について）も頻出。

240 apply
[əplái]

動 申請する、出願する、当てはまる、適用する

名 applicant（応募者）
名 application（申し込み）

To apply for membership, please complete the online registration form.

入会を申し込むには、オンライン登録フォームにご記入ください。

apply for a job（仕事に応募する）、apply for a position（ポジションに応募する）など職に応募する使い方が多い。

241 estimate
名 [éstəmət] 動 [éstəmèit]

名 見積もり
動 〜と見積もる、〜を概算する

形 estimated（大体の）
類 quote（〜を見積もる）

The construction cost is estimated to be close to a million dollars.

建設費は100万ドル近いと見積もられている。

Part 5

---

242 include
[ɪnklúːd]

動 ～を含む

名 inclusion（包括）
形 inclusive（全てを含んだ）
前 including（～を含めて）
類 contain（～を含む）
反 exclude（～を除外する）

A monthly subscription includes unlimited access to our Web site.

月払いのサブスクリプションはウェブサイトへの無制限アクセス権を含んでいる。

include は「中身の一部として含む」の意、contain は「中身の一部または全体として含む」の意。

---

243 issue
[íʃuː]

名 発行、（雑誌などの）号、問題
動 ～を発行する

類 problem（問題）

Environmental issues are becoming more important every day.

環境問題は日々重要性を増している。

the October issue（10月号）のように出版物の「号」を表す使い方も覚えておきたい。

---

244 limit
[límət]

名 限界、限度
動 ～を制限する

名 limitation（制限）
形 limited（限られた）
類 restrict（～を制限する）

To reduce costs, the company decided to limit travel expenses.

経費削減のため、会社は出張旅費を制限することにした。

Seating is limited.（席には限りがある）はパート7のイベントについての文書でよく見かける。

---

245 payroll
[péɪròul]

名 給与総額、給与支払い業務

The new payroll policy will be announced at today's company meeting.

新しい給与規定は今日の全社会議で発表される予定だ。

単に「給与」のことを言う場合は payroll でなく pay を使う。

70

246 **postpone**
[poustpóun]

動 ～を延期する

類 put off ~ (～を延期する)

The factory inspection has been postponed until next week.

工場の検査は来週まで延期された。

247 **public**
[pʌ́blɪk]

名 一般の人々
形 公共の

名 publicity (広告)
動 publicize (～を広告する)

The Omni Museum is open to the public, showcasing Omni's products since the company was founded.

Omni社創業以来の製品を展示しているOmniミュージアムは一般に公開されている。

public relations (広報) は TOEIC で頻出。

248 **recently**
[ríːsntli]

副 最近

形 recent (最近の)
類 lately (最近)

Keiko Aoki was recently promoted to marketing manager.

Keiko Aokiは最近マーケティング部長に昇進した。

recently は過去形または現在完了形との組み合わせで使われる。

249 **study**
[stʌ́di]

名 勉強、研究、学問
動 ～を研究する、～を調査する

Studies show that regular exercise is good for your health.

研究によれば、定期的な運動は健康に良い。

TOEIC では、例文のように名詞で使われることが多い。

Part 5

250 unless
[ənlés]

接 ～でない限り、～しない限り

Our food is prepared with locally sourced ingredients unless otherwise noted.

当店の料理は、特に記載のない限り、地元産の食材を使って作られています。

パート5では選択肢に使われることが多い。unless otherwise noted/specified（特に記載のない限り・特に指定のない限り）は頻出。

251 vehicle
[víːɪkl]

名 乗り物

Six Star Automotive is known for its energy-efficient vehicles.

Six Star Automotive 社はエネルギー効率の高い自動車で知られている。

vehicle は一般に「陸上の乗り物」を指す。パート1では写真に現れる car、bus、van、truck を vehicle で指す例が多い。

252 candidate
[kǽndədèɪt]

名 候補者

類 applicant（応募者）

Cinematic Junction Entertainment interviewed three candidates for the position of public relations manager.

Cinematic Junction Entertainment 社は広報部長職の候補3人と面接した。

求人のときは「その職の候補者」、選挙のときは「立候補者」を指す。successful candidate は「合格者」の意味。

253 combine
[kəmbáɪn]

動 ～を組み合わせる、～を結合させる

名 combination（組み合わせ）
形 combined（共同の）

Uptrend Interiors' new office chair combines the design of a gaming chair with the comfort of an office chair.

Uptrend Interiors 社の新しいオフィスチェアは、ゲーミングチェアのデザイン性とオフィスチェアの快適性を合わせ持っている。

254 expense
[ɪkspéns]

名 費用、経費

動 expend (〜を使う)
類 expenditure (経費)
関 expense report (経費報告書)
関 travel expense (旅費)

Motion sensor lighting has been installed in the office to reduce expenses.

経費節減のため、オフィスの照明が人感センサー付きに取り替えられた。

255 found
[fáund]

動 〜を設立する

名 foundation (設立)
名 founder (創設者)
類 establish (〜を設立する)

Lightspeed Entertainment was founded 30 years ago.

Lightspeed Entertainment 社は 30 年前に設立された。

同じスペルの found (find の過去形・過去分詞形) と取り違えないように注意する。

256 inform
[ɪnfɔ́ːrm]

動 〜 (人) に知らせる

名 information (情報)
形 informative (有益な)
形 informed (知識のある)
類 notify (〜〈人〉に通知する)

Please inform Mr. Tanaka about the change in the meeting schedule.

会議日程の変更を Tanaka さんにお知らせください。

「inform + 知らせる相手 + of/about + 名詞句」または「inform + 知らせる相手 + that 節」の形で使われることが多い。

257 introduce
[ìntrədúːs]

動 〜を導入する、〜を取り入れる、〜を紹介する、〜を発売する

名 introduction (導入)
形 introductory (導入の、入門の)

Omni's sales have continued to grow since the company introduced a new series of smartphones.

Omni 社の売り上げは、新シリーズのスマートフォンを発売して以来、伸び続けている。

Part 5

---

258 **oversee**
[òuvərsíː]

動 ～を監督する

類 supervise（～を監督する）

Mr. Sato will be promoted to plant manager and oversee the newly opened Niigata facility.

Satoさんは工場長に昇進し、新たに開設されたNiigata工場を監督する。

overseeの目的語は人や作業、仕事など。例えばoversee a promotional campaign（販売促進活動を監督する）のように使う。

---

259 **property**
[prɑ́ːpərti]

名 財産、資産、不動産

類 real estate（不動産）

I am looking for a rental property.

私は賃貸物件を探しています。

TOEICでは「不動産」の意味で使われることが多いが、「財産・資産全般」を指す語なので、例えばlost property（落とし物、遺失物）のようにも使える。

---

260 **refer**
[rifə́ːr]

動 言及する、参照する、～を紹介する

名 reference（照会）
名 referral（参照）

Please refer to section 2, page 43.

43ページ、項目2をご参照ください。

---

261 **reflect**
[riflékt]

動 ～を反映する、～を映す、～を反射する

名 reflection（反射）
形 reflected（反映された）
形 reflective（反射する）

Omni's new headquarters is designed to reflect the company's corporate philosophy of harmony with the environment.

Omni社の新しい本社は、環境との調和という同社の企業理念を反映するように設計されている。

パート1でA building is reflected in the water.（建物が水面に反射している）のように使われることがある。

262 release

[rɪlíːs]

名 公開、発売
動 ～を公開する、～を発売する

類 launch（～を売り出す）

Can the release be moved up from the scheduled date?

発売を予定日より繰り上げることはできますか。

「（本や音楽アルバムの）発売」の意や、press release（記者発表、報道向け発表、プレスリリース）などの使い方がある。

263 secure

[sɪkjúər]

動 ～を確保する、～を固定する
形 安全な

名 security（警備）

Sign up now to secure your seat.

今すぐ申し込んで、お席を確保してください。

secure Web site（安全なWebサイト）のように形容詞の用法もあるが、動詞の用法も覚えておこう。

264 specialize

[spéʃəlàɪz]

動 専門にする、専門に扱う

名 specialist（専門家）
名 specialization（専門化）
形 special（特別の）
形 specialized（特化した）

Orange Technologies specializes in high-end smartphones and tablets.

Orange Technologies 社は、高級スマートフォンやタブレットを専門に扱っている。

specialize in ~ で「～を専門にする」の意。specialized service（特化したサービス）のような使い方もする。

265 though

[ðóu]

接 ～にもかかわらず、～けれども

類 although（～にもかかわらず）

Though newspapers can be read online, the majority of readers prefer paper.

新聞はネットでも読めるが、大多数の読者は紙を好む。

though を強調した even though ~（たとえ～にしても）は頻出。

75

266 toward

[tɔ́ːrd]

前 〜の方へ、〜に向かって

Omni, Inc. and Orange Technologies are in negotiations toward reaching a merger agreement.

Omni社とOrange Technologies社は合併の合意到達に向け交渉中である。

towardは「方向」、toは「方向＋到達」を表すことに注意しよう。パート5では選択肢に多く登場する。

267 across

[əkrɔ́ːs]

前 〜を横切って、〜中に

The Polar Store has stores across the country.

The Polar Storeは全国に店舗がある。

across the street（通りの向こう側に）や、across from 〜（〜の反対側に）も押さえておこう。

268 against

[əgènst]

前 〜に反して、〜に接して

関 lean against 〜（〜にもたれかかる）

Shelving units are placed against the wall.

棚が壁際に設置されている。

protection against ultraviolet light（紫外線からの保護）のように、「〜から防いで」の意味でも使う。パート5では選択肢に多く使われる。

269 analysis

[ənǽləsɪs]

名 分析、分析結果

名 analyst（アナリスト）
動 analyze（〜を分析する）
関 market analysis（市場分析）

A market analysis shows that electric vehicle sales are increasing worldwide.

市場分析によれば、電気自動車の売り上げは世界的に増加している。

270 besides
[bɪsáɪdz]

副 その上
前 〜の他に、〜に加えて

類 in addition to ~（〜に加えて）

Besides offering high-end smartphones, Omni also sells low-priced tablets.

Omni社は、高級スマートフォンの他に、低価格のタブレット端末も販売している。

パート5の選択肢に使われることが多い。リスニングにも登場する。beside（〜のそばに）とスペル、発音ともに紛らわしいので注意。

271 charge
[tʃɑ́ːrdʒ]

名 責任、請求
動 〜を請求する、〜を充電する

類 bill（〜を請求する）
関 in charge of ~（〜を担当して）

Please contact the customer service department for refunds of any incorrect charges.

誤って請求された料金の払い戻しについては顧客サービス部までご連絡ください。

パート3〜7で頻出。「バッテリーを充電する」意味でもよく使われる。

272 complaint
[kəmpléɪnt]

名 不平、不満

動 complain（不満を言う）
関 make a complaint（苦情を言う）

We have received several complaints about road conditions.

道路の状態に対するいくつかの苦情を受け付けました。

a customer complaint（お客様からの苦情）に対応するのはTOEIC定番のトピック。

273 contain
[kəntéɪn]

動 〜を含む

名 container（容器）

Our products contain no artificial flavors.

当社の製品は人工香料を使用していません。

Part 5

---

274 **council**

[káunsl]

名 議会、評議会

The city council approved a budget for park improvements.

市議会は公園整備の予算を承認した。

the city council（市議会）、the town council（町議会）は頻出。

---

275 **decrease**

名 [díːkriːs] 動 [dìːkríːs]

名 減少、低下
動 減る、減少する、〜を減らす

類 decline（減る）
反 increase（増える）

The new environmental regulations aim to achieve a significant decrease in air pollution caused by automobiles.

新しい環境規制は、自動車による大気汚染の大幅な減少を達成することを目標としている。

動詞のdecreaseは自動詞・他動詞の両方で使われる。

---

276 **growth**

[gróuθ]

名 成長

動 grow（成長する）
関 economic growth（経済成長）

Lightspeed International provides opportunities for professional growth for all employees.

Lightspeed International社は、全社員にプロとしての成長の機会を提供している。

---

277 **laboratory**

[lǽbərətɔ̀ːri]

名 実験室、研究室、研究所

The inspector will visit the laboratory next week.

来週、検査官が研究室を視察する予定だ。

省略してlabと言うこともある。パート1でlaboratory equipment（実験装置）が登場したことがある。

278 medical
[médɪkl]

形 医学の、医療の

名 medication（薬剤）
名 medicine（薬）

I am calling from North Park Medical Clinic about your appointment.

予約の件でNorth Park Medical Clinicからお電話しています。

medical clinic（医院）、medical center（医療センター）は頻出。

279 negotiate
[nəgóuʃièɪt]

動 交渉する、〜を取り決める

形 negotiable（交渉の余地がある）

Runner Education is negotiating pricing with a freelance Web designer.

Runner Education社はフリーランスのウェブデザイナーと価格交渉をしているところだ。

名詞のnegotiation（交渉）と合わせて覚えておこう。

280 obtain
[əbtéɪn]

動 〜を手に入れる

形 obtainable（入手可能な）
類 gain（〜を獲得する）
類 get（〜を得る）

Visitors must obtain guest badges from the security office.

訪問者は警備室でゲストバッジを入手する必要がある。

approval（承認）やofficial documents（正式文書）、permission（許可）などがobtainされる。

281 opportunity
[à:pərtú:nəti]

名 機会、好機

類 chance（機会）

Let's meet at the earliest opportunity.

できるだけ早い機会にお会いしましょう。

employment opportunity（就業機会）などがよく使われる。

---

282 prepare
[prɪpéər]

動 〜を用意する、〜を準備する、準備する

名 preparation（準備）
形 preparatory（準備の）

I have to prepare a presentation for tomorrow's meeting.

明日の会議のプレゼンテーションを準備しなければいけません。

prepare an interview なら「（面接する側が）面接の準備をする」、prepare for an interview なら「（面接を受ける側が）面接に備える」のような違いがあるので注意。

---

283 present
名 形 [préznt] 動 [prɪzént]

名 現在
動 〜を提示する、〜を見せる、〜を提出する、〜を贈呈する
形 現在の、今の

名 presentation（プレゼンテーション）

Please present your ticket to the attendant for re-entry.

再入場の際はチケットを係員にご提示ください。

---

284 prior
[práɪər]

形 前の、事前の

名 priority（優先事項）

No prior work experience is required.

以前の実務経験は問いません。

prior to 〜（〜より前に、〜に先立って）は頻出。

---

285 qualify
[kwáːləfàɪ]

動 〜の資格を与える、〜の資格がある

名 qualification（資格）

His work experience qualifies him for the position.

実務経験があるので、彼はその地位の資格がある。

形容詞 qualified（資格を有する）と合わせて頻出。

286 quarter
[kwɔ́ːrtər]

名 四半期、4分の1

形 quarterly（四半期の）

In the last quarter, Evocar's sales increased by 16 percent.

前四半期、Evocar社の売り上げは16パーセント増加した。

287 recruit
[rɪkrúːt]

名 新入社員
動 ～を新規採用する、～を勧誘する

名 recruiter（採用担当者）
名 recruitment（新規募集）
類 employ（～を雇う）
類 hire（～を雇う）

FutureTech is planning to recruit summer interns.

FutureTech社では夏のインターン生を新規採用する予定だ。

new recruit（新入社員）のように名詞で使う用法も覚えておきたい。

288 reserve
[rɪzɔ́ːrv]

名 備蓄、保護区
動 ～を予約する、～を留保する

名 reservation（予約）
形 reserved（予約された）
類 book（～を予約する）
関 reserved seat（予約席）

To reserve a table, please call 123-555-7890 or visit our Web site at www.seafoodpalace.com.

ご予約は123-555-7890にお電話いただくか、当店のウェブサイト www.seafoodpalace.com をご利用ください。

レストラン（のテーブル）やホテルの部屋、飛行機などの予約には reserve も book も使われる。

289 resident
[rézədənt]

名 住民

名 residence（居住）
動 reside（居住する）
形 residential（住宅向きの）
類 inhabitant（住民）
関 residential area（住宅街）

Some residents oppose the city's development plans.

住民の一部は市の開発計画に反対している。

「研修医」の意味で使うこともある（a resident doctor）。

290 satisfy
[sǽtəsfàɪ]

動 ～を満足させる

名 satisfaction（満足）
形 satisfactory（満足な）
形 satisfied（満足した）
副 satisfactorily（満足のいくように）
反 dissatisfy（～に不満を抱かせる）
関 customer satisfaction（顧客満足度）

If you are not satisfied with our products, you will receive a full refund.

当社の製品にご満足いただけない場合は、全額を返金いたします。

satisfy new regulations（新しい規制に対応する）のような使い方にも注意。

291 skill
[skíl]

名 技術、腕前

形 skilled（熟練した）
関 highly skilled（高度な技術を持つ）

The ideal candidate is someone with excellent customer service skills.

理想的な候補者は、優れた顧客サービス技術を持つ人です。

TOEICでは人事や採用のシーンでよく使われる。

292 specify
[spésəfàɪ]

動 ～を詳細（具体的）に述べる

名 specification（仕様書）
名 specifics（詳細）
形 specific（具体的な）
副 specifically（具体的には）
類 stipulate（～を明記する）

He specified the date, time, and location of the meeting.

彼は会議の日時と場所を明記した。

形容詞specified（明記された）と合わせて頻出。

293 succeed
[səksíːd]

動 成功する、うまくいく

形 successful（成功した）
副 successfully（成功のうちに）

Evocar succeeded in gaining a good reputation in a short period of time.

Evocar社は、短期間で高い評価を得ることに成功した。

名詞success（成功）と合わせて頻出。

294 supervise
[súːpərvàɪz]
動 ～を監督する

名 supervision（監督）
形 supervisory（監督の）
類 oversee（～を監督する）

Keiko Aoki supervises the general affairs department.
Keiko Aokiは総務部を統括している。

動詞 supervise は「～を監督する」、名詞 supervisor は「管理者、上司」。合わせて覚えておきたい。

295 accommodate
[əkáːmədèɪt]
動 ～を収容する

名 accommodation（施設）

Our largest party room can accommodate 400 people.
最大のパーティールームは400名収容可能だ。

宿泊施設の場合は「○○名宿泊可能」の意味で使われる。

296 acknowledge
[əknáːlɪdʒ]
動 ～を認める、～を確認する、～に礼を言う

名 acknowledgement（認識）
形 acknowledged（認められた）

Officials acknowledged that there were not sufficient parking spaces near the City Hall.
関係者は市役所の近くに十分な駐車場がないことを認めた。

acknowledge a coworker（同僚に謝意を表す）のような使い方も押さえておこう。

297 advance
[ədvǽns]
名 進歩、前進
動 進歩する、前進する

名 advancement（進歩、昇進）
形 advanced（進歩した）

Tickets for the concert can be reserved in advance through the Web site.
コンサートのチケットは、ウェブサイトから事前予約が可能だ。

in advance（前もって）は頻出表現。

Part 5

MP3 298-301

298 agreement
[əgríːmənt]

名 契約、協定、合意

動 agree (同意する)
形 agreeable (同意して)
関 reach an agreement (合意に至る)

The tenant must renew the rental agreement prior to the expiration of the contract.

借主は、契約期間終了前に賃貸契約を更新する必要がある。

employment agreement (雇用契約)、loan agreement (融資契約) など、さまざまな agreement が登場する。

299 associate
名 [əsóuʃiət] 動 [əsóuʃièit]

名 仲間、同僚
動 ～を関連付ける

名 association (関係)
形 associated (関連した)
関 be associated with ~ (～に関連する)

All sales associates are required to attend a three-day sales training workshop.

販売員は全員、3日間の販売トレーニングワークショップに参加することが義務付けられている。

customer service associate (顧客サービス員)、warehouse associate (倉庫係) などの職種で使われる。

300 certain
[sə́ːrtn]

形 ～を確信している、特定の

Vehicles are prohibited from entering at certain times of the day.

特定の時間帯は車両の進入が禁止されている。

パート3〜7で頻出。「特定の」の意でよく使われる。

301 expire
[ıkspáıər]

動 有効期限が切れる

名 expiration (終了)
名 expiry (終了)
形 expired (期限が切れた)
類 lapse (失効する)

The coupon expires at the end of this month.

クーポンは今月末で有効期限が切れる。

84

302 **facility**
[fəsíləti]

名 施設、設備

Our production facilities use state-of-the-art equipment.

当社の生産設備は最新の機器を使っています。

manufacturing facility（生産設備）、fitness facility（フィットネス施設）など、「施設」の意味で幅広く使われる。

303 **grant**
[grǽnt]

名 補助金
動 ～を許可する

関 take ~ for granted（～を当然と思う）

We applied for a city grant.

私たちは市の補助金に応募しました。

grant permission（許可を与える）のように動詞で使われることも多い。

304 **insurance**
[ɪnʃúərəns]

名 保険

動 insure（～を保証する）
関 an insurance claim（保険金請求）

The insurance covers the loss, theft, or damage of goods.

その保険は商品の紛失、盗難、破損を補償する。

life insurance（生命保険）、travel insurance（旅行保険）、proof of insurance（保険証書）など「保険」の意味で幅広く使われる。

305 **intern**
[íntəːrn]

名 インターン、研修生

Suzuki Law Office is seeking interns to assist with the attorneys' paperwork.

Suzuki法律事務所では、弁護士の事務作業を手伝うインターン生を募集している。

Part 5

306 lease
[líːs]

名 賃貸借契約、リース

My lease expires at the end of October.
私の賃貸契約は10月末に切れる。

sign the lease は「賃貸借契約書にサインする」の意。

---

307 monitor
[máːnətər]

名 (コンピュータの) モニター、ディスプレイ
動 ~を監視する

類 screen (コンピュータの画面)

Temperature and humidity in the museum are constantly monitored.
美術館内の温度と湿度は常時監視されている。

---

308 notify
[nóutəfài]

動 ~ (人) に通知する、~を知らせる

名 notification (通知)
類 inform (~に知らせる)

Please notify us by the day before if you need to change or cancel your reservation.
予約の変更、キャンセルは前日までにお知らせください。

「notify +知らせる相手+ of +知らせる内容」の形で使われることが多い。

---

309 popular
[páːpjələr]

形 人気がある、評判がいい

副 popularly (一般に)

Kyoto is one of Japan's most popular tourist destinations.
京都は日本で最も人気のある観光地の一つだ。

名詞の popularity (人気) も合わせて覚えておきたい。

310 **prevent**
[prɪvént]

動 ～するのを防ぐ、～を妨げる

名 prevention (予防)
形 preventable (予防できる)
形 preventive (予防の)

In order to prevent workplace accidents, it is crucial to follow safety guidelines.

職場での事故を防ぐには、安全ガイドラインに従うことが重要だ。

prevent A from B で「A が B するのを妨げる」の意。

311 **profit**
[prá:fət]

名 利益、利潤

Omni Technologies' profits have been rising since the launch of its new smartphone.

Omni Technologies 社の利益は、新型スマートフォンの発売以来、上がり続けている。

形容詞 profitable (利益をもたらす、もうかる)、名詞 profitability (収益性) も合わせて覚えておきたい。

312 **reference**
[réfərəns]

名 照会、推薦状、参照

動 refer (言及する、参照する)
類 recommendation (推薦状)

A résumé and three professional references are required to apply.

応募には履歴書と3人の専門家の推薦状が必要だ。

求人の話題で頻出。list of references (照会先のリスト) もよく使われる。

313 **regulation**
[règjəléɪʃən]

名 規則、規定、規制

動 regulate (～を規制する)

To comply with new safety regulations, fire protection equipment was installed at the plant.

新しい安全規則に対応するため、工場に防火設備が設置された。

「規則・規定」の意味で使われる際は可算名詞で、通例、複数形 regulations となる。

---

314 **renovate**
[rénəvèit]

動 ～を修理する、～を改装する

類 refurbish（～を改造する）
類 remodel（～を改造する）

The renovated plant will have twice the production capacity it had before.

改修された工場は旧工場の2倍の生産能力を持つ予定だ。

家のキッチンから工場まで、さまざまなものがrenovateされる。名詞renovation（改装、刷新）と合わせて覚えておきたい。

---

315 **term**
[tə́:rm]

名 条件、期間

関 in terms of ~（～に関して）

The two companies are finalizing the terms of the contract.

両社は契約の条件を最終決定しているところだ。

terms and conditions（取引条件）も覚えておこう。

---

316 **transport**
名 [trǽnspɔːrt] 動 [trænspɔ́ːrt]

名 輸送
動 ～を輸送する

類 carry（～を運ぶ）

Yamada Transport specializes in transporting artwork.

Yamada運輸は美術品の輸送を専門にしている。

名詞のtransportは「輸送」、transportationは「輸送」または「輸送機関」。どちらも頻出。

---

317 **closely**
[klóusli]

副 綿密に、密接に、緊密に

形 close（密接な）

We worked closely with city authorities to make sure we complied with all regulations.

私たちは市当局と緊密に協力して、全ての規制に準拠していることを確認しました。

work closely with ~（～と緊密に連携する）などの形でパート5の語彙問題に頻出する。

318 demand
[dɪmǽnd]

名 需要、要求
動 〜を要求する

Demand for electric vehicle batteries continues to increase.

電気自動車用電池の需要が増え続けている。

a demanding job（きつい仕事）など、形容詞の demanding（厳しい、きつい）も登場する。

319 earn
[ə́ːrn]

動 〜を得る

名 earning（収入を得ること）
類 gain（〜を獲得する）

Evocar's new electric car earned top ratings from *Driver* magazine.

Evocar 社の新型電気自動車は、『Driver』誌で最高評価を獲得した。

働いてお金を稼ぐ意味だけでなく、学位を取得する、ポイントを貯めるなど、さまざまに使われる。

320 effect
[ɪfékt]

名 影響、効果
動 〜（変化・改善など）をもたらす

名 effectiveness（有効性）
副 effectively（効果的に）

The new business hours will take effect on March 1.

3月1日から新しい営業時間が実施されます。

形容詞 effective（効果的な）と合わせて頻出。

321 eventually
[ɪvéntʃuəli]

副 結局、ついに

形 eventual（最終的な）
類 finally（最後に）
類 ultimately（最終的には）

Evocar eventually achieved worldwide annual sales of 500,000 electric vehicles.

Evocar 社はついに全世界で年間50万台の電気自動車を販売するまでになった。

パート5では語彙問題の選択肢に使われることが多い。

89

Part 5

MP3 322-326

322 excel
[ɪksél]

動 秀でている、〜より優れている

He excels at online marketing.
彼はオンラインマーケティングに秀でている。

323 further
[fɔ́ːrðər]

形 それ以上の
副 もっと先に

For further information, visit our Web site.
詳しくは当社ウェブサイトをご覧ください。

until further notice（追って連絡するまで）など、形容詞で使われることが多い。

324 highly
[háɪli]

副 非常に、とても

類 extremely（極度に）
類 significantly（とても）
類 very（とても）

Seafood Palace restaurant is highly recommended by neighborhood residents.
Seafood Palaceレストランは近隣の住民に高く評価されている。

325 inspect
[ɪnspékt]

動 〜を検査する、〜を点検する

名 inspector（検査官）

Vehicles must be inspected regularly according to regulations.
規則により、自動車は定期的に点検を受けなければならない。

名詞のinspection（検査、点検）も頻出。

326 instruct
[ɪnstrʌ́kt]

動 〜に指示する、〜に命令する

名 instructor（指導者）

Interns were instructed to pick up an ID from the front desk.
インターンは受付から身分証明書を受け取るように指示された。

名詞のinstruction（指示、説明書）と合わせて頻出。

90

327 **invest**
[ɪnvést]

動 〜を投資する

名 investment（投資）
名 investor（投資家）

Lightspeed has invested $500 million in solar projects.

Lightspeed社は太陽光発電事業に5億ドルを投資した。

「invest＋お金など＋in＋投資の対象」の形で使われる。

328 **lately**
[léɪtli]

副 最近、近頃

類 recently（最近）

Omni Technologies has increased its investment in the metaverse lately.

Omni Technologies社は最近、メタバースへの投資を増やしている。

肯定文では現在完了形・現在完了進行形の動詞とともに使われる。

329 **manage**
[mǽnɪdʒ]

動 〜を管理する、〜を監督する

名 management（管理）
名 manager（管理者）
形 managerial（管理の）

We manage 20 properties in the Aomori area.

当社はAomori地区で20物件を管理しています。

「管理する・監督する」の意味の他に、manage to〜で「どうにか〜する」の意味でも使われるので注意。

330 **measure**
[méʒər]

名 対策、措置、寸法
動 〜を測る

名 measurement（測定）
形 measurable（測定できる）

Further measures are needed to reduce traffic in the city center.

都心部の交通量を削減するには、さらなる対策が必要だ。

動詞と名詞、どちらの用法も頻出。

Part 5

331 modify
[máːdəfàɪ]

動 〜を修正する

名 modification（修正）
類 revise（〜を修正する）

The plan needs to be modified due to a significant increase in raw material costs.

原材料費が大幅に上がったため、計画に修正が必要だ。

332 option
[áːpʃən]

名 選択、選択肢

副 optionally（任意に）

Please choose from the two menu options.

2つのメニューからお選びください。

パート2〜7で頻出。形容詞optional（選択の、任意の）は パート7の文書でよく使われる。

333 potential
[pəténʃəl]

名 可能性、発展性
形 可能性のある

副 potentially（潜在的に）

I will be presenting our product to potential clients.

私は見込み客に製品を紹介する予定です。

potential client／potential customer（見込み客）は頻出。

334 proper
[práːpər]

形 適切な、ふさわしい

副 properly（適切に）
類 adequate（適切な）
類 appropriate（適切な）
反 improper（不適切な）

For your safety, we recommend that you use proper tools when assembling our furniture.

安全のため、当社の家具を組み立てる際には適切な工具 をご使用ください。

335 refund
名 [ríːfʌnd] 動 [rɪfʌnd]

名 払い戻し、返金
動 〜を払い戻す、〜を返金する

形 refundable（払い戻しできる）

Good Sleep Pillow will issue a full refund if you are not satisfied with the product.

Good Sleep Pillow社は、製品にご満足いただけない場合、 全額返金いたします。

refund a deposit（預り金を返金する）のように動詞でも使う。

336 **rely**
[rɪláɪ]

動 信頼する、頼りにする

名 reliability (信頼性)
名 reliance (信頼)
形 reliable (信頼できる)
副 reliably (確実に)
類 depend (頼る)

We cannot rely on newspaper ads to attract consumers.
消費者を引きつけるのに新聞広告に依存することはできません。

rely on ~「~に依存する」は頻出。

337 **renew**
[rɪnú:]

動 ~を再開する、~を更新する、~を継続する

名 renewal (リニューアル)
形 renewable (更新できる)

To renew your subscription, please visit our Web site.
サブスクリプションを更新するには、当社のウェブサイトにアクセスしてください。

不動産の賃貸契約や映像配信サービスの契約など、さまざまなものに renew が登場する。

338 **separate**
[sépərèɪt]

動 ~を分ける
形 離れた、別個の

名 separation (分離)
形 separated (分離した)
副 separately (別々に)
関 separate ~ from ... (~を…から隔てる)

Please cooperate by separating garbage carefully.
丁寧なごみの分別にご協力ください。

separate dining area (独立したダイニングエリア) のように形容詞でも使う。

339 **solution**
[səlú:ʃən]

名 解決策

動 solve (~を解決する)

The solution is to hire someone to do warehouse work.
解決策は、倉庫作業をする人を雇うことだ。

chemical solution (化学溶液)、cleaning solution (洗浄液)のように「溶液」の意味でも使う。

Part 5

340 **undergo**
[ʌndərgóu]

動 ～を経験する、～を受ける

The hotel is currently undergoing renovation work.
ホテルは現在改装中だ。

変化・検査などを受けるときに使う。

341 **urge**
[ə́:rdʒ]

動 ～を説得する、～を強く勧める

形 urgent (緊急の)
副 urgently (緊急に)

City officials urged citizens to commute on public transportation.
市の担当者は、市民に公共交通機関での通勤を強く勧めた。

342 **ability**
[əbíləti]

名 能力

動 enable (～することを可能にする)
形 able (～することができる)
類 capability (能力)

The job requires the ability to speak multiple languages.
この仕事には複数の言語を操る能力が必要だ。

「能力、力量」の意味で幅広く使われる。パート4の選択肢に登場することもある。

343 **appliance**
[əpláɪəns]

名 器具、設備

関 electric appliance (電気器具)

We sell only the highest quality appliances.
私たちは最高品質の家電製品のみを販売しています。

主に「家電製品 (家庭用の電気製品)」の意味で使われる。microwave oven (電子レンジ)、blender (ミキサー)、toaster (トースター) などをひとくくりに appliance で指す。パート1の家電製品が写っている写真問題で登場することもある。

344 approximate
動 [əprάːksəmèit]
形 [əprάːksəmət]

動 およそ～になる
形 およその

The package tracking system will give you an approximate delivery date and time.

荷物の追跡システムで、およその配達日時をお知らせします。

副詞 approximately（およそ）と合わせて頻出。

345 banquet
[bǽŋkwət]

名 宴会、祝宴

類 celebration（祝賀会）
類 ceremony（儀式）

Employees with outstanding performance are honored at the company's annual banquet.

毎年開催される懇親会では、成績優秀な社員が表彰される。

an awards banquet（授賞式）のような使い方もある。

346 complimentary
[kὰːmpləméntəri]

形 無料の

類 free（無料の）

Complimentary beverages are available in the lobby.

ロビーでは無料のお飲み物をご用意しています。

飲食物だけでなく、complimentary Internet access（無料のインターネット接続）などの使い方にも注意。

347 comply
[kəmplái]

動 従う、応じる

名 compliance（従うこと）
形 compliant（従順な）
類 obey（～に従う）
類 observe（～を守る）

We comply with all state safety standards.

当社は全ての州の安全基準に従っています。

comply は自動詞。comply with ～で「～に従う」の意。

Part 5

MP3 348-351

348 **durable**
[djúərəbl]

形 耐久性のある

類 sturdy（頑丈な）

Our smartphone cases are made of a durable plastic material.

当社のスマートフォンケースは、耐久性のあるプラスチック素材で作られています。

新製品の特徴を表す言葉として使われることが多い。名詞 durability（耐久性）も合わせて覚えておこう。

349 **eligible**
[élədʒəbl]

形 適格の、資格のある

名 eligibility（適格性）
反 ineligible（不適格の）

New hires are eligible for bonuses after six months of work.

新入社員は入社6カ月後にボーナスの支給資格を得る。

be eligible to ~は「~する資格がある」、be eligible for ~は「~の資格がある」の意。

350 **organize**
[ɔ́ːrɡənàɪz]

動 ~を準備する、~を手配する、~をまとめる

名 organization（組織）
名 organizer（まとめ役）

Mr. Lee is organizing a company picnic.

Leeさんは会社のピクニックを準備している。

形容詞の organized（うまく計画・整理された）も頻出。

351 **permission**
[pərmíʃən]

名 許可、認可

名 permit（許可）
動 permit（~を許可する）
形 permissible（許される）
形 permissive（許される）
関 without permission（無許可で）

To obtain permission to use Northwood Publishing's copyrighted works, please submit a written request.

Northwood Publishing社の著作物の使用許諾を得るには、書面による依頼書をご提出ください。

「許可を得る」は obtain permission、「許可する」は grant permission。

96

352 **regardless**
[rɪgɑ́:rdləs]

形 無頓着な
副 いずれにしても、それにもかかわらず

We ship free of charge regardless of the size of your order.

ご注文のサイズにかかわらず送料無料でお届けいたします。

regardless of ~ は「~にかかわらず」の意。

353 **relatively**
[rélətɪvli]

副 比較的、相対的に

形 relative（関係のある）

If you are looking for a relatively inexpensive printer, we highly recommend the Precision P400.

比較的安価なプリンターをお探しなら、Precision P400を強くお勧めします。

354 **statement**
[stéɪtmənt]

名 報告書、明細書、声明、陳述

動 state（~を表明する）
関 issue a statement（声明を出す）

Credit card statements are moving from paper to online.

クレジットカード利用明細書は紙からオンラインに移行している。

bank statement（預金残高証明書）、billing statement（請求明細書）など、TOEICではお金に関わる明細書の意味で使われることが多い。

355 **tend**
[ténd]

動 しがちである

Our customers tend to make major purchases during the holiday season.

弊社の顧客は年末年始に高額商品を購入しがちである。

tend は自動詞。tend to ~ で「~しがちである」の意。

Part 5

356 **thoroughly**
[θə́:rouli]

副 完全に、徹底的に

To prevent infection, wash your hands thoroughly as soon as you get home.

感染症予防のため、帰宅後すぐに徹底的に手を洗いましょう。

形容詞 thorough（完全な、徹底的な）と合わせて覚えておこう。どちらもパート5で語彙問題の選択肢に使われることがある。

357 **vacant**
[véɪkənt]

形 空いている、使用されていない

名 vacancy（空き）
類 open（空いている）

To fill a vacant position in the accounting department, Northwood Publishing plans to hire a recent university graduate.

経理部の欠員になっている職位を補充するため、Northwood Publishing 社は大学新卒者を採用する予定だ。

vacant parking lot（空き駐車場）といった使い方もある。

358 **acquisition**
[æ̀kwəzíʃən]

名 獲得、購入品、買収

動 acquire（〜を獲得する）

News of the acquisition caused Omni's stock price to temporarily rise by 10 percent.

買収のニュースにより、Omni 社の株価は一時10パーセント高となった。

M&A は merger and acquisition の略。

359 **aim**
[éɪm]

動 目指す、目標とする

類 target（〜を目標にする）

Evocar's electric trucks aim to provide carbon-neutral logistics.

Evocar 社の電動トラックは、カーボンニュートラルな物流を目指している。

360 **apart**
[əpáːrt]

副 離れて

What sets us apart from our competitors is our commitment to zero emissions.

私たちが他社と違うのは、排出ゼロへの取り組みです。

what sets us apart from ~ で「〜との違いは」の意。このまま覚えておこう。

361 **attorney**
[ətə́ːrni]

名 弁護士、代理人

Lightspeed, Inc. has hired an attorney to address various legal issues.

Lightspeed 社は、さまざまな法的問題に対処するために弁護士を採用した。

lawyer も弁護士の意味で使われる。

362 **automated**
[ɔ́ːtəmèitid]

形 自動化された

Sunlight Clothing has installed an automated sewing system in its factory.

Sunlight Clothing 社は工場に自動縫製システムを導入した。

動詞 automate（自動化する）、形容詞 automatic（自動の）、副詞 automatically（自動的に）、名詞 automation（自動操作）と合わせてパート5の品詞問題で使われることがある。

363 **beside**
[bisáid]

前 〜のそばに

A potted plant is placed beside the window.

鉢植えが窓際に置かれている。

パート5では前置詞や語彙の問題で使われる。例文のような形でパート1に登場することも多い。besides（その上、〜の他に）とスペル、発音ともに紛らわしいので注意。

Part 5

364 beyond
[biɑ́:nd]

前 ～の向こうに、～を越えて

Omni Technologies intends to expand beyond its existing markets.

Omni Technologies社はこれまでの市場を超えて拡大するつもりだ。

限界を超えていくイメージの語。パート5の前置詞問題や、パート7の文書に登場する。

365 broad
[brɔ́:d]

形 広い

Home Clean, Inc. offers a broad range of house cleaning services.

Home Clean社は幅広いハウスクリーニングのサービスを提供している。

broadは境界がなく広大な「広い」、wideは道路のように境界があって「(幅が) 広い」のように使い分ける。

366 clarify
[klérəfàɪ]

動 ～を明らかにする

名 clarity (明快さ)

The CEO clarified his position on a possible merger.

CEOは合併の可能性に対する考えを明らかにした。

名詞clarification (明確化) も覚えておきたい。

367 clearly
[klíərli]

副 はっきりと

形 clear (明快な)

The completion date is clearly stated in the contract.

完成日は契約書に明記されている。

パート5では品詞問題にも語彙問題にも使われる頻出語。

368 congestion
[kəndʒéstʃən]

名 渋滞、混雑

動 congest (～を混雑させる)
形 congested (混雑した)

The expansion of Highway 101 is expected to reduce traffic congestion.

ハイウェイ101の拡張により、交通渋滞の緩和が期待される。

道路の渋滞 (traffic congestion / road congestion) の意味で使われることが多い。

369 consistently
[kənsístəntli]

副 一貫して、堅実に

名 consistency (一貫性)
関 be consistent with ~ (～と一致する)

Starlight Corporation's performance is consistently improving.

Starlight社の業績は堅実に向上している。

パート5～7の本文中に登場する。形容詞consistent (一貫した、堅実な) と合わせて品詞問題に使われることもある。

370 content
[ká:ntent]

名 内容、中身

関 be content with ~ (～に満足する)

Return all product contents to the original packaging.

製品の内容物を全て元のパッケージに戻してください。

ウェブサイトの内容も、荷物の中身もcontentで表す。

371 contractor
[ká:ntræktər]

名 請負業者、請負人

名 contract (契約)

I hired a contractor to renovate my house.

私は自宅の改装を業者に依頼しました。

ビルの建設を市当局から請け負うのも、家の改装を請け負うのもcontractor。TOEICにはどちらも登場する。

Part 5

MP3 372-375

372 critic

[krítɪk]

图 批評家、評論家

形 critical（批判的な）

Noted restaurant critic John Watson praised Seafood Palace.

著名なレストラン評論家John WatsonはSeafood Palace を称賛した。

動詞criticize（～を批評する）、名詞criticism（批評）も覚えておきたい。

373 crop

[krάːp]

图 作物、収穫物

Farmers recorded their best crop harvest ever.

農家は過去最高の収穫を記録した。

crop yields（収穫量）などもよく使われる。

374 decade

[dékeɪd]

图 10年間

Artificial intelligence is expected to evolve significantly over the next decade.

人工知能は今後10年間で大きく進化することが予想されている。

375 depict

[dɪpíkt]

動 ～を描写する、～を表現する

This painting depicts a mountain village.

この絵は山村を描いたものだ。

名詞depiction（描写、叙述）などと組み合わせて品詞問題に使われたことがある。

376 drawing
[drɔ́:ɪŋ]

名 線画、デッサン、製図

動 draw（～を描く）

Here is a drawing of the new city hall.

これが新しい市庁舎の図面だ。

「くじ引き、抽選」の意味もある。

377 economical
[èkəná:mɪkl]

形 経済的な

名 economics（経済）
名 economy（経済）
副 economically（経済的に）

Experts calculated that renovating the existing stadium would be more economical than building a new one.

専門家は、新しいスタジアムを建設するよりも、既存のスタジアムを改修した方が経済的だと計算した。

economical は「経済的な、節約になる」意。economic は「経済の、経済学の」の意味で使う。

378 editorial
[èdɪtɔ́:riəl]

名 社説、論説
形 編集の、編集者の

名 editor（編集者）
動 edit（～を編集する）
関 editorial department（編集部）

Northwood Publishing hired three editorial assistants.

Northwood Publishing 社は 3 人の編集アシスタントを採用した。

379 eliminate
[ɪlímənèɪt]

動 ～を除く

名 elimination（除去）
類 get rid of ~（～を取り除く）
類 remove（～を取り除く）

As a result of eliminating wasteful spending, profits for the current fiscal year are expected to increase significantly.

無駄な支出をなくした結果、本会計年度の利益は大幅に増加することが予想されている。

「～（不必要なもの）を除く／除去する」の意。

Part 5

380 entire
[ɪntáɪər]

形 全体の

類 whole (全体の)

Our factory tour covers the entire plant.
当社の工場見学は工場全体をカバーしています。

the entire month of April (4月いっぱい) のようにも使う。

381 essential
[ɪsénʃəl]

形 不可欠の、必須の

類 mandatory (必須の)

Computer skills are now essential.
コンピュータの技術は今や必須だ。

パート7の本文、パート5・6の語彙問題で使われることがある。

382 evaluate
[ɪvæljuèɪt]

動 ～を評価する

名 evaluation (評価)

Your supervisor will evaluate your performance.
あなたの上司があなたの業績を評価します。

evaluate a business plan (事業計画を評価する)、evaluate a hotel stay (ホテル滞在を評価する) など、さまざまなものが evaluate される。

383 exactly
[ɪgzǽktli]

副 正確に、厳密に

That is exactly what we were looking for.
それこそまさに私たちが求めていたものです。

"Exactly." は "Yes." に代わる肯定の応答としてパート3に登場することがある。

384 extensive
[ɪksténsɪv]

形 大規模な、幅広い

名 extension（拡大、内線）
関 extensive knowledge（幅広い知識）

Mr. Suzuki has extensive experience as an engineer.
Suzukiさんはエンジニアとして幅広い経験を有している。

動詞のextend（～を延長する）、副詞のextensively（大規模に）と合わせて品詞問題で使われることがある。

385 fabricate
[fǽbrɪkèɪt]

動 ～を組み立てる、～を製造する

Omni fabricates semiconductor chips in its own factory.
Omni社は自社工場で半導体チップを製造している。

名詞はfabrication（製造）。fabrication facilityで「工場」を意味する。

386 former
[fɔ́rmər]

形 以前の

副 formerly（以前に）
類 previous（前の）
関 the former（前者）

She is a former president of Omni.
彼女は元Omni社の社長だ。

387 identify
[aɪdéntəfàɪ]

動 ～を確認する、～を特定する

関 identification card（IDカード）

Modern smartphones use a variety of methods to identify individuals, including fingerprint and facial recognition.
最新のスマートフォンでは、指紋認証や顔認証など、個人を特定するためにさまざまな方法が用いられている。

名詞のidentification（身分証明書）も頻出。

Part 5

388 method
[méθəd]

名 方法、方式

We accept various payment methods.
当店は各種お支払い方法に対応しています。

パート3～7で頻出。パート7の選択肢に使われることもある。

389 occasion
[əkéɪʒən]

名 時、場合

形 occasional (時々の)
関 special occasion (特別な日)

This jacket can be used for a variety of occasions.
このジャケットはさまざまな場に対応できる。

副詞occasionally (時々、時たま) も合わせて覚えておきたい。

390 overwhelmingly
[òuvərwélmɪŋli]

副 圧倒的に

形 overwhelming (圧倒的な)

Unovideo is an overwhelmingly popular video streaming service.
Unovideoは圧倒的に人気がある映像配信サービスだ。

391 quote
[kwóut]

名 引用文、見積もり
動 ～を引用する、～を見積もる

類 estimate (～と見積もる、見積もり)

I am requesting a price quote from a contractor to remodel my house.
自宅を改装するため、業者に価格の見積もりを依頼しています。

price quote (価格の見積もり) はこのまま覚えよう。

392 relevant
[réləvənt]

形 関連がある、適切な

動 relate (～を関連させる)
反 irrelevant (無関係の)
類 related (関連がある)

Applicants must have a relevant educational background.
応募者は関連する学歴を持っていなければならない。

パート5では語彙問題に使われることがある。意味を押さえておこう。

393 textile
[tékstàɪl]

名 織物
形 織物の

類 fabric (生地)

XB Fabrics manufactures high-quality textiles in its own factories.

XB Fabrics 社は、自社工場で高品質な織物を製造している。

fabric は織物、編み物などを問わず「生地」、textile は織物を指す。

394 reimbursement
[rìːɪmbɔ́ːrsmənt]

名 払い戻し、返済

動 reimburse (〜を払い戻す)

For reimbursement of travel expenses, please submit receipts within one week of your return.

旅費の払い戻しについては、帰着後1週間以内に領収書を提出してください。

動詞 reimburse と合わせて頻出。出張の旅費など、いったん立て替えた支払いを精算するのが reimbursement。商品の返品に伴う返金は refund。

395 extremely
[ɪkstríːmli]

副 極度に、非常に

形 extreme (極度の)
類 highly (とても)
類 significantly (とても)
類 very (とても)

The street was extremely crowded.

通りは非常に混雑していた。

I am extremely impressed. (非常に感銘を受けました)、extremely important (非常に重要な)など、さまざまに使われる。

Part 6

396 forward
[fɔ́ːrwərd]

動 ～を送る、～を転送する
形 前方への
副 前へ、先へ

I have forwarded the e-mail from the client to you.

お客様からのメールをあなたに転送しました。

forward an e-mail（電子メールを転送する）など、動詞としての使い方を覚えておきたい。

397 last
[lǽst]

動 続く
形 最後の、最終の、この前の

形 lasting（長続きする）

Seminars typically last about two hours.

セミナーは通常2時間程度続く。

「この前の」の意で last month（先月）のような使い方が多いが、動詞の last（続く）も覚えておこう。

398 therefore
[ðéərfɔ̀ːr]

副 したがって、その結果、それゆえに

The arrival airport was hit by inclement weather. Therefore, my flight was delayed by two hours.

到着地の空港が悪天候に見舞われた。その結果、私のフライトは2時間遅れた。

パート6に出題される、文頭で使われる接続副詞の一つ。前に述べた原因の結果を言うのに使われる。

399 require
[rɪkwáɪər]

動 ～を必要とする、～を要求する

According to our returns policy, a receipt is required before a refund is issued.

当社の返品規定では、返金には領収書が必要です。

パート3〜7で頻出。求人広告や社内規定で必須項目を示す場合にも使われる。名詞 requirement（要求、必要なもの）も合わせて覚えておこう。

400 **expect**
[ıkspékt]

名 expectation（予期）
形 expected（予期された）
類 anticipate（～を予期する）

動 ～を予期する、～を予想する

We expect the new plant to create 1,000 jobs.

この新工場では、1,000人の雇用を創出することが予想されている。

リーディングセクション全体で頻出。パート5の語彙問題に使われることもある。比較表現では、than ~ expected（～が予想していたより）のように使われる。

401 **note**
[nóut]

形 notable（著名な）
形 noted（著名な）

名 メモ、記録
動 ～に注意を払う、～に言及する

Please note that registration is online only.

登録はオンラインのみですのでご注意ください。

命令文のPlease note that ~.（～にご注意ください）は頻出表現。

402 **replace**
[rıpléıs]

名 replacement（代用品）

動 ～に取って代わる、～を取り替える

Items damaged during shipping will be replaced immediately.

配送中に破損した商品は、すぐに取り替えられる。

破損品の取り替えや返金は頻出トピック。物だけでなく、会社の人事のニュースなどで、人が誰かの後任に就く場合もreplaceを使う。

403 **value**
[vǽljuː]

形 valuable（価値の高い）
関 valuables（貴重品）

名 価値、価格
動 ～を評価する

Raffle winners will receive a gift card valued at 100 dollars.

くじ引きの当選者は100ドル分のギフトカードを受け取るだろう。

valued customer（お得意様）は頻出表現。

Part 6

404 appreciate
[əprí:ʃièɪt]

動 ～に感謝する、～の価値を認める、～を評価する

名 appreciation (感謝)
形 appreciative (感謝の)

Users appreciate the fuel efficiency of the new hybrid vehicles.

ユーザーは新型ハイブリッド車の燃費の良さを評価している。

We appreciate your feedback. (ご意見をお寄せいただきありがとうございます) のように、感謝する意味で多用される。

405 enclosed
[ɪnklóuzd]

形 同封された

名 enclosure (同封されたもの)

To renew your membership, please complete and return the enclosed form.

メンバーシップを更新するには、同封の用紙に記入してご返送ください。

動詞の enclose (～を同封する) も多用される。Your membership card is enclosed. (会員証を同封します) は頻出。

406 detail
[dí:teɪl]

名 細部、詳細、詳細な情報
動 ～を詳述する

形 detailed (詳細な)
関 for more details (詳細については)
関 in detail (詳しく)

Membership details are on our Web site.

メンバーシップの詳細は当社ウェブサイトに記載されています。

a detailed description (詳細な説明) のように、detailed を形容詞として使うこともある。

407 develop
[dɪvéləp]

動 ～を発達させる、～を開発する

名 development (発達)

We were assigned by our supervisor to develop an advertising campaign.

私たちは上司に広告キャンペーンを展開するよう任命されました。

develop a strategy (戦略を立てる)、develop a software application (アプリケーション・ソフトを開発する) のように幅広く使われる。

408 possible
[pá:səbl]

形 可能な

名 possibility (可能性)
副 possibly (ひょっとしたら)
反 impossible (不可能な)
関 if possible (もし可能なら)

I will repair it as soon as possible.

できるだけ早く修理します。

as soon as possible (できるだけ早く) は頻出。possible merger (合併の可能性) などもよく使われる。

409 result
[rɪzʌ́lt]

名 結果
動 ～に終わる

関 result from ~ (～に起因する)
関 result in ~ (～という結果になる)

Maintaining a constant temperature is essential for consistent results.

温度を一定に保つことが、安定した結果を得るためには必須だ。

as a result (結果として) は頻出表現。

410 accept
[əksépt]

動 ～を受け入れる、～を受け取る

名 acceptance (受諾)
形 acceptable (受け入れられる)

Please accept our apologies for any inconvenience caused by the delay.

遅延によりご迷惑をおかけしましたことをお詫び申し上げます。

411 avoid
[əvɔ́ɪd]

動 ～を避ける

形 avoidable (避けられる)

Use our navigation app to avoid traffic jams.

渋滞を避けるため、当社のナビゲーションアプリをご利用ください。

Avoid wiping the touchscreen with tissues. (タッチパネルをティッシュで拭かないようにしてください) など、禁止事項を述べる場合にも使われる。

Part 6

---

412 **base**
[béɪs]

图 基礎、基盤
動 〜を置く

形 based (〜を本拠にした)
関 based on ~ (〜に基づいて)

Social media is an effective way to expand your customer base.

ソーシャルメディアは顧客基盤を拡大するのに効果的な方法だ。

Tokyo-based company (東京に本社を置く会社) のような使い方もある。

---

413 **feedback**
[fíːdbæ̀k]

图 反応、意見、フィードバック

We are asking for your feedback.

皆様のご意見をお聞かせください。

---

414 **own**
[óun]

動 〜を所有する
形 自分自身の、それ自身の

名 owner (所有者)
名 ownership (所有)
関 on one's own (自力で)

Mr. Tanaka started his own business.

Tanaka さんは自分自身の事業を始めた。

family-owned business (家族経営の会社) のように使うこともある。

---

415 **process**
[prάːses]

图 過程、プロセス
動 〜を処理する

類 procedure (方法)

Orders will be processed within 2 days of receipt of payment.

ご注文は入金確認後2日以内に処理されます。

例文の process は動詞。名詞の process も多用される。

416 representative
[rèprɪzéntətɪv]

名 代表者、代理人、販売担当者

動 represent（～を代表する）

If you have any questions, please contact the sales representative for your area.

何かご不明な点がございましたら、お住まいの地域の弊社営業担当者までお問い合わせください。

sales representative（販売担当者）、customer service representative（顧客サービス担当者）は頻出。

417 run
[rʌ́n]

動 動く、～を経営する、～を動かす

Mr. Tanaka has run his company for 10 years.

Tanakaさんは彼の会社を10年間経営している。

Seminars run for two hours.（セミナーは2時間です）のような使い方も覚えておきたい。

418 serve
[sə́ːrv]

動 ～を供する、～を出す、～の役に立つ、～に仕える

名 server（給仕人）

Flight attendants will serve beverages in a few minutes.

客室乗務員が数分後に飲み物をお出しします。

料理を供するのはserve、料理を供する人はserver。TOEICではwaiterやwaitressは使われなくなり、ほとんどserverと呼んでいる。

419 CEO
[síːìːóu]

名 最高経営責任者（Chief Executive Officer）

Mr. Suzuki has been the CEO of Suzuki Pharmaceuticals for 15 years.

SuzukiさんはSuzuki Pharmaceuticals社のCEOを15年間務めている。

Chief Executive Officer（最高経営責任者）の略。Chief Financial Officer（最高財務責任者）、Chief Operating Officer（最高執行責任者）などもあるが、CEO以外はTOEICでは今のところ省略されずそのまま使われる。

Part 6

420 **daily**
[déɪli]

形 毎日の、日々の、日単位の

For details of our daily specials, please visit our Web site.

日替わりメニューの詳細については当店のウェブサイトをご覧ください。

乳製品を表す dairy と紛らわしいので注意。

421 **deal**
[díːl]

名 取引、契約
動 〜を配る、〜を与える

名 dealer（販売人）
類 transaction（取引）

Omni Technologies has announced that it will acquire Lightspeed, Inc. in a deal valued at $500 million.

Omni Technologies 社は Lightspeed 社を5億ドルで買収すると発表した。

deal with 〜（〜を処理する、〜に対処する）は頻出表現。

422 **dental**
[déntl]

形 歯科の

I have a dental appointment at 6:00 P.M.

午後6時に歯科医の予約があります。

423 **even**
[íːvn]

副 〜さえ、〜までも

Even if it rains tomorrow, the event will go on as planned.

たとえ明日雨が降っても、イベントは予定通り行われる。

even if 〜（たとえ〜にしても）や even though 〜（たとえ〜にしても）がパート6の選択肢に登場することがある。even more 〜のように、比較級と組み合わせて「さらに、なおさら」と比較級の意味を強める働きをすることがある。

424 volunteer
[vὰːləntíər]

名 志願者、ボランティア
動 ～を買って出る

形 voluntary (自発的な)
副 voluntarily (自発的に)

I am looking for volunteer opportunities.

私はボランティアの機会を探しています。

He has volunteered to cover my shifts. (彼は志願して私のシフトを代わってくれた) のように使える。

---

425 app
[ǽp]

名 アプリ

関 application (〈コンピュータの〉アプリケーション)

Use our mobile app to purchase drinks at our coffee shop.

当コーヒーショップでドリンクを購入するためにモバイルアプリを利用してください。

リスニングセクションでも使われる。短く「あぷ」と発音されることに注意。

---

426 career
[kəríər]

名 職業、経歴、キャリア

Mr. Kato started his professional career as a programmer.

Katoさんはプログラマーとしてキャリアをスタートさせた。

career advancement opportunity (キャリアアップの機会)、career fair (就職支援フェア) なども覚えておきたい。

---

427 device
[dɪváɪs]

名 装置、道具、端末

類 gadget (装置)
類 equipment (機器)

Simply download the app on your mobile device.

モバイル端末にアプリをダウンロードするだけです。

デバイスというと「電子機器」を連想するが、実際の意味は幅広い。TOEIC公式問題集には「キャンプ用のストーブ」を cooking device と呼んだ例がある。

Part 6

---

428 **double**
[dʌ́bl]

動 ～を2倍にする、2倍になる
形 2倍の、二重の

The company expects to double its sales in three years.
その会社は3年後に売り上げを倍増させることが予想される。

---

429 **excellent**
[éksələnt]

形 優秀な、素晴らしい

名 excellence（優秀さ）
類 exceptional（特に優れた）

We want to maintain our excellent safety record.
私たちは優れた安全記録を維持したいと思います。

excellent benefits（充実した福利厚生）、excellent service
（優れたサービス）なども一緒に覚えておこう。

---

430 **festival**
[féstəvl]

名 催し、祭

The Kanazawa Street Music Festival will be held in
October at various locations in the city center.
Kanazawaストリートミュージックフェスティバルは、10月に
市内中心部のさまざまな場所で開催される。

---

431 **mayor**
[méɪər]

名 市長、町長、（自治体の）長

Mr. Clerk may run for mayor.
Clerkさんは来年の市長選に出馬する可能性がある。

政治の話題は出ないTOEICだが、mayorだけは市の開発
計画などで登場する。

432 otherwise
[ʌ́ðərwàɪz]

副 さもないと、もしそうでなければ、違ったふうに

To confirm your reservation, please call the front desk. Otherwise, your reservation may be canceled.

予約の確認はフロントまでお電話ください。そうしないと予約が取り消されることがあります。

文頭の Otherwise はパート6の選択肢に使われることがある。

433 period
[píəriəd]

名 期間、時期

The 48-hour rental period begins as soon as you start watching.

視聴を開始すると、48時間のレンタル期間が開始されます。

trial period（お試し期間）は頻出。

434 prefer
[prɪfə́:r]

動 ～を好む

形 preferable（好ましい）
形 preferred（好ましい）
副 preferably（できれば）

I would prefer an earlier time.

もっと早い時間がいいです。

prefer A to B（B より A を好む）の形も覚えておこう。名詞 preference（好み）も頻出。

435 president
[prézədənt]

名 社長

Kunio Nomura, senior vice president of marketing, was appointed as the new president.

マーケティング担当上席副社長の Kunio Nomura が新社長に任命された。

TOEIC で使われる president の多くは「（会社の）社長」。（会・協会の）会長、大学の学長、国家の大統領も president と呼ばれる。

436 raise
[réɪz]

名 賃上げ
動 ～を上げる、～を高める

関 pay raise（昇給）

Due to the rising cost of raw materials, we need to raise our prices by five percent.

原材料のコストが上昇しているため、価格を5パーセント引き上げる必要があります。

「価格を上げる」のも「増税する」のも「給料を上げる」のも raise。

437 residential
[rèzədénʃəl]

形 住宅向きの、住宅地区の

名 residence（住居）
名 resident（住民）
動 reside（居住する）

Mr. Nomura moved from a residential area to the city center.

Nomura さんは住宅地から都心に引っ越した。

438 retail
[ríːtèɪl]

名 小売り

反 wholesale（卸売り）

Orange Company has retail stores in many major cities.

Orange 社は多くの主要都市に小売店を構えている。

retail business（小売業）、retail price（小売値）、retailer（小売業者）も合わせて覚えておこう。

439 similarly
[símələrli]

副 同様に

名 similarity（類似）
形 similar（似ている）
類 likewise（同じように）

The Municipal Art Museum regularly holds exhibitions of contemporary art. Similarly, it also provides educational opportunities for the community through public lectures.

市立美術館では、定期的に現代美術の展覧会を開催している。同様に、公開講座を通じて地域社会への教育機会も提供している。

パート5・6では語彙問題の選択肢として使われることが多い。

440 **stock**
[stá:k]

名 在庫、株式

類 inventory（在庫）

Two of the five color variations of the Mobilite Phone are in stock: green and white.

Mobilite Phoneのカラーバリエーション5色のうち、グリーンとホワイトの2色の在庫があります。

in stock（在庫のある）、out of stock（在庫切れで）。Orange Technologies' stock rose five percent.（Orange Technologies社の株価は5パーセント上がった）ならこのstockは「在庫」ではなく「株価」の意。

---

441 **support**
[səpɔ́:rt]

名 支持、援助
動 ～を支持する、～を支援する、～を支える

形 supportive（協力的な）

I will call the IT support team to resolve the printer issue.

プリンターの問題を解決するために、ITサポートチームに電話するつもりです。

support our community（地域社会を支える）など、動詞でも使われる。

---

442 **transaction**
[trænzǽkʃən]

名 取引、（業務の）処理

動 transact（取引する）
類 deal（取引）

Using our online banking service, you can make transactions without visiting a branch.

オンラインバンキングサービスをご利用いただくと、支店に行かなくてもお取引が可能です。

---

443 **alert**
[əlɔ́:rt]

名 警報、警告、通知
動 ～に警報を出す

Enter your region in the Weatherplus app to receive personalized weather alerts.

Weatherplusアプリにお住まいの地域を入力すると、ご自分向けの天気通知を受け取ることができます。

例文のように、「警報」というより「通知」の意味で使われることも多い。

Part 6

444 apologize
[əpáːlədʒàɪz]

動 謝罪する

名 apology（謝罪）

We apologize for this delay.

この遅れをおわび申し上げます。

「apologize + to + 人 + for + 事」で「（人）に（事）のことで謝罪する」の意味で使われる。

445 attach
[ətǽtʃ]

動 ～を取り付ける、～（文書など）を添付する

名 attachment（取り付け）
形 attached（付属の）
反 detach（～を取り外す）
関 attached file（添付ファイル）

The quote is attached to this e-mail.

見積書はこのメールに添付されている。

紙の手紙に同封するときはenclose、電子メールに添付するときはattach。両方覚えておこう。

446 chain
[tʃéin]

名 チェーン店、連鎖、鎖

Tokyo-based hotel chain Northwood Hotels has opened its 25th location in Toyama.

Tokyoに本社のあるホテルチェーンNorthwood Hotelsは25軒目のホテルをToyamaにオープンした。

チェーン店は「業種 + chain」の形でhotel chain, pizza chainのように使う。

447 direct
[dərékt]

動 ～を向ける、～を指導する、～を監督する
形 直接の、まっすぐな

名 direction（方向）
副 directly（直接に）
反 indirect（間接的な）

Questions concerning the new company policy should be directed to the human resources department.

新しい会社方針についての質問は人事部までお送りください。

例文は動詞のdirect。a direct flight（直行便）のように形容詞としても使われる。

448 donate
[dóuneɪt]

動 ～を寄付する、～を寄贈する

名 donation（寄付）
名 donor（寄付をする人）
類 contribute（～を提供する）
関 make a donation（寄付する）

Starlight Corporation donates to charity annually.
Starlight 社は毎年、慈善団体に寄付をしている。

自動詞・他動詞の両方の用法がある。例文は自動詞。

449 inconvenience
[ìnkənvíːnjəns]

名 不便、不自由、不快

反 convenience（便利）

We are sorry for the inconvenience.
ご迷惑をおかけして申し訳ございません。

例文は定番の謝罪文。

450 individual
[ìndəvídʒuəl]

名 個人
形 個々の、個人の

動 individualize（～を好みに合わせる）
形 individualized（好みに合わせた）
副 individually（個々に）

Omni Technologies is seeking talented individuals to join our team.
Omni Technologies 社では当社の一員となる優秀な人を募集しています。

451 ingredient
[ɪngríːdiənt]

名 食材、（料理の）材料

We use only locally grown ingredients.
当店では地元産の食材のみを使用しています。

452 invoice
[ínvɔɪs]

名 請求書、送り状

類 bill（請求書）

An invoice is enclosed.
請求書が同封されている。

「送り状」の意味もあるが、TOEIC ではほぼ「請求書」の意味で使われる。

Part 6

---

453 launch
[lɔ́:ntʃ]

名 開始、売り出し
動 ～を始める、～を売り出す

類 release（～を発売する）

Orange Computer will launch its new large-screen tablet computer next month.

Orange Computer社は来月新型大画面タブレットを発売する。

launch a new business（新事業を立ち上げる）、launch an advertising campaign（広告キャンペーンを開始する）のようにさまざまに使われる。

---

454 likewise
[láɪkwàɪz]

副 同じように

類 alike（同様に）
類 similarly（同様に）

Traffic from the suburbs to the city center has decreased over the past year. Likewise, traffic congestion in the city center has eased.

郊外から都心への交通量は、この1年で減少した。同様に、都心部の渋滞も緩和されている。

パート5・6の語彙問題に使われることが多い。

---

455 neighborhood
[néɪbərhùd]

名 地域、地区、近隣

名 neighbor（近所の人）

The newest restaurant in the neighborhood has been attracting a lot of attention.

近隣の最新のレストランが注目を集めている。

neighborhoodは「ひとまとまりの地区、近隣、近所」を指す。

---

456 nevertheless
[nèvərðəlés]

副 それにもかかわらず

There was a hike in membership fees last month. Nevertheless, hundreds of new members have been signing up.

先月、会費の値上げがあった。それにもかかわらず、数百人の新規会員が登録している。

接続副詞の一つ。パート6では選択肢として出現することが多い。

457 region
[ríːdʒən]

名 地域、地方

形 regional（地域の）
類 district（地域）
類 area（地域）

There are many competitors in the region.

この地域には多くの競合他社がある。

「政治的、文化的、地理的に分かれた地域」を指す。Kanto region（関東地方）も Asia Pacific region（アジア太平洋地域）も region を使う。

458 seek
[síːk]

動 ～を探す

類 look for ~（～を探す）

Greenwood Engineering is seeking experienced welders.

Greenwood Engineering 社は、経験豊富な溶接工を募集している。

TOEIC では人材募集の広告で使われる例が多い。

459 tailor
[téilər]

名 仕立屋
動 ～を作る、～を合わせる、～（服）を仕立てる

形 tailored（～に合わせて作った）
類 customize（注文に応じて～を作る）

The course can be tailored to include only the basics.

コースは基本のみを含むように調整できます。

460 technical
[téknɪkl]

形 工業技術の、技術上の

名 technology（科学技術）
副 technically（技術的に）

If you have any problems, contact our technical support department.

問題がある場合はテクニカルサポート部に連絡してください。

Part 6

461 **unfortunately**
[ʌnfɔ́ːrtʃənətli]

副 残念ながら、あいにく

形 unfortunate（残念な）

Unfortunately, the item you ordered is no longer in stock.

あいにく、ご注文いただいた商品は在庫切れとなりました。

unfortunately の後には悪い知らせが続く。例文のように在庫切れや、ホテルが満室で予約が取れないなどの状況が多い。

462 **anticipate**
[æntísəpèit]

動 ～を予期する、～を予想する、～に備える

形 anticipated（期待された）
類 expect（～を予期する）

Due to rising costs, we anticipate a 10 percent price increase.

コスト上昇のため、10パーセントの値上げを見込んでいます。

名詞 anticipation（予想）と合わせて頻出。

463 **commercial**
[kəmɔ́ːrʃəl]

名 コマーシャル
形 商業（上）の

名 commerce（商業）
副 commercially（商業上）
関 commercial district（商業地区）

We specialize in commercial properties.

当社は商業用物件を専門にしています。

「TV・ラジオのCM」の意味でも使う。after a commercial break は「CMの後で」の意。

464 **convenient**
[kənvíːnjənt]

形 便利な、都合のいい

名 convenience（便利）
反 inconvenient（不便な）

The shopping mall has convenient access to the train station.

このショッピングモールは駅からのアクセスが便利だ。

副詞 conveniently（便利に）を使った be conveniently located（便利な場所にある）がよく登場する。

465 inventory
[ínvəntɔ̀:ri]
名 目録、在庫

類 stock (在庫)

We have the largest inventory of appliances in the region.

当店は地域最大の家電の在庫を持っています。

take inventory (棚卸しする) は頻出。

466 membership
[mémbərʃip]
名 会員権

Please provide your Northwood Hotels membership number upon check-in.

チェックインの際、Northwood Hotels 会員番号をお知らせください。

ホテル、レンタカー、ジム、書店などさまざまな場所で会員プログラム (ポイントが貯まる、割引が受けられるなど) が行われており、それらを指すことが多い。

467 memo
[mémou]
名 (社内) 連絡メモ

Questions 131-134 refer to the following memo.

問題131-134は次のメモに関するものです。

TOEICの指示文に登場するmemoが指しているのは日本語の「メモ」ではなく、「社内の連絡メモ」のこと。「社内メール」と考えればいい。

468 moreover
[mɔːróuvər]
副 その上、さらに

類 additionally (その上)
類 furthermore (その上)
類 in addition (その上)

Smartphones are becoming more multifunctional. Moreover, they are becoming easier to use.

スマートフォンの多機能化が進んでいる。その上、より使いやすくなっている。

接続副詞。パート6では他の接続副詞とともに選択肢に使われることが多い。

125

---

469 **previously**
[prí:viəsli]

副 以前に、前もって

形 previous（前の）
類 formerly（以前に）

Mr. Sato previously worked as an engineer.

Satoさんは、以前はエンジニアとして働いていた。

パート6では語彙問題の選択肢に使われることがある。

---

470 **promptly**
[prá:mptli]

副 遅延なく、ちょうどに

形 prompt（即座の）

Today's board meeting will begin promptly at 10:00 A.M. as scheduled.

本日の役員会は、予定通り午前10時ちょうどに始まる。

「遅延なく、ちょうどに」の意味で多用される。例文の用法 begin promptly at 10:00 A.M.（午前10時ちょうどに開始します）も覚えておこう。

---

471 **vendor**
[véndər]

名 販売業者、行商人

動 vend（～を売る）
類 supplier（供給業者）

I am seeking a vendor of office supplies.

私は事務用品の販売業者を探しています。

どのパートに使われてもおかしくない単語。TOEIC公式問題集のパート1に出てきたこともある。

---

472 **commission**
[kəmíʃən]

名 委員会、歩合給、手数料
動 ～するように依頼する

類 committee（委員会）

The Northwood Transportation Commission approved a bus fare increase.

Northwood交通委員会はバス運賃の値上げを承認した。

例文では「委員会」の意。「歩合給」や「手数料」の意味でも使われる。

473 **commute**
[kəmjúːt]

名 通勤
動 通勤する

名 commuter（通勤者）

If you need to commute to the city center, we strongly recommend using public transportation.

市内中心部への通勤が必要な場合は、公共交通機関の利用を強くお勧めします。

I have a long commute to work.（私は通勤時間が長いです）のように名詞としても使える。

474 **dine**
[dáɪn]

動 食事をする

名 diner（食事をする人）
名 dining（食事をすること）

Compared to last year, people are dining out more frequently.

昨年と比べて人々が外食する頻度が増えている。

diningは複合名詞としても使われる。dining area、dining chair など。

475 **distracting**
[dɪstrǽktɪŋ]

形 気をそらす

動 distract（〈注意など〉をそらす）
名 distraction（気を散らすこと、邪魔）

Noise-canceling headphones eliminate distracting in-flight noise.

ノイズキャンセリングヘッドホンは機内の気を散らすノイズを除去してくれる。

TOEICのような「多肢選択式テストの誤答選択肢（錯乱肢）」はdistractorと言う。

476 **enterprise**
[éntərpràɪz]

名 企業、会社、事業

Evocar has extended its electric vehicle enterprise to Europe, Africa, and the Asia-Pacific.

Evocar社は電気自動車事業をヨーロッパ、アフリカ、アジア太平洋地域に拡大した。

"○○ Enterprises"のように会社名の一部として使われることも多い。

127

Part 6

477 **introduction**
[ìntrədʌ́kʃən]

名 導入、発売、紹介、入門（書）

動 introduce（～を導入する）
形 introductory（紹介の、入門の）

The introduction of electric buses and trucks has greatly reduced air pollution in urban areas.

電気バスや電気トラックの導入により、都市部の大気汚染は大きく減少した。

Staff introductions（スタッフ紹介）のようにも使える。

478 **patient**
[péiʃənt]

名 患者
形 忍耐強い

名 patience（忍耐）

If you are a new patient, please come 15 minutes before your appointment time to complete the paperwork.

初診の方は、書類記入のため予約時間の15分前にお越しください。

名詞で「患者」の意味で多く使われる。Please be patient.（我慢してください）のように形容詞で使われる例もある。

479 **precise**
[prɪsáɪs]

形 正確な、精密な

副 precisely（正確に）

Precise measurements are essential to create high-quality clothing that fits perfectly.

ぴったりとフィットする高品質な服を作るには、正確な採寸が欠かせない。

precise は少しの誤差もない、細かいところまでの正確さを表す。

480 **regional**
[rí:dʒənl]

形 地域の、地方の

名 region（地域）

The firm is planning to open a new regional office.

その会社は新しい地域のオフィスをオープンする予定だ。

region（457）も参照のこと。regional food（地方料理）、regional business（地域事業）など、さまざまに使われる。

481 represent
[règprizént]

動 ~を代表する、~の代理をする、~を表現する

Professional football league teams represent their hometowns.

プロサッカーリーグのチームはホームタウンを代表している。

派生語の representative（代表者、代理人）もよく使われる。

482 retailer
[rí:tèilər]

名 小売業者

名 retail（小売り）

Plum Tree Camera, the largest consumer electronics retailer in the region, achieved $1 billion in annual sales.

地域最大の家電量販店であるPlum Tree Camera社は年間売上高10億ドルを達成した。

retail も参照のこと。retailer は「小売業者」、retail store／retail outlet は「小売店の店舗」を指す。

483 upon
[əpá:n]

前 ~で、~に

Guests are required to present their booking confirmation e-mail upon arrival.

到着時に予約確認メールをご提示ください。

on と upon は両方同じように使われる。たとえば例文は on arrival でもよい。ただし、once upon a time（昔々）のような慣用表現では upon しか使えない。日付や「~について」の意味で使う場合は upon は使えず、on が使われる。

484 wholesale
[hóulsèil]

名 卸売り
形 卸売の

反 retail（小売り）

We are negotiating prices with our wholesale supplier.

私たちは卸売業者と価格交渉中です。

「卸売業者」は wholesaler、または wholesale supplier と言う。

Part 6

485 afterward
[ǽftərwərd]

副 その後で

He graduated from college in his early 20s and started a business not long afterward.

彼は20代前半に大学を卒業し、その後ほどなくして起業した。

パート5・6の語彙問題に登場する。

486 appearance
[əpíərəns]

名 外見、出現、登場

動 appear（現れる、～のように見える）
類 looks（外見）

We need to improve the appearance of our Web site.

ウェブサイトの見栄えを良くする必要がある。

make an appearance（顔を見せる）など、「出現、登場」の意味も押さえておこう。

487 aspire
[əspáɪər]

動 熱望する

A professional editor is a necessity for aspiring writers.

プロの編集者は、作家を目指す人にとって必要不可欠な存在だ。

職業だけでなく、We aspire to create more comfortable offices.（より快適なオフィス作りを目指します）のように熱望する内容を述べることもできる。

488 attempt
[ətémpt]

名 試み
動 ～を試みる

Please do not attempt to approach the main entrance during the renovation work.

改修工事中は正面玄関に近づかないようお願いします。

例文のattemptは動詞。宅配便のdelivery attempt（配達の試み）のように名詞でも使える。

130

489 calculation
[kælkjəléɪʃən]

名 計算

名 calculator（計算機）
動 calculate（〜を計算する）

We can provide you with a calculation of the projected cost.

当社は予想コストの計算をご提示します。

---

490 compensation
[kà:mpənséɪʃən]

名 補償、報酬

動 compensate（〜の埋め合わせをする）
関 compensation plan（給与制度）

Omni Technologies provides good compensation.

Omni Technologies 社の報酬は良い。

例文で「報酬」となっているのは給料だけではなく、福利厚生や無料の社員食堂、自販機の飲み物無料など諸々、金銭的でないものも含めた報酬を指している。

---

491 conclusion
[kənklú:ʒən]

名 結論、決定、終結

動 conclude（〜と結論を下す）

The conclusion of our analysis is that work-from-home increases productivity.

私たちの分析の結論は、在宅勤務は生産性を高めるということである。

説明の後に in conclusion（結論として）として結論を述べるのは定番。

---

492 internal
[ɪntə́:rnl]

形 内部の、社内の

The employee handbook is available on the internal company Web site.

社員ハンドブックは社内ウェブサイトに掲載されている。

internal Web site（社内ウェブサイト）、internal candidate（社内の候補者）など、TOEICで使われる範囲ではほぼ「社内の」の意味と考えてよい。

Part 6

493 endeavor

[ɪndévər]

名 努力、試み、取り組み
動 懸命に努力する

I wish him all the best in his future endeavors.

彼の今後の活躍を祈っています。

「新しいこと、困難なことに対する努力」がendeavor。

494 exceptional

[ɪksépʃənl]

形 特に優れた、例外的な

名 exception（例外）
動 except（〜を除く）
副 exceptionally（例外的に）
類 excellent（優秀な）
類 extraordinary（並外れた）
類 remarkable（注目すべき）

Starlight Jewelry is famous for its quality products and exceptional customer service.

Starlight Jewelry社は高品質な製品と優れた顧客サービスで有名だ。

名詞exceptionは「例外」だが、形容詞のexceptionalはoutstandingと同様「例外的なほど特に優れた」の意味で使われることが多い。

495 insight

[ínsàɪt]

名 洞察（力）、理解、見識、知見

形 insightful（洞察力に満ちた）

The book provides a valuable insight into artificial intelligence.

その本は人工知能について貴重な知見を提供している。

excellent business insight（素晴らしいビジネスの知見）やvaluable industry insight（価値ある業界の知見）のようにビジネス関係の用語とも組み合わせて使われることが多い。

Part 7

496

advertisement
[ædvərtáızmənt]

名 広告

名 advertiser（広告主）
動 advertise（〜を広告する）
関 advertising agency（広告代理店）
関 place an ad（広告を出す）

The new advertisement for our smartphone will start running early next week.

スマートフォンの新しい広告は来週早々に掲載が始まる。

パート7では文書の種類を表す表現として多用される。advertisement を短縮した ad の形で使われることも多い。

497

experience
[ıkspíəriəns]

名 経験
動 〜を経験する

形 experienced（経験豊かな）

We are looking for someone with more than five years of experience in marketing.

5年以上のマーケティング経験のある人を探しています。

accounting experience（経理の経験）など、職務上の経歴を指す使い方をする。

498

minute
[mínət]

名 （通例 -s）議事録、（時間の）分

Can you take minutes at the next sales meeting?

次の営業会議で議事録を取ってくれますか。

meeting minutes と言ったら会議の時間ではなく「議事録」のこと。議事録の意味では通例 minutes と複数形になる。

499

rate
[réıt]

名 料金、割合
動 〜を評価する

関 interest rate（金利）

Northern Andir Hotel's room rates vary greatly depending on the season.

Northern Andir Hotel の室料は季節によって大幅に変わる。

discounted rate（割引料金）、flat rate（一律料金）など、料金を表すさまざまな表現に使われる。

500	**pay** [péɪ]	名 給料 動 〜（代金）を支払う

名 payment（支払い）

You can pay the conference registration fee online.

学会の参加登録費はオンラインで支払うことができる。

501	**rent** [rént]	名 賃貸料 動 〜を賃借する

名 rental（賃貸）
形 rental（賃貸の）
形 rented（賃貸の）

In order to showcase more products effectively, we decided to rent a larger booth than before for this year's trade show.

より多くの製品を効果的に紹介するため、今年のトレードショーでは以前より大きなブースを借りることにしました。

動詞の rent a car（レンタカーを借りる）、名詞の one month's rent（1カ月分の家賃）、どちらもよく使われる。

502	**quality** [kwá:ləti]	名 品質、良質 形 良質の

We only use ingredients of the highest quality for our pies.

私たちはパイには最高の品質の原料のみを使用しています。

quality products（良質の製品）、quality assurance（品質保証）、quality control（品質管理）などがよく使われる。

503	**professional** [prəféʃənl]	名 専門家、プロ 形 専門職の、プロの

名 profession（専門職）
副 professionally（専門的に）
類 expert（専門家）

Employees of Andir Kitchen are expected to maintain a professional appearance.

Andir Kitchen の従業員はプロらしい身なりを維持することを期待されている。

504 view

[vjúː]

名 眺め、意見
動 〜を見る、〜を眺める

Guests staying in a suite can enjoy a view of the Pacific Ocean.

スイートルームに滞在するゲストは太平洋の眺めを楽しむことができる。

view a map（地図を見る）のように何かを「見る、眺める」意味でよく使われる。view of the ocean（海の眺め）のように名詞でも使われる。

505 focus

[fóukəs]

名 中心、焦点
動 集中する、焦点を当てる

関 focus on 〜（〜に焦点を合わせる）

The main focus of the exhibition is to highlight the diverse techniques of the photographers.

この展覧会の主眼は写真家の多彩なテクニックに光を当てることだ。

TOEICには focus group（市場調査のために集められた顧客のグループ）が頻繁に登場する。

506 current

[kə́ːrənt]

形 今の、現在の

副 currently（現在）
類 present（現在の）

It was announced on Thursday that the current company president would step down.

木曜日に会社の現在の社長が退任することが発表された。

副詞の currently と合わせて頻出。パート7だけでなくパート3〜6にもよく使われる。

507 security

[sɪkjúərəti]

名 警備、保証、有価証券

動 secure（〜を確保する）
副 securely（しっかりと）

Mr. Townsend is the head of the security firm.

Townsend さんは警備会社の社長だ。

security desk（警備デスク）、security office（警備室）など。不動産の賃貸の話題で security deposit（敷金）が使われることもある。

135

Part 7

---

508 sponsor
[spá:nsər]

图 広告主、スポンサー
動 〜を支援する、〜に協賛する

Appleton Health Society will sponsor a fun run to raise awareness of the importance of healthy eating.

Appleton Health Societyは、健康的な食事の重要性に対する認識を高めるための市民マラソンに協賛します。

例文のように動詞で sponsor ~（〜に協賛する）のように使う用法を覚えておこう。

---

509 upcoming
[ápkámɪŋ]

图 来るべき、近く公開の

類 forthcoming（来るべき）

Scroll down to see the release dates of upcoming movies.

近日公開される映画の公開日を見るには、下にスクロールしてください。

upcoming event で「近日開催のイベント」、upcoming project で「今後のプロジェクト」の意になる。

---

510 district
[dístrɪkt]

图 地域、地方

類 area（地域）
類 region（地域）

The building is located in the city's shopping district.

その建物は市内の商店街に位置している。

business district（商業地区）、residential district（住宅地域）のように、特色を持った地域を指して使う。

---

511 storage
[stɔ́:rɪdʒ]

图 貯蔵、保管（庫）

图 store（店）
動 store（〜を蓄える）

The storage room is located on the basement level.

保管庫は地下1階にあります。

storage space（保管場所）、storage room（収納室）などが頻出。コンピュータのハードディスクも storage と言う。

512 description
[dɪskrípʃən]

名 記述、説明

動 describe（～を説明する）

Please read the product description carefully before purchasing.

商品説明をよくお読みになってからご購入ください。

job description（職務記述書。担当する業務内容や必要な資格などが記載されている）がよく登場する。

513 executive
[ɪgzékjətɪv]

名 重役、役員
形 重役の、経営する

Company executives have gathered for an annual meeting.

会社重役が年次会議のために集まった。

Chief Executive Officer（最高経営責任者、CEO）、executive chef（総料理長）などがよく使われる。

514 host
[hóust]

名 主人、主催者
動 ～を主催する

The book club will host its annual luncheon this weekend.

読書クラブは今週末に例年の昼食会を主催する。

host a fund-raising event（資金集めイベントを主催する）のような動詞の用法を覚えておこう。

515 medium
[mí:diəm]

名 情報伝達手段
形 中くらいの、中間の

Measure the flour and pour it into a medium-sized bowl.

小麦粉を計量し、中ぐらいの大きさのボウルに入れます。

名詞 medium の複数形が media。social media など「情報伝達手段」の意味で多用される。

Part 7

---

516 official
[əfíʃəl]

名 役人、職員
形 公の、公式の

副 officially (公式に)

To check for an update, please visit our official Web site.

最新情報を確認するには、公式ウェブサイトをご覧ください。

形容詞で「公式の」の意味で多用される。a city official (市職員) のように名詞で使われることもある。

---

517 press
[prés]

名 報道機関、報道

Today's press conference will be held at a nearby hotel.

今日の記者会見は近くのホテルで行われる。

press release (記者発表、報道向け発表、プレスリリース) や press conference (記者会見) は頻出。

---

518 author
[ɔ́:θər]

名 著者、作家

Renowned author Gerry Hendley won a literary award for his latest work.

著名な作家である Gerry Hendley さんは最新作で文学賞を受賞した。

「小説家」や「ビジネス書の著者」として author が登場する。

---

519 celebration
[sèləbréiʃən]

名 祝賀会、祝賀、賞賛

名 celebrity (有名人)
動 celebrate (〜を祝う)
形 celebrated (有名な)
類 banquet (宴会)
類 ceremony (儀式)
類 festivity (祝宴)
類 gala (祝宴)

In celebration of our company's tenth anniversary, we will host a dinner.

会社の創立10年を祝って、夕食会を行います。

anniversary celebration (周年記念日のお祝い) や retirement celebration (退職祝い) などが頻出。パート7だけでなくリスニングのパート3・4にも登場する。

520 graphic
[grǽfik]

名 図表、グラフィック
形 図表の、グラフィックの

Our instructor will show you how to effectively use graphics in your slides.

インストラクターがスライドで効果的に図表を使う方法をご覧に入れます。

職業として graphic designer は頻出。パート 3・4 に出題される図表も graphic。

521 standard
[stǽndərd]

名 基準、標準

動 standardize（～を標準化する）
類 criteria（基準〈複数形〉）

At Andor's Tacos, we hold ourselves to the highest standards of food safety.

Andor's Tacos 社では、食の安全性のために最高水準を保っています。

standard business hours（標準業務時間）、standard shipping rate（標準配送料）などがよく使われる。例文のように the highest standard（最高水準）といった使い方もする。

522 editor
[édətər]

名 編集者、編集長

名 editorial（社説）
動 edit（～を編集する）
形 editorial（編集の）

The editor has already received the draft.

編集者は既に原稿を受け取った。

TOEIC では新聞、雑誌、書籍の編集者が登場することが多い。

523 intended
[ɪnténdɪd]

形 意図された

名 intent（意図）
名 intention（意図）
動 intend（～するつもりである、～を意図する）
形 intentional（意図的な）

The yoga class is intended for beginners.

ヨガのクラスは初心者向けです。

パート 7 では For whom is the notice intended?（通知は誰向けのものですか?）のように、設問に使われることが多い。文書にも出てくるので意味を押さえておきたい。

Part 7

---

524 **arrangement**
[əréɪndʒmənt]

图 準備、手配、配置

動 arrange（～を準備する）
関 make arrangements（手配する）

The seating arrangement for the ceremony will be announced later.

式典の席順は後で発表される。

travel arrangements（旅行の手配）、moving arrangements（引っ越しの準備）、flower arrangements（生け花）などが頻出。

---

525 **chef**
[ʃéf]

图 シェフ、料理長

Alex Pham has been the chef of this restaurant for 25 years.

Alex Phamは25年間このレストランのシェフを務めている。

---

526 **follow**
[fάːlou]

動 ～の後に付いていく、～の後に起こる

形 following（次の）
前 following（～の後で）

Ms. Tarf's talk was followed by a question-and-answer session.

Tarfさんの講演の後に質疑応答が続いた。

follow-up（引き続いての、追跡調査）が形容詞としてfollow-up interviewのように使われることが多い。

---

527 **agent**
[éɪdʒənt]

图 代理店、代理人、職員

图 agency（代理店）

If you need to modify your travel plan, please contact your travel agent.

旅行の計画を修正する必要があれば、旅行代理店に連絡してください。

real estate agent（不動産業者）や travel agent（旅行代理店）が頻出。

528 appear
[əpíər]

名 appearance（外見）

動 ～のように見える、現れる

Error messages appeared several times while I was using the dishwasher.

食洗機を使っている間に、何度かエラーメッセージが表示された。

The article will appear in the next issue.（記事は次号に掲載されます）のように、「現れる」の意で多用される。

529 chapter
[tʃǽptər]

名 （書物などの）章、（クラブ、協会などの）地方支部

Mr. Hannman's new book consists of eleven chapters.

Hannman 氏の新著は11の章から成っている。

chapter 1（第1章）のように「章」の意味で使われることがほとんど。

530 electronic
[ɪlèktrá:nɪk]

副 electronically（電子的に）

形 電子式の

All electronic devices must be turned off before landing.

全ての電子機器は着陸の前に電源が切られなければならない。

electronic device（電子機器）は頻出。時代を反映して electronic payment（電子決済）も使われる。

531 exhibit
[ɪgzíbɪt]

名 exhibition（展示）
名 exhibitor（出品者）
類 exposition（展示会）

名 展示、展示品
動 ～を展示する

Anyone can enjoy the photography exhibit at City Hall for free.

誰でも無料で市庁舎での写真展示を楽しむことができる。

museum exhibit（博物館展示、美術展）など、「展示」の意味でよく使われる。

Part 7

---

532 **bill**
[bíl]

名 請求書、紙幣
動 ～を請求する

類 charge（～を請求する）
類 invoice（請求書）

Your membership fee will be billed annually.
会費は毎年請求されます。

electricity bill（電気料金）、water bill（水道料金）、utility bill（公共料金）など、生活に密着した表現を押さえておこう。

---

533 **headquarters**
[hédkwɔ̀ːrtərz]

名 本社、本部

類 head office（本社）
類 main office（本社）

The headquarters of Andor Bank is located in Switzerland.
Andor銀行の本社はスイスにある。

末尾にsがついているが、単数・複数両方で扱われる。

---

534 **invitation**
[ìnvətéiʃən]

名 招待

動 invite（～を招待する）

Invitations for this year's employee appreciation dinner will be sent out shortly.
今年の従業員感謝ディナーへの招待状はもうすぐ発送される。

extend an invitationで「招待する」、decline an invitationで「招待を断る」。どちらも覚えておきたい。

---

535 **operation**
[ɑ̀ːpəréiʃən]

名 事業、作業、操業

動 operate（操業する）

Corusant Cosmetics has been in operation for over 80 years.
Corusant Cosmetics社は80年以上にわたって操業してきた。

工場のmanufacturing operations（生産活動）、店舗のhours of operation（営業時間）など、さまざまに使われる。

536 regular
[régjələr]

名 regularity（規則正しさ）
副 regularly（定期的に）
反 irregular（不定期の）

形 定期的な、定例の、常連の

A regular inspection of the elevator will be conducted next month.

エレベーターの定期検査は来月行われる。

regular customer（常連客）、regular price（定価）、regular meeting（定例会議）などがよく使われる。

537 suitable
[súːtəbl]

名 suitability（適合）
動 suit（〜に適する）
副 suitably（適切に）

形 適した、ふさわしい

This pen is suitable for both drawing and writing.

このペンは絵を描くのにも字を書くのにも適している。

suitable for 〜で「〜に適している」、suitable to do で「〜するのに適している」。

538 crew
[krúː]

名 一団、チーム、クルー、乗組員

A maintenance crew was called to inspect one of the elevators.

エレベーターの点検のために整備チームが呼ばれた。

construction crew（建設作業員）、film crew（撮影班）など、TOEIC にはさまざまな crew が登場する。

539 deliver
[dɪlívər]

名 delivery（配達）
関 overnight delivery（翌日配達）

動 〜を配達する、〜を届ける、〜（講演など）を行う

The merchandise will be delivered directly from the manufacturer.

商品は製造業者から直接配達される。

deliver a package（荷物を届ける）だけでなく、deliver a presentation（プレゼンテーションをする）のような使い方も覚えておこう。

Part 7

---

540 **helpful**
[hélpfl]

形 役立つ、親切な

動 help（〜を助ける）

The sales representatives at your store were very helpful.
あなたの店の販売員はとても親切でした。

helpful + 人・物で、人なら「親切な」、物なら「役立つ」の意。

---

541 **publication**
[pÀbləkéɪʃən]

名 出版、出版物

名 publisher（出版社）
動 publish（〜を出版する）
関 publishing company（出版社）

Ms. Yeon's paper is now being considered for publication.
Yeonさんの論文は出版が検討されているところだ。

a business publication（ビジネス書）、publication of a book（本の出版）など、「出版」あるいは「出版物」の意味でパート3〜7で使われる。

---

542 **receipt**
[rɪsíːt]

名 領収書

動 receive（〜を受け取る）

Please keep your receipt as proof of purchase.
購入の証明として領収書を保管してください。

refund（返金）やreimbursement（経費の精算）の際には the original receipt（領収書原本）が必要でコピーは不可、ということが多い。proof of purchase、proof of payment と言い換えられることもある。

---

543 **respond**
[rɪspάːnd]

動 返答する

名 respondent（回答者）
名 response（返答）
形 responsive（よく反応する）
類 reply（返事をする）

Our customer service agents respond to customer inquiries promptly.
弊社の顧客サービス係はお客様の質問に迅速にお答えします。

respond to an e-mail（メールに返信する）、respond to customer complaints（客のクレームに対応する）などが頻出。リスニングのパート2〜4にも登場する。

544 suggestion
[səgdʒéstʃən]

名 提案

形 suggestive（示唆に富む）
類 proposal（提案）

If you have any suggestions regarding our products, please contact us.

弊社の製品について何かご提案がありましたらご連絡ください。

パート3〜7に頻出。動詞suggest（〜を提案する）と合わせて覚えておきたい。

545 amount
[əmáunt]

名 総額、総計

A considerable amount of wood has been used to reconstruct the cathedral.

大聖堂の再建にはかなりの量の木材が使われた。

「金額（総額）」の意味で使われることが多いが、amount of energy（〈使用する〉エネルギーの総量）などの使い方もある。

546 announcement
[ənáunsmənt]

名 発表、アナウンス

動 announce（〜を発表する）

The announcement of the festival was covered in the press.

フェスティバルの発表はマスコミに取り上げられた。

job announcement（求人情報）など、「発表」の意で幅広く使われる。

547 matter
[mǽtər]

名 事柄、問題
動 重要である、問題である

関 as a matter of fact（実際は）
関 no matter what（何があっても）

It doesn't matter to us whether it rains or shines.

雨が降ろうが晴れようが、私たちには問題ありません。

urgent matter（急用）などが頻出。パート2の選択疑問文「AかBか？」への応答でIt doesn't matter.（AでもBでも問題ないよ）のように使われることもある。

Part 7

548 patron
[péɪtrən]

名 顧客、後援者

Library patrons can use the library's laptop computers free of charge.

図書館の利用者は、図書館のノートパソコンを無料で利用することができる。

restaurant patrons（レストランの得意客）、library patrons（図書館の利用者）などが頻出。patronage（後援、支援）も合わせて覚えておこう。

549 permit
名 [pə́ːrmɪt] 動 [pərmít]

名 許可証
動 ～を許可する

名 permission（許可）
形 permissive（許される）
類 allow（～を許す）

Parking on the sidewalk is not permitted.
歩道上に駐車することは許可されていない。

parking permit（駐車許可証）、building permit（建設許可証）などの許可証が登場する。「許可を得る」はobtain a permit。

550 agenda
[ədʒéndə]

名 議題、課題

The staffing shortage is on the agenda for the meeting.
スタッフの不足が会議の議題となっている。

「議題」の意味で使われることが多い。

551 branch
[bræntʃ]

名 支店、支社

Micucci Finance opened a new branch in Seoul.
Micucci Finance 社は Seoul に新しい支店をオープンした。

branch office、branch location など「支店・支社」の意味で多用される。「(木の)枝」の意味ではパート1以外ではあまり使われない。

552 **brochure**
[brouʃúər]

名 パンフレット、小冊子

類 flyer（チラシ）
類 pamphlet（パンフレット）

Download a brochure for more information on the tours.

ツアーについてのより多くの情報を得るためにはパンフレットをダウンロードしてください。

全パートで頻出する。後半にアクセントを置いて「ブロッシュア」と発音されることに注意。

---

553 **determine**
[dɪtə́ːrmən]

動 ～を発見する、～を特定する、～を決定する、～を明らかにする

名 determination（決定）
類 decide（～を決める）

The date of the party is yet to be determined.

パーティーの開催日は未定だ。

determine the cause of the problem（問題の原因を特定する）、determine the cost（コストを見極める）などがよく使われる。

---

554 **draft**
[drǽft]

名 草稿、下書き
動 ～の下書きを書く

The first draft of the article is due today.

記事の初稿は今日が締め切りだ。

名詞で使われることが多いが、draft a proposal（提案書の下書きを書く）のように動詞でも使われる。

---

555 **quantity**
[kwάːntəti]

名 量、分量、数量

Please indicate the quantity of T-shirts you would like to receive.

受け取りを希望するTシャツの数量を示してください。

注文書（order form）や請求書（invoice）に登場することが多い。パート3・4のグラフィックに使われることもある。

Part 7

556 reception
[rɪsépʃən]

名 受付、宴会

The reception will be held in a hall on the second floor.

宴会は2階のホールで行われる。

receptionist（受付係）と合わせて頻出。

---

557 cause
[kɔ́:z]

名 原因
動 ～を引き起こす

類 induce（～を引き起こす）

Excessive heat can cause damage to the smartphone display.

過度の熱はスマートフォンの画面に損傷を引き起こすことがある。

動詞、名詞どちらも頻出。リスニングのパート3・4ではWhat has caused a problem?（問題の原因は何ですか）のような設問が出題される。

---

558 decision
[dɪsíʒən]

名 決定、決意

形 decisive（決定的な）

The city council came to a decision regarding the library's renovation plan.

市議会は図書館の改修計画について決定を下した。

make a decision（決定する）、the final decision（最終決定）などがよく使われる。動詞decide（～を決める）も頻出。

---

559 estate
[ɪstéɪt]

名 財産、地所

類 property（不動産）

An experienced real estate agent can help you find an affordable house.

経験豊富な不動産業者が手頃な価格の家を見つけるお手伝いをします。

real estate（不動産）の形で使われることがほとんど。real estate agent（不動産業者）も覚えておこう。

560 historic
[hɪstɔ́:rɪk]

形 歴史的な

名 historian（歴史家）
名 history（歴史）
形 historical（歴史的な）
副 historically（歴史的に）

The online event has been organized to raise money for the preservation of this historic building.

この歴史的建造物保全の資金を集めるためにオンラインのイベントが計画された。

historic building（歴史的建造物）、historic site（史跡）は頻出。

561 initial
[ɪníʃəl]

名 （名前の）頭文字
形 初めの

副 initially（最初は）

The initial reactions from film critics were overwhelmingly positive.

映画評論家からの最初の反応は圧倒的に好意的だった。

「初めの、当初の、初期の」の意味で多く使われる。名前の頭文字の意味で使われることもある。

562 involve
[ɪnvá:lv]

動 ～を含む、～を必要とする

名 involvement（関わり合い）
形 involved（関係して）

The job involves some overtime work.

その仕事は残業を伴う。

例文のように、必要条件または結果として何かを含む・伴う場合に involve を使う。

563 multiple
[mʌ́ltəpl]

形 多数の

動 multiply（～を増やす）

There seem to be multiple reasons for the leaking roof.

屋根からの雨漏りには複数の理由があるようだ。

Part 7

---

564 **remain**
[rıméın]

動 ～のままである

形 remaining（残りの）

The shopping mall will remain open during holidays.

ショッピングモールは休日でも開いています。

名詞の remainder（残り）と合わせて頻出。

---

565 **achievement**
[ətʃíːvmənt]

名 業績、功績

The achievements of community volunteers will be recoginized at the ceremony.

地域ボランティアの功績は式典で表彰されるだろう。

a significant achievement（顕著な業績）などが頻出。動詞 achieve（～を達成する）も合わせて覚えておこう。

---

566 **assign**
[əsáın]

動 ～を割り当てる、～を任命する

形 assigned（割り当てられた）

Ms. Moyo has been assigned to a new promotional campaign.

Moyo さんは新しい宣伝キャンペーンの担当に任命された。

名詞 assignment（割り当てられた仕事）と合わせて頻出。

---

567 **ceremony**
[sérəmòuni]

名 儀式、式典

類 banquet（宴会）
類 celebration（祝賀会）

The annual employee awards ceremony will be held at the Royal Hotel in Brisbane.

毎年恒例の優秀社員賞の式典は Brisbane の Royal Hotel で開かれる。

an awards ceremony（授賞式）、an opening ceremony（開会式）が頻出。

568 contemporary
[kəntémpərèri]

形 現代の、同時代の

類 modern（現代の）

The Contemporary Art Museum is one of the main attractions of this city.

現代美術館はこの市の観光の目玉の一つだ。

contemporary art（現代美術）のように、「現代的な」の意味で幅広く使われる。

569 expert
[ékspəːrt]

名 専門家
形 熟達した

名 expertise（専門的知識）
類 professional（専門家）

Dr. Tilly is an expert on marine biology.

Tilly博士は海洋生物学の専門家です。

expert advice（専門家のアドバイス）など、主として「専門家」の意味で多く使われる。

570 fabric
[fǽbrɪk]

名 布地、生地、織物

類 textile（織物）

This elegant table cloth is made of soft fabric.

この洗練されたテーブルクロスは柔らかい生地で作られている。

パート7だけでなく、パート3・4でも頻出。

571 grocery
[gróusəri]

名 食料（日用）品、食料品店

McGregor Brothers, the largest grocery store chain in the region, is now hiring.

その地方最大のスーパーチェーンであるMcGregor Brothersが従業員を募集している。

grocery store（食料品店、食品スーパー）は頻出。

Part 7

572 range
[réɪndʒ]

图 種類、範囲

題 extent (範囲)

At our store, you can choose from a wide range of paints.

当店では幅広いペンキから選んでいただくことができます。

wide range (広範囲)、price range (価格帯) などが使われる。

573 assistance
[əsístəns]

图 援助、助力

動 assist (〜を助ける)

If you need any assistance, feel free to call me.

もしも何か手伝いが必要だったら、気軽に電話してください。

Thank you for your assistance. (ご助力に感謝します)、technical assistance (技術的な支援) のように使う。

574 flyer
[fláɪər]

图 チラシ

題 brochure (パンフレット)
題 pamphlet (パンフレット)

You can find more coupons printed in our weekly flyer.

毎週配布されているチラシにもクーポンが掲載されています。

パート7の文書タイプとして頻出。なお、frequent flyer programは航空会社のマイレージプログラムのことで、その場合のflyerはチラシでなく「航空旅客」のことを指すので注意。

575 landscape
[lǽndskèɪp]

图 風景、風景画
動 造園する

图 landscaping (造園)

Tourists were delighted with the scenic landscapes of the Cotswolds.

観光客はCotswoldsの美しい景色に大喜びだった。

landscape paintings (風景画)、landscaping company (造園業者) も合わせて覚えておこう。

576 major
[méɪdʒər]

形 主要な、重大な

名 majority (大多数)
反 minor (重大でない)

The major promotional campaign for our new fragrance features a popular actor.

新しい香水の主要な宣伝キャンペーンは人気俳優を起用している。

major problem (大問題)、major competitor (主要な競争相手) など、さまざまに使われる。

577 responsible
[rɪspá:nsəbl]

形 責任がある、原因である

名 responsibility (責任)

The human resources manager is responsible for the training program.

人事部長は研修プログラムを担当している。

be responsible for ~ で「~の責任がある、~を担当している」は頻出表現。

578 résumé
[rézəmèɪ]

名 履歴書、身上書

Please bring a copy of your résumé to the interview.

面接には履歴書を一部お持ちください。

履歴書の意味では CV (curriculum vitae) も使われる。

579 valid
[vǽlɪd]

形 有効な

名 validity (妥当)
動 validate (~を有効にする)
類 good (有効な)
反 invalid (無効な)

You need a valid credit card to make a reservation.

予約には有効なクレジットカードが必要です。

a valid driver's license (有効な運転免許証)、The coupon is valid until November 30. (クーポンは11月30日まで有効だ) などが頻出。

580 venue
[vénjuː]

類 site（会場）

名 開催地、会場

Sutherland Hall is a great concert venue.

Sutherland Hall は素晴らしいコンサート会場だ。

an event venue「イベント会場」のように「会場」の意味で使われることが多い。

581 booth
[búːθ]

名 小部屋、ブース

We are leaving for the convention center to set up the booth.

ブースを設置するために私たちは会議場に出向くところです。

TOEIC で頻出する trade show（トレードショー、見本市）では、出展者はパーテーションで仕切られた booth（ブース）を割り当てられて、その中で商品を展示する。ブースを予約する reserve a booth や、ブースの準備をする set up a booth といった表現が使われる。

582 identification
[aɪdèntəfikéɪʃən]

動 identify（～を確認する）

名 身分証明書

All visitors are required to present photo identification.

全ての訪問者は写真付き身分証明書の提示を求められる。

TOEIC では photo identification（写真付き身分証明書）を求められるシチュエーションが頻出。

583 immediately
[ɪmíːdiətli]

副 直ちに、すぐに

Take the pan off the heat immediately after adding sugar.

砂糖を加えたらすぐに鍋を熱源から離してください。

Please contact us immediately.（すぐにご連絡ください）などがよく使われる。形容詞の immediate と合わせて覚えておこう。

584 **necessary**
[nésəsèri]

形 必要な

名 necessity（必要）
動 necessitate（～を必要とする）
反 unnecessary（不必要な）

Regular maintenance is necessary to keep equipment in working order.

機器が正常に動作を保つためには定期的な保守が必要だ。

副詞 necessarily と合わせて頻出。

585 **passenger**
[pǽsəndʒər]

名 乗客

We are now inviting passengers with small children to begin boarding.

幼いお子さんのいる乗客の方から搭乗をお願いしています。

パート4のアナウンスで Attention, passengers.（乗客の皆様にお知らせします）と呼びかけるのは定番の一つ。パート1の写真描写に使われることもある。

586 **shuttle**
[ʃʌ́tl]

名 折り返し運転、近距離往復、シャトル便

The airport shuttle leaves every 10 minutes.

空港行きシャトルは10分ごとに出発している。

空港とホテル、空港と駅といった「特定の2地点間で乗客を運ぶバス」を shuttle bus と呼ぶ。airport shuttle service（空港シャトルサービス）などのように使われる。

587 **strategy**
[strǽtədʒi]

名 戦略、方策

形 strategic（戦略的な）
副 strategically（戦略的に）

The sales team is discussing marketing strategies for the brand.

営業チームはブランドのマーケティング戦略を議論している。

advertising strategy（広告戦略）、marketing strategy（マーケティング戦略）など、TOEIC ではビジネスの文脈で登場することが多い。

---

588 subscriber
[səbskráɪbər]

名 購読者、定期会員

動 subscribe（定期購読する）

The recipe for this dish is only available for paid subscribers.

この料理のレシピは有料会員だけが入手できる。

subscription（定期購読）と合わせて頻出。

---

589 upgrade
[ápgrèɪd]

名 アップグレード、格上げ
動 ～をアップグレードする、～を改良する

You can upgrade your seat with your frequent flyer miles.

お持ちのマイレージで座席をアップグレードできます。

コンピュータのソフトウェア、飛行機の座席、ホテルの客室などさまざまなものが upgrade される。

---

590 vice
[váɪs]

形 副、代理

Whitney Zhang is the new vice president at Bunmi Appliances.

Whitney Zhang は Bunmi Appliances 社の新しい副社長だ。

vice president は「副社長」。TOEIC で vice が登場するときはほとんどこの組み合わせ。

---

591 warehouse
[wéərhàus]

名 倉庫

Your order has already been shipped from the warehouse.

あなたの注文は既に倉庫から発送されています。

パート7だけでなく、リスニングでも頻出。

592 chair
[tʃéər]

名 議長、司会者、椅子
動 〜の議長を務める

She is the chair of the committee.
彼女は委員会の議長だ。

「椅子」の意味で使われることが多いが、人の肩書きなどで「議長」(chairperson)の意味でも使われるので注意。

593 consult
[kənsʌ́lt]

名 consultant (コンサルタント)
名 consultation (相談)

動 〜に意見を求める、〜と相談する、〜を調べる

Be sure to consult your pharmacist before starting a new medication.
新しい薬を飲み始める前に、必ず薬剤師にご相談ください。

consult the expert (専門家に相談する)、consult the Web site (ウェブサイトを見る) などがよく使われる。形容詞として使う consulting (相談役の) も頻出。

594 duty
[dúːti]

類 responsibility (責任)
関 on duty (勤務中)

名 義務、仕事

It is a personal trainer's duty to assess each client's health level.
お客様一人一人の健康状態を評価することは、パーソナルトレーナーの職務である。

求人広告で、Duties include ~. で仕事の内容が書かれることが多い。

595 finalize
[fáɪnəlàɪz]

名 finalization (完了)
形 final (最後の)
副 finally (最後に)

動 〜を完結させる、〜を仕上げる、〜を最終決定する

The merger with TBA Electronics was finalized.
TBA Electronics 社との合併は最終決定された。

finalize a contract (契約をまとめる)、finalize a scheduling (スケジュールを確定させる) など、「完結させる」意でさまざまに使われる。

Part 7

---

596 handle
[hǽndl]

图 取っ手、握り
動 ～をこなす、～を取り扱う、～を処理する

類 deal with ~（～を取り扱う）

Ms. Wang knows how to handle difficult negotiations.

Wang さんは難しい交渉への対処法を知っている。

日本語の「ハンドル」は「取っ手」の意味で使われるが、TOEIC ではほとんどが動詞の「～を取り扱う」の意味で使われる。

---

597 inquiry
[ínkwəri]

图 問い合わせ

動 inquire（～を尋ねる）

Thank you for your inquiry about our new line of boots.

ブーツの新しいラインについてお問い合わせくださり、ありがとうございます。

respond to an inquiry（問い合わせに答える）のように使われる。問い合わせやそれに答えるメールや手紙はパート 7 で頻出。

---

598 manufacturer
[mæ̀njəfǽktʃərər]

图 製造業者、メーカー

形 manufacturing（製造の）

Tisdale Robotics is a leading manufacturer of drones in the country.

Tisdale Robotics 社は国内でのドローンの主要な製造会社だ。

manufacture（動詞で「～を製造する」、名詞で「製造、生産」）と合わせて頻出。

---

599 profile
[próufaɪl]

图 紹介、プロフィール
動 ～の紹介を書く

The president will be profiled in an upcoming issue of an industry magazine.

業界誌の最新号で社長が紹介される。

a personal profile（自己紹介）のように名詞で使われることが多いが、profile a historian（歴史家を紹介する）のように動詞で使われる例もある。どちらにも対応できるようにしよう。

600	**recommendation** [rèkəməndéɪʃən]	名 提案、勧告

The committee issued several recommendations on continuing education.

委員会は継続教育に関するいくつかの提言を行った。

動詞recommend（〜を推薦する）と合わせて頻出。

601	**saving** [séɪvɪŋ]	名 節約、貯金
	動 save（〜を節約する）	

Loyalty card holders can enjoy special savings at our stores.

ポイントカードをお持ちの方には当店の特別な割引があります。

energy saving（エネルギーの節約）は頻出表現。銀行の普通預金口座は savings account という。

602	**temporary** [témpərèri]	形 一時的な、仮の
	副 temporarily（一時的に）	

The orientation for temporary employees is being held in the conference room.

臨時従業員のオリエンテーションは会議室で行われているところだ。

a temporary closing（臨時休業）、a temporary password（仮パスワード）などさまざまに使われる。

603	**various** [véəriəs]	形 さまざまな
	形 variable（変わりやすい）	

There are various ways to decorate your garden.

庭を飾るにはさまざまな方法があります。

動詞vary（さまざまである）、名詞variety（多様）・variation（変化）と合わせて頻出。

---

604 **anniversary**
[ǽnəvə́ːrsəri]

名 〜周年記念日、(毎年の) 記念日

形 annual (年1回の)

We are offering special discounts to celebrate the store's fifth anniversary.

店の開店5周年記念を祝って特別割引を提供しています。

anniversary celebration (記念日のお祝い) が話題としてよく登場する。

---

605 **audience**
[ɔ́ːdiəns]

名 聴衆、観客

The audience welcomed the popular young singer.

聴衆は人気の若手シンガーを歓迎した。

audience は「聴衆」。「スポーツの観客」は spectator という。どちらもパート1に登場することがある。

---

606 **correct**
[kərékt]

動 〜を訂正する
形 正しい、正確な

名 correction (訂正)
副 correctly (正しく)
反 incorrect (不正確な)

Make sure your password is correct.

パスワードが正しいことを確認してください。

形容詞で the correct address (正確な住所)、動詞で correct a mistake (誤りを訂正する) のように使われる。どちらも押さえておこう。

---

607 **degree**
[dɪgríː]

名 学位、程度、度合い、(温度の) 度

A master's degree in computer science is required.

コンピュータ科学の修士号が必要だ。

求人広告の問題で a university degree (大学の学位)、degree in journalism (ジャーナリズムの学位) のように使われることが多い。

608 downtown
[dáuntáun]

名 中心街、繁華街
副 中心街で

Our main office has moved to downtown Charleston.
弊社の本社はCharlestonの中心部に移転しました。

"downtown ○○"（○○〈都市〉の中心街）のように都市名はdowntownの後に置く。

---

609 expo
[ékspou]

名 展示会、博覧会

An expo is a great opportunity to meet potential customers.
博覧会は見込み客に会うための絶好の機会だ。

expositionの短縮語。expositionの形でもexpoの形でも頻出。

---

610 impress
[imprés]

動 〜に感銘を与える

形 impressed（感心して）

We were impressed by his knowledge and competence.
私たちは彼の知識と能力に感銘を受けました。

be impressed with/by 〜で「〜に感銘を受ける」の意味で使うことが多い。名詞impression（印象）、形容詞impressive（印象的な）も合わせて覚えておこう。

---

611 legal
[líːgl]

形 法律の

反 illegal（違法の）

Our legal team will go over the contract one last time.
法務チームが最後にもう一回、契約を確認します。

legal firm（法律事務所）、legal advice（法律に基づく助言）など。リスニングにも時々登場する。

161

Part 7

612 **particularly**
[pərtíkjələrli]

副 特に、とりわけ

類 especially（特に）
関 in particular（特に）

Trattoria Kurume is known for its pasta dishes, particularly those with tomato sauce.

Trattoria Kurumeはパスタ料理、特にトマトソースのパスタで知られている。

形容詞particular（特定の）と合わせて頻出。

---

613 **positive**
[pάːzɪtɪv]

形 前向きの、積極的な、好意的な

副 positively（前向きに）
反 negative（消極的な）

Ms. Tang's new book earned overwhelmingly positive reviews.

Tangさんの新著は圧倒的に好意的なレビューを得た。

positive feedback（好意的な反応）などがよく使われる。

---

614 **protect**
[prətékt]

動 〜を保護する、〜を守る

形 protective（保護する）
関 protective clothes（防護服）

Our first priority is to protect our customers' privacy.

私たちの最優先事項は顧客のプライバシー保護です。

protect your important data（あなたの重要なデータを守る）などがよく使われる。名詞protection（保護）も頻出。

---

615 **recognition**
[rèkəgníʃən]

名 承認、認可、認識、評価、表彰

動 recognize（〜を認める）
形 recognizable（認識できる）

Mr. Toledo has won international recognition as a film director.

Toledoさんは映画監督として国際的な評価を得ている。

brand recognition（ブランド認知）、employee recognition（社員表彰）などさまざまに使われる。voice recognition（〈コンピュータ用語の〉音声認識）といった使い方もある。

616 **revenue**
[révənùː]

名 収入、収益

類 income（収入）

The company's revenue has grown by 12 percent.

会社の収益は12パーセント増加した。

会社などの総収入を revenue という。商品などの売り上げは sales、利益は profit。一緒に覚えておこう。

617 **architect**
[áːrkətèkt]

名 建築家

形 architectural（建築上の）

The architect skillfully maximized natural light in his design.

建築家はたくみに自然光を最大限に生かした設計を行った。

architecture（建築）と合わせて覚えておこう。

618 **botanical**
[bətǽnɪkl]

形 植物の

Jadiya Botanical Garden has a collection of desert plants.

Jadiya植物園には砂漠の植物のコレクションがある。

botanical garden（植物園）は頻出。

619 **cater**
[kéɪtər]

動（宴会などの）料理をまかなう、〜（要求、要望）に応える

名 caterer（ケータリング業者）
名 catering（ケータリング）

Our skincare line caters to the needs of people with sensitive skin.

弊社のスキンケアラインの製品は敏感肌の方のニーズに応えられます。

例文のように cater to 〜 で「〜に応える」の意味で使われることに注意。

Part 7

620 **committee**
[kəmíti]

名 委員会

類 commission（委員会）

The committee has just revealed the names of its members.

委員会は委員の名前を明らかにしたばかりだ。

TOEIC には budget committee（予算委員会）、ethics committee（倫理委員会）など、さまざまな委員会が登場する。

621 **competition**
[kà:mpətíʃən]

名 競争、競技、コンテスト、競合

動 compete（競争する）
形 competitive（競争力のある）
副 competitively（競争して）

There is fierce competition for skilled IT specialists.

熟練した IT 専門家をめぐっては激しい争奪戦がある。

competitor（競争相手、競合他社）と合わせて頻出。

622 **crowd**
[kráud]

名 群衆
動 ～に群がる

形 crowded（込み合った）

A crowd was gathering around the stage.

ステージの周りに人だかりができていた。

a large crowd（大群衆）などがよく使われる。最近よく目にするクラウドファンディングは crowdfunding と1語で表記する。

623 **distribute**
[dɪstríbjuːt]

動 ～を分配する、～を配布する

名 distribution（分配）
名 distributor（販売店）
類 hand out ~（～を配布する）
類 pass out ~（～を配る）

A handout was distributed to the reporters.

プリントが記者たちに配られた。

distribute the minutes of a meeting（議事録を配布する）のように使われる。リスニングのパート3・4でも頻出。

624 significant
[sɪgnífɪkənt]

形 重要な、重大な、著しい

名 significance (重要性)
類 considerable (かなりの)
類 substantial (相当な)
反 insignificant (取るに足らない)
関 a significant number of ~ (かなりの数の~)

The public transportation system has undergone several significant changes.

公共交通機関システムにはいくつかの重大な変化があった。

significant growth (大幅な成長) などがよく使われる。副詞の significantly (著しく) も頻出。

625 transfer
名 [trǽnsfɔːr] 動 [trænsfɔ́ːr]

名 転勤、異動、移動
動 ~を移転する、~を転任させる、転任する、移る

類 relocate (~を移転させる)

Ms. Ortega will transfer to our London office next month.

Ortega さんは来月ロンドンのオフィスに異動する。

transfer a call (電話を転送する) などがよく使われる。例文のような転勤の話題は頻出。

626 admission
[ədmíʃən]

名 入場、入会、入学

動 admit (~を認める)

The admission fee for the craft fair is ten dollars.

クラフトフェアの入場料は 10 ドルだ。

Tickets include admission to the museum. (チケットは博物館の入場料を含んでいる) など、「入場 (料)」の意味で使われることが多い。

627 advantage
[ədvǽntɪdʒ]

名 利点、強み

形 advantageous (有利な)
反 disadvantage (不利)

Their small size is one of the advantages of laptop computers.

サイズの小ささがノートブック型パソコンの長所の一つだ。

take advantage of ~ (~を利用する) はよく使われる表現。

628 affordable
[əfɔ́ːrdəbl]

形 (値段が) 手頃な

名 affordability (手頃な価格)
副 affordably (手頃に)
類 reasonable (手頃な)

Molina Jewelers offers high-quality yet affordable rings.

Molina Jewelers社は、高品質でありながらお手頃な価格の指輪を提供している。

affordable price (手頃な価格) は頻出。動詞afford (〜を買う余裕がある) も押さえておこう。

629 contribute
[kəntríbjuːt]

動 〜を提供する、〜を寄稿する、貢献する、寄付する

名 contributor (貢献者)
類 donate (〜を寄付する)

Ms. Sato's attention to detail contributed to the success of the event.

Satoさんの細部への配慮がイベントの成功に貢献した。

名詞contribution (貢献、寄付金) と合わせて頻出。

630 deposit
[dɪpɑ́ːzət]

名 手付金、保証金、預金
動 (手付金、保証金として) 〜を支払う、〜を預金する、〜を置く

関 make a deposit (預金する)

A deposit is required when renting a car.

車をレンタルするには保証金が必要だ。

security deposit (敷金) など、レンタル料やホテル料金の話題に depositがよく登場する。

631 efficient
[ɪfíʃənt]

形 効率のいい、能率的な

名 efficiency (効率)
反 inefficient (効率の悪い)

Many customers prefer fuel-efficient vehicles.

多くの顧客は燃費のいい自動車を好む。

energy-efficient (エネルギー効率に優れる) などがよく使われる。副詞efficiently (効率的に)、名詞efficiency (効率) も頻出。

632 frequently
[fríːkwəntli]

副 しばしば、頻繁に

名 frequency（頻度）
反 infrequently（めったにない）

If you travel frequently, you will love this suitcase.

もしあなたが頻繁に旅行するならば、きっとこのスーツケースを気に入るでしょう。

形容詞frequent（たびたびの）と合わせて覚えておこう。

633 luggage
[lʌ́ɡɪdʒ]

名 手荷物

類 baggage（手荷物）

All luggage needs to be kept under your seat.

荷物は全て座席の下に置かれなければならない。

全パートに頻出。luggageは不可算名詞。数えるときはa piece of luggage / an item of luggageのようにする。

634 officer
[áːfəsər]

名 役員、幹部

Mr. Kogoya has served as chief executive officer for many years.

Kogoyaさんは長年最高経営責任者を務めてきた。

TOEICにはchief executive officer（最高経営責任者）、chief financial officer（最高財務責任者）、personnel officer（人事部長）などが登場する。

635 outline
[áutlàin]

名 概略
動 ～の要点を述べる、～を概説する

類 overview（～を概観する）

You should write an outline before you start working on a novel.

小説を書き始める前にあらすじを書くべきです。

outline the procedure（手順を概説する）のように動詞で使われることが多い。

167

Part 7

636 personnel
[pə̀:rsənél]

名 職員、社員、人事（部）

Ms. Jordan from the personnel department will lead the orientation.

人事部のJordanさんがオリエンテーションを行います。

personnel department（人事部）は頻出。リスニングにも使われる。アクセントが後ろにあることに注意しよう。

637 pharmaceutical
[fɑ̀:rməsú:tɪkl]

名（通例 -s）製薬会社
形 製薬の

名 pharmacist（薬剤師）
名 pharmacy（薬局）

Pharmaceutical sales have increased since last quarter.

医薬品の売上は前四半期から増加した。

a pharmaceutical company（製薬会社）のように使われる。"○○ Pharmaceuticals"が会社名として登場することが多い。

638 accomplishment
[əká:mplɪʃmənt]

名 業績、成果

形 accomplished（成し遂げられた）

The development of new payroll software is one of Mr. Trout's accomplishments.

新しい給与計算ソフトの開発はTroutさんの業績の一つだ。

動詞 accomplish（～を成し遂げる）と合わせて頻出。

639 administrative
[ədmínəstrèɪtɪv]

形 管理の

名 administration（管理）
名 administrator（管理者）
動 administer（～を管理する）
形 administrational（管理の）

The community center's administrative office is located on the second floor.

コミュニティーセンターの管理事務所は2階にあります。

administrative assistant（管理補佐、事務補佐）は頻出。

168

640 **alternative**
[ɔ:ltə́:rnətɪv]

名 選択肢、(〜に) 代わるもの
形 代わりの、他の

動 alternate (〜を交互にする)
副 alternatively (代わりに)
類 substitute (代用品)

Please use an alternative route if possible.

可能ならば他のルートを使ってください。

alternative energy (代替エネルギー) など、リスニングにも時々登場する。

641 **appropriate**
[əpróupriət]

形 適切な、ふさわしい

副 appropriately (適切に)
類 proper (適切な)
反 inappropriate (不適切な)

These shoes can last for years with appropriate care.

適切な手入れをすれば、この靴は何年も長持ちする。

appropriate for 〜 (〜にふさわしい) は頻出。パート7の同義語問題やパート5にも使われる。

642 **attractive**
[ətrǽktɪv]

形 魅力的な、興味をそそる

名 attraction (魅力)

The attractive designs made the apparel chain popular.

魅力的なデザインがその衣服チェーンを人気にした。

動詞attract (〜を魅惑する、〜を引き寄せる) と合わせて頻出。

643 **background**
[bǽkgràund]

名 経歴、背景

The new museum director has a sound academic background.

新しい美術館の館長には確固とした学術的経歴がある。

a background in marketing (マーケティングの経験)、educational background (学歴) のように、求人や人事の話題で使われることが多い。

169

Part 7

---

644 beverage
[bévərɪdʒ]

图 飲料、飲み物

類 drink（飲み物）

We will have complimentary beverages available in the lobby.

ロビーに無料の飲み物をご用意しております。

complimentary beverage（無料の飲み物）は頻出。beverage は TOEIC の全パートに登場する。

---

645 consumer
[kənsúːmər]

图 消費者

图 consumption（消費）
動 consume（～を消費する）

Many consumers are looking for cheaper goods.

多くの消費者はより安い品を探している。

a small group of consumers（小グループの消費者）を対象に consumer survey（消費者調査）を行うなど、さまざまな話題で使われる。

---

646 depart
[dɪpáːrt]

動 出発する

The train for Osaka will depart in five minutes.

Osaka行きの電車は5分後に発車する。

名詞 departure（出発）と合わせて頻出。

---

647 directory
[dəréktəri]

图 居住者（入居者）表示板、名簿

The manager's phone number should be in the staff directory.

部長の番号は社員名簿にあるはずだ。

staff directory（社員名簿）、building directory（入居者表示板）などが頻出。building directory はリスニングにも登場する。

170

648 entrepreneur
[à:ntrəprənə́:r]

名 起業家、事業家

名 enterprise（企業）
形 entrepreneurial（起業家の）

This seminar is for entrepreneurs who are seeking to expand their businesses.

このセミナーはビジネス拡大を目指す起業家のためのものだ。

起業家支援、出資、ビジネスプランの検討など、現実にありそうな話題で登場する。

649 ideal
[aɪdíːəl]

形 理想的な

副 ideally（理想的に）
類 perfect（完璧な、理想的な）

The town is an ideal location for a music festival.

その町は音楽祭に理想的な場所だ。

求人広告で The ideal candidate will have ~. とあったら、その後に採用されるための条件が書かれている。

650 implement
[ímpləmènt]

動 ～を実行する、～を履行する

名 implementation（実行）
類 carry out ~（～を実行する）
類 execute（～を実行する）
類 conduct（～を行う）

The new rules will be implemented on April 1.

新しい規則は4月1日から施行される。

implement a business strategy（経営戦略を実行する）のように使われる。リスニングにも時々登場する。

651 instrument
[ínstrəmənt]

名 楽器、道具、器具

The musical instrument shop opens at 10:00 A.M.

楽器店は午前10時に開店する。

TOEICでは instrument 単独で「楽器」を表すことが多い。パート1にも登場する。piano（ピアノ）や guitar（ギター）が写っている写真で、それらを instrument で指す文が使われる。

652 **itinerary**

[aɪtínərèri]

名 旅程表

Enclosed is an itinerary for your business trip.

同封されているのは出張の旅程表です。

出張の話題でよく使われるのはa travel itinerary / a trip itinerary（旅程表）。リスニングにも登場する。

653 **merger**

[mɔ́:rdʒər]

名 合併

動 merge（合併する）

The company has announced a merger with a rival jewelry chain.

会社はライバルの宝石店チェーンとの合併を公表した。

a business merger/a company merger（企業合併）は頻出。合併や買収（acquisition）で会社を大きくする話題は頻出。

654 **occupy**

[á:kjəpàɪ]

動 ～を占有する

形 occupied（使用中の）

Most units in this apartment building are occupied.

このアパートのほとんどの部屋には人が住んでいる。

fully occupied（満室、満席）などのように使われる。unoccupied（占有されていない、空いている）も一緒に覚えておこう。パート1でThe bench is unoccupied.（ベンチには誰も座っていない）のように使われることがある。

655 **outstanding**

[àutstǽndɪŋ]

形 傑出した、未払いの

類 exceptional（特に優れた）

Your account has an outstanding balance.

お客様の口座には未払金があります。

outstanding service（卓越したサービス）、outstanding ability（傑出した能力）などのように使われる。例文のように「未払いの」の意もある。

ıldıı·ıllıı·ıljllıı·lllıı···ı·l·ı·l·ı·l·ı·l·ı·l·ı·l·ı·l·ı·l·ı·l·ı·l·ı··llı·ıl

お名前		年齢
ご住所　〒		
電話番号	性別	ご職業
メールアドレス		

個人情報は小社の読者サービス向上のために活用させていただきます。

ご購読ありがとうございました。ご意見、ご感想をお聞かせください。

● ご購入された書籍

● ご意見、ご感想

● 図書目録の送付を　　　　　　□　希望する　　　□　希望しない

ご協力ありがとうございました。
小社の新刊などの情報が届くメールマガジンをご希望される方は、
小社ホームページ（https://www.beret.co.jp/）からご登録くださいませ。

656 procedure
[prəsíːdʒər]

名 方法、手順

動 proceed（進める）
類 process（過程）

I will explain the application procedure.
申請手続きの説明をします。

manufacturing procedures（製造手順）、a hiring procedure（採用手続き）は頻出。物事の正しい、または通常の手順を表す。

657 supplier
[səpláɪər]

名 供給業者、サプライヤー

名 supply（供給）
動 supply（〜を供給する）
類 vendor（供給業者）
関 supply room（備品室）

We need to look for a new supplier for the office equipment.
オフィス機器の新しい供給業者を探す必要があります。

現在のサプライヤーに問題が起きて、業者を替えようという話題は TOEIC に頻出。

658 track
[trǽk]

名 道、足跡、線路
動 〜を追跡する

類 trace（〜をたどって見つけ出す）
関 keep track of 〜（〜を追跡する）

All parcels can be tracked on our Web site.
全ての小包は私たちのウェブサイトで追跡することができます。

fitness tracking device（活動量計、フィットネストラッカー）、tracking number（追跡番号：輸送中の荷物の配送状況を知るための番号）などがよく出る。train track（鉄道の線路）も時々登場する。

659 accountant
[əkáʊntnt]

名 会計係、会計士

The accountant prepares our financial statements.
会計士が財務諸表を用意します。

account（口座、アカウント、顧客）、accounting（会計、経理）と合わせて覚えておこう。

173

Part 7

660 innovative
[ínəvèitiv]

形 革新的な

類 revolutionary (革命的な)

Mr. Simpson is known for his innovative furniture designs.

Simpsonさんは革新的な家具のデザインで知られている。

innovative product (画期的な製品)、innovative design (斬新なデザイン) のように使われる。動詞innovate (〜を革新する)、名詞innovation (革新) と合わせて頻出。

661 paperwork
[péipərwə̀ːrk]

名 文書業務、ペーパーワーク、書類

Once the paperwork is done, a room key will be handed to you.

書類の処理が終わり次第、部屋の鍵が手渡されます。

「書類」または「書類仕事 (文書業務)」の意味で多用される。

662 questionnaire
[kwèstʃənéər]

名 アンケート、アンケート用紙

The attendees are asked to fill out a questionnaire before the workshop begins.

出席者は、ワークショップが始まる前にアンケートに記入するように求められる。

survey は方法を問わず「調査」、questionnaire は主として紙による「アンケート」。fill out a questionnaire (アンケートに記入する) がよく使われる。

663 relocate
[rìːlóukeit]

動 〜を移転させる

類 move (〜を移動させる)

Most of the production facilities will be relocated overseas.

ほとんどの生産施設は海外に移転する。

名詞relocation (移転) と合わせて頻出。

664 remark
[rɪmáːrk]

名 所見、意見
動 所見を述べる

形 remarkable（注目すべき）
副 remarkably（著しく）

Many restaurant patrons remarked on the coffee served there.

多くのレストランの顧客は、そこで提供されるコーヒーの感想を述べた。

パート7の記事（article）の問題で、「○○さんが～と述べた」というときの「述べた」に対応するのが remarked（既に述べたことなので過去形が使われる）。名詞で opening remarks（開会の辞）のようにも使える。

665 settle
[sétl]

動 ～に決着をつける、～を決定する、～を清算する

名 settlement（解決）

The date of the party has already been settled.

パーティーの日程は既に決まっている。

Full payment of invoice must be settled.（請求書の全額が決済されなければならない）のように使われる。パート7の文書中で使われることが多い。

666 simply
[símpli]

副 全く、とても、単純に

形 simple（簡単な）

If you want an estimate, simply call us.

お見積りをご希望でしたら、お電話だけで対応いたします。

Simply download the app.（アプリをダウンロードするだけです）のように「～するだけ」を表すことが多い。

667 asset
[ǽset]

名 資産、有用なもの

類 property（財産）

His technical knowledge is an asset to the sales team.

彼の技術的な知識は営業チームにとって財産だ。

She is an asset to the company.（彼女は会社にとって財産だ）のように、人物描写に使われる。「～にとって財産」というときは asset to/for ～ を使う。

Part 7

668 certify

[sə́ːrtəfàɪ]

動 ～を証明する、～を保証する、～に資格を与える

形 certified (証明された)

Ms. Tano was certified as an accountant last year.

Tanoさんは去年会計士としての資格を取得した。

名詞certificate (証明書)、certification (証明) と合わせて頻出。

669 conflict

名 [kάːnflɪkt] 動 [kənflɪkt]

名 予定が重なること
動 かち合う、衝突する、矛盾する

関 conflict with ～ (～と衝突する)

We had a scheduling conflict.

私たちは予定が重なりました。

a scheduling conflict (予定の競合) が頻出。名詞・動詞どちらも使われる。

670 criterion

[kraɪtíəriən]

名 基準

類 standard (基準)

Ms. Tang meets the criteria for promotion.

Tangさんは昇進の基準を満たしている。

複数形のcriteriaの形で使われることが多い。

671 culinary

[kʌ́lənèri]

形 調理 (用) の

Mr. Gupta is a recent graduate of a culinary school.

Guptaさんは最近、料理学校を卒業した。

culinary school (料理学校)、culinary staff (調理スタッフ) などが頻出。

672 element

[éləmənt]

名 要素

Communication is a key element of customer service.

コミュニケーションは顧客サービスの重要な要素だ。

形容詞elementary (初歩の) と合わせて覚えておこう。

673 enthusiastic
[ɪnθùːziǽstɪk]

形 熱狂的な

名 enthusiasm（熱狂）
副 enthusiastically（熱狂的に）

The band's new album drew an enthusiastic response from its fans.

バンドの新しいアルバムはファンから熱狂的な反響を受けた。

be enthusiastic about ~（〜について熱狂的である）のように使われる。enthusiast（ファン）も覚えておきたい。

674 explore
[ɪksplɔ́ːr]

動 〜を調査する、〜を探検する

名 exploration（探検）

Many tourists come here to explore the forest.

多くの観光客が森を散策するためにここを訪れる。

explore the proposal（提案を検討する）、explore the possibility（可能性を探る）など幅広く使われる。

675 generous
[dʒénərəs]

形 気前のいい

名 generosity（寛大さ）
副 generously（寛大に）

We have already received generous donations.

私たちは既に寛大な寄付をいただきました。

a generous donation（寛大な寄付）、a generous hourly rate（気前の良い時給）などが頻出。

676 numerous
[núːmərəs]

形 多数の

副 numerously（豊富に）
類 countless（無数の）

There are numerous reasons to choose the X43 delivery van.

X43デリバリーバンを選ぶ理由は数多くあります。

Part 7

MP3 677-680

---

677 overlook
[ðuvərlúk]

動 ～を見下ろす、～を見落とす

The cabin on the hill overlooks the lake.

丘の上のキャビンからは湖を見下ろすことができる。

a room that overlooks the beach（ビーチを見下ろす部屋）
のように使われる。パート1でも頻出。

---

678 primary
[práɪmèri]

形 主要な

Your primary role as a Web designer is to create Web
pages while also maintaining and updating the Web
site's design as needed.

ウェブデザイナーとしての主な役割は、ウェブページを作成
しながら、必要に応じてウェブサイトのデザインを維持・更
新することです。

primary duties（主な職務）は求人広告でよく使われる。副
詞primarily（主として）も一緒に覚えておこう。

---

679 priority
[praɪɔ́:rəti]

名 優先事項

形 prior（前の）
関 priority seating（優先席）

Your utmost comfort is our priority.

お客様の最高の快適さが私たちの優先事項です。

top priority（最優先事項）は頻出。動詞prioritize（～に優
先順位を付ける）も合わせて覚えておきたい。

---

680 restore
[rɪstɔ́:r]

動 ～を回復する、～を復活させる

Water service was restored after the broken pipe was
repaired.

壊れたパイプが修理された後、水道は復旧した。

Electricity is expected to be restored by 3:00 P.M.（電気
は午後3時までに復旧することが予想される）など、公共
サービス復旧での用例は頻出。名詞restoration（回復）も
使われる。

681 urgent
[ə́ːrdʒənt]

形 緊急の

動 urge（〜を説得する）
副 urgently（緊急に）

I will leave for Singapore to attend an urgent meeting.
緊急の会議に出席するためにシンガポールに出発します。

urgent matter（緊急事項）、名詞 urgency（緊急、切迫）も
よく使われる。

682 venture
[véntʃər]

名 ベンチャー事業、冒険
動 思い切って〜する

The new shopping mall is a joint venture between two companies.
新しいショッピングモールは2社の合弁事業だ。

business venture（ベンチャー企業、新規事業）などが頻出。
複数の企業が共同して行う事業は joint venture（合弁事業）。

683 weigh
[wéɪ]

動 〜の重さを量る、〜を慎重に検討する、〜の重さがある

名 weight（重さ）

The bronze statue in the courtyard weighs approximately 700 kilograms.
中庭のブロンズ像は重さがおよそ700キロある。

「重さを量る」意味の他に、I am weighing my options.（選択肢を吟味しています）のように consider や examine に近い意味で使われることに注意。

684 acquire
[əkwáɪər]

動 〜を入手する、〜を獲得する、〜を買収する

形 acquired（獲得した）

A local newspaper was acquired by a media company.
地元紙がメディア企業に買収された。

acquire a business（企業を買収する）のように、企業の合併や買収は TOEIC によく登場する。名詞 acquisition（獲得）と合わせて頻出。

Part 7

685 adopt
[ədάːpt]

動 ～を採用する

Skarsgard Manufacturing adopted a new strategy to reduce product defects.

Skarsgard Manufacturing 社は製品不良を減らすための新しい方策を採用した。

A new company policy was adopted.（新しい会社の方針が採用された）のような表現は社員への通達で登場する。方法・計画などを採用する意味で使われる。

686 commitment
[kəmítmənt]

名 約束、公約

Our commitment to quality remains unchanged.

私たちの高品質の約束は変わらぬままです。

動詞 commit（～を約束する）と合わせて頻出。

687 designate
[dézıgnèıt]

動 ～を指定する

名 designation（指定）

All cars must be parked in the designated area.

全ての車は指定された場所に駐車されなければならない。

designated area（指定された場所）は頻出。designated camping area（指定されたキャンプ場）や designated parking area（指定された駐車場）が登場する。

688 enroll
[ınróul]

動 入学（入会）する、登録する

類 register（～を登録する）

Over 100 people enrolled in the online class.

100人以上がオンラインのクラスに登録した。

enroll in a class（クラスに登録する）のように使われる。名詞 enrollment（登録）も頻出。

689 merge

[má:rdʒ]

動 ～を合併する、～を統合する

Surprisingly, the oil company merged with its competitor.

驚いたことにその石油会社は競争他社と合併した。

merge with another company（他社と合併する）、名詞 merger（合併）も頻出。

690 physician

[fɪzíʃən]

名 医師、内科医

Talk to your physician if you experience any discomfort.

不快感があったら医師に相談してください。

医師の意味で多く使われるのはdoctorだが、physician も覚えておこう。外科医はsurgeon。

691 plumber

[plʌ́mər]

名 配管工、水道工事業者

A plumber was called to fix the leak.

水漏れの修理のために配管工が呼ばれた。

TOEICに頻出する職業の一つ。リスニングにも登場する。bが発音されないことに注意しよう。

692 proof

[prú:f]

名 証拠、証明

動 prove（～を証明する）

You are required to submit a proof of purchase for each warranty claim.

保証請求一件ごとに領収書を提出する必要があります。

proof of purchase / proof of payment（購入証明書）、proof of insurance（保険証書）、galley proof（ゲラ、校正刷り）などが頻出。

181

Part 7

---

693 **reputation**
[rèpjətéɪʃən]

名 評判

類 fame（名声）

Arryn Consulting has a reputation for providing novel solutions.

Arryn Consulting 社は新たな解決法を示すという評判がある。

reputation for high quality（高品質の評判）のように使われる。形容詞 reputable（評判のいい）も覚えておこう。

---

694 **authorize**
[ɔ́ːθəràɪz]

動 ～を認可する、～を許可する

名 authority（権威）
形 authorized（認可された）
類 approve（～を承認する）

Business trips have to be authorized by a supervisor.

出張には上司による許可が必要だ。

authorized reseller（正規販売店）、名詞 authorization（認可）も頻出。

---

695 **basis**
[béɪsɪs]

名 基礎、理由、基準

We receive complaints about noise on a regular basis.

定期的に騒音に対する苦情を受けます。

on a first-come, first-served basis（先着順で）はそのまま覚えたい表現。on an hourly basis（時間制で）なども使われる。

---

696 **guarantee**
[gèrəntíː]

名 確約、保証
動 ～を確約する、～を保証する

We guarantee the lowest prices.

私たちは最安値を保証します。

guarantee は広い意味での「保証する」、warranty は製品につく書面による保証。

697 **tenant**
[ténənt]

名 賃借人、居住者

A new tenant will move in tomorrow.
明日、新しい入居者が引っ越して来る。

日本語の「テナント」は店舗や会社に対して使われるが、tenant は居住者を指して使うことがある。

---

698 **probationary**
[proubéɪʃənèri]

形 試用中の

名 probation（試用）

After a three-month probationary period, the employees are officially hired.
3カ月の試用期間の後、従業員は正式に採用される。

probationary period（試用期間）を覚えておこう。

---

699 **utility**
[juːtíləti]

名（電気・ガス・水道などの）公益事業、公共料金

Many people are trying to reduce their utility bills by installing energy-efficient equipment.
多くの人が省エネタイプの機器を導入することで光熱費を削減しようとしている。

utility bill（光熱費、公共料金）は頻出。sports utility vehicle（スポーツ多目的車、SUV）も TOEIC に登場する。

---

700 **interest**
[íntərəst]

名 興味、関心、利子
動 〜に興味を持たせる

Thank you for your interest in our company.
当社にご関心をお寄せいただきありがとうございます。

興味・関心の意味で使われることが多いが、「利子」の意味で使われることも覚えておこう。

コーパスから作られた「使用頻度順リスト」にはランクインしなかったものの、意外と間違えやすい・忘れやすい単語を集めました。

	見出し語	品詞	訳	品詞	訳
901	**appraisal**	名	評価		
902	**circumstance**	名	状況		
903	**commentary**	名	論評		
904	**desire**	名	願望	動	～を強く望む
905	**detour**	名	迂回路		
906	**disposal**	名	処分		
907	**doubt**	名	疑い	動	～を疑う
908	**duration**	名	期間		
909	**effort**	名	努力		
910	**evidence**	名	証拠		
911	**field**	名	分野		
912	**forecast**	名	予報		
913	**formation**	名	構成		
914	**function**	名	機能		
915	**gain**	名	増加	動	～を獲得する
916	**garment**	名	衣服		
917	**indication**	名	指示		
918	**initiative**	名	主導権		
919	**locality**	名	地域		
920	**normality**	名	正常		

2 定型表現

よく出る「定型表現」は、すぐに意味を
思い出せるようにしておきましょう。

定型表現

■■■ 701	a couple of ~	2つの~、いくつかの~
■■■ 702	a number of ~	いくつかの~、多数の~
■■■ 703	a variety of ~	さまざまな~
■■■ 704	a wide range of ~	幅広い~
■■■ 705	address a problem	問題に対処する
■■■ 706	adjacent to ~	~に隣接する
■■■ 707	advise ~ that ...	~に…と知らせる
■■■ 708	apply for ~	~を申し込む
■■■ 709	apply to ~	~に当てはまる、~に適用される、~に申し込む
■■■ 710	appoint ~ as ...	~を…に任命する
■■■ 711	as for ~	~について言えば
■■■ 712	as of ~	~の時点で、~以降に
■■■ 713	at no additional cost	追加料金なしで
■■■ 714	at one's earliest convenience	都合がつき次第
■■■ 715	award-winning	賞を受賞した
■■■ 716	based on ~	~に基づいて
■■■ 717	be assigned to ~	~に割り当てられる
■■■ 718	be associated with ~	~に関連する
■■■ 719	be authorized to do	~する権限を与えられている
■■■ 720	be aware of ~	~に気づいている
■■■ 721	be based in ~	~に拠点を置く
■■■ 722	be charged for ~	~の料金を請求される
■■■ 723	be commensurate with ~	~にふさわしい
■■■ 724	be composed of ~	~から成る
■■■ 725	be concerned (that) ~	~を心配している

726	**be concerned about ~**	~について心配している
727	**be confident (that) ~**	~を確信している
728	**be designed for ~**	~のために作られた
729	**be designed to do**	~するように設計されている
730	**be eligible for ~**	~の資格がある
731	**be equipped with ~**	~が備わっている
732	**be instructed to do**	~するように指示される
733	**be intended for ~**	~に向けられている
734	**be involved with ~**	~と関連している
735	**be known for ~**	~で知られている
736	**be on back order**	入荷待ちの状態である
737	**be responsible for ~**	~の責任がある、~を担当している
738	**be scheduled for ~**	~に予定されている
739	**be supposed to do**	~することになっている
740	**be tailored to ~**	~に合わせた
741	**be worried about ~**	~を心配している
742	**billing address**	請求書の送付先住所
743	**board of directors**	取締役会
744	**board of trustees**	評議員会
745	**brand-new**	真新しい
746	**business day**	営業日
747	**business trip**	出張
748	**call on ~**	~を訪問する、~を依頼する
749	**check with ~**	~に確認する
750	**come in ~**	~に入る

187

定型表現

751	**company housing**	社宅
752	**complete a form**	用紙に記入する
753	**comply with ~**	～に従う
754	**conference room**	会議室
755	**consist of ~**	～から成る
756	**cost-effective**	費用対効果の高い
757	**count on ~**	～を頼りにする
758	**customer service representative**	顧客サービス担当者
759	**deal with ~**	～を処理する、～に対処する
760	**depending on ~**	～によって
761	**donate ~ to ...**	～を…に寄付する
762	**due date**	期日
763	**due to ~**	～が原因で、～のために
764	**effective immediately**	即時有効な
765	**encourage ~ to do**	～に…するように勧める
766	**enroll in ~**	～に入学する、～に登録する
767	**environmentally friendly**	環境にやさしい
768	**extend an invitation**	招待する
769	**extra charge**	追加料金
770	**fill a position**	ポストを埋める
771	**fill out ~**	～に記入する
772	**fiscal year**	会計年度
773	**focus on ~**	～に焦点を合わせる、～に重点を置く
774	**frequent customer**	常連客
775	**fulfill a request**	要求を満たす

■■■ 776	**fund-raising**	資金集め
■■■ 777	**get back to ~**	～に返事する、～に戻る
■■■ 778	**gift certificate**	商品券
■■■ 779	**give ~ a ride**	～を車に乗せる
■■■ 780	**given that ~**	～を考慮すると、～だと仮定すると
■■■ 781	**go into effect**	発効する
■■■ 782	**hand out ~**	～を配布する
■■■ 783	**high-profile**	目立った
■■■ 784	**highly recommend**	強く勧める
■■■ 785	**human resources**	人事
■■■ 786	**in a row**	一列に、連続して
■■■ 787	**in a timely manner**	タイムリーに
■■■ 788	**in addition**	その上
■■■ 789	**in advance**	前もって
■■■ 790	**in any case**	どんな場合でも、ともかく
■■■ 791	**in bulk**	大量に
■■■ 792	**in case of ~**	～の場合
■■■ 793	**in charge of ~**	～を担当して
■■■ 794	**in compliance with ~**	～に従って
■■■ 795	**in one's capacity as ~**	～という立場で
■■■ 796	**in person**	直接会って、自分で
■■■ 797	**in regard to ~**	～に関して
■■■ 798	**in stock**	在庫のある
■■■ 799	**in that case**	もしもそうであれば
■■■ 800	**in the event of ~**	～の場合

189

定型表現

■ ■ ■	801	**in the process of ~**	~の過程で
■ ■ ■	802	**incorporate ~ into ...**	~を…に組み込む
■ ■ ■	803	**instruction manual**	取扱説明書
■ ■ ■	804	**issue a refund**	返金する
■ ■ ■	805	**job description**	職務記述書、職務内容
■ ■ ■	806	**job fair**	就職説明会
■ ■ ■	807	**job opening**	就職口
■ ■ ■	808	**just in case ~**	万一~の場合に備えて
■ ■ ■	809	**keep ~ informed**	~に情報を提供し続ける
■ ■ ■	810	**keep ~ posted**	~に情報を随時伝える
■ ■ ■	811	**keep a record of ~**	~を記録しておく
■ ■ ■	812	**keep track of ~**	~を追跡する
■ ■ ■	813	**keep up with ~**	~に遅れずについていく
■ ■ ■	814	**lead to ~**	~へ通じる、~につながる
■ ■ ■	815	**loading dock**	荷物積み下ろし口
■ ■ ■	816	**look into ~**	~を調べる
■ ■ ■	817	**look over ~**	~にざっと目を通す、~を見逃す
■ ■ ■	818	**loyal customer**	上顧客
■ ■ ■	819	**make a decision**	決定する
■ ■ ■	820	**make a deposit**	預金する
■ ■ ■	821	**make a point of doing**	決まって~する
■ ■ ■	822	**make a reservation**	予約する
■ ■ ■	823	**make an appointment**	（人と会う）予約をする
■ ■ ■	824	**make an investment**	投資する
■ ■ ■	825	**make arrangements for ~**	~の手配をする

■■■ 826	**make room for ~**	~のためのスペースを空ける
■■■ 827	**make sense**	道理にかなう、意味が通じる
■■■ 828	**make sure (that) ~**	~を確かめる、~を確認する、~を確かなものにする
■■■ 829	**market trend**	市場動向
■■■ 830	**no later than ~**	遅くとも~までに
■■■ 831	**note that ~**	~に注意する
■■■ 832	**office supplies**	事務用品
■■■ 833	**on a regular basis**	定期的に
■■■ 834	**on behalf of ~**	~を代表して、~に代わって
■■■ 835	**on hand**	手元に
■■■ 836	**on short notice**	直前の知らせで
■■■ 837	**on time**	定刻に
■■■ 838	**on-site**	現場で
■■■ 839	**order form**	注文書
■■■ 840	**out of order**	故障して
■■■ 841	**out of stock**	在庫切れで
■■■ 842	**overnight delivery**	翌日配達
■■■ 843	**pass along ~**	~を手渡す、~を伝える
■■■ 844	**pay a bill**	支払いをする
■■■ 845	**payment method**	支払方法
■■■ 846	**performance review**	人事考課
■■■ 847	**personal belongings**	身の回り品
■■■ 848	**pick up ~**	~を車で迎えに行く、~を拾い上げる、~を集める、~（荷物など）を受け取る
■■■ 849	**potential client**	見込み客
■■■ 850	**press release**	記者発表、報道向け発表、プレスリリース

定型表現

■ ■ ■	851	**prior to ~**	～より前に
■ ■ ■	852	**promotional code**	割引コード
■ ■ ■	853	**public relations**	広報
■ ■ ■	854	**public transportation**	公共交通機関
■ ■ ■	855	**put together ~**	～をまとめる
■ ■ ■	856	**raise money**	お金を集める
■ ■ ■	857	**reading material**	読み物
■ ■ ■	858	**reception desk**	受付
■ ■ ■	859	**refer ~ to ...**	～を…に紹介する
■ ■ ■	860	**refrain from doing**	～することを控える
■ ■ ■	861	**register for ~**	～に登録する
■ ■ ■	862	**rental agreement**	賃貸契約
■ ■ ■	863	**report for work**	出勤する
■ ■ ■	864	**report to ~**	～に報告する、～に直属する
■ ■ ■	865	**round-trip**	往復の
■ ■ ■	866	**run out of ~**	～を切らす
■ ■ ■	867	**safety regulations**	安全規則
■ ■ ■	868	**sales associate**	販売員
■ ■ ■	869	**sales representative**	営業担当者、販売担当者
■ ■ ■	870	**serve as ~**	～として働く
■ ■ ■	871	**shipping fee**	送料
■ ■ ■	872	**sign up for ~**	～に申し込む、～の契約をする
■ ■ ■	873	**specialize in ~**	～を専門にする
■ ■ ■	874	**stand out**	目立つ
■ ■ ■	875	**state-of-the-art**	最先端の

876	**stop by ~**	～に立ち寄る
877	**successful candidate**	合格者
878	**take a break**	休憩する
879	**take advantage of ~**	～を利用する
880	**take effect**	発効する、効果を生じる
881	**take inventory of ~**	～の在庫目録を作る
882	**take notes**	メモを取る
883	**take over ~**	～を引き継ぐ
884	**take place**	行われる
885	**target customer**	ターゲット顧客
886	**tentative schedule**	仮スケジュール
887	**throw away ~**	～を捨てる
888	**time off**	休暇
889	**to whom it may concern**	担当者の方へ
890	**top-notch**	一流の
891	**try on ~**	～を試着する
892	**turn ~ over ...**	～を…に引き渡す
893	**turn out to be ~**	～であることが分かる
894	**up to ~**	最大～まで、～次第で
895	**up to now**	今まで
896	**walk-in**	予約なしの
897	**within walking distance**	徒歩圏内
898	**work from home**	在宅勤務する
899	**work on ~**	～に取り組む
900	**work overtime**	残業する

【コラム】
Column

コーパスから作られた「使用頻度順リスト」にはランクインしなかったものの、意外と間違えやすい・忘れやすい単語を集めました。

	見出し語	品詞	訳	品詞	訳
921	**notice**	名	掲示	動	〜に気づく
922	**obligation**	名	義務		
923	**opponent**	名	相手		
924	**origin**	名	起源		
925	**pane**	名	窓ガラス		
926	**performance**	名	業績		
927	**portfolio**	名	サンプル集		
928	**query**	名	質問		
929	**respect**	名	尊敬	動	〜を尊敬する
930	**scarcity**	名	欠乏		
931	**selection**	名	選択		
932	**setting**	名	環境		
933	**shortage**	名	不足		
934	**summary**	名	要約		
935	**surplus**	名	余剰		
936	**treatment**	名	治療		
937	**trial**	名	試し		
938	**usage**	名	使い方		
939	**wheelbarrow**	名	手押し車		
940	**withdrawal**	名	撤退		

3 問題編

問題を解くことで単語が定着します。

解答を見ずに、まずはよく考えてください。

Number	Question	
001	Staff members are asked not to _____ their vehicles in any of the spaces at the front of the office.	(A) park (B) sort (C) carry (D) assign
002	Product samples are on _____ in a locked cabinet in our main showroom.	(A) feature (B) display (C) usage (D) location
003	After the event, the chairs should be _____ and stored in the room beneath the stairs of the auditorium.	(A) defended (B) held (C) stood (D) stacked
004	The refrigerator was disposed of because it would be too expensive to _____ .	(A) pave (B) repair (C) involve (D) amend
005	Various _____ is available at the giftshop at the stadium's entrance.	(A) evidence (B) research (C) merchandise (D) beauty
006	Customer files are stored in a locked filing _____ to ensure privacy is maintained.	(A) removal (B) installation (C) station (D) cabinet
007	It took the team over an hour to sort through the _____ of documents on the counter.	(A) pile (B) half (C) form (D) trial
008	Please read the instructions from beginning to end before attempting to _____ the shelving unit.	(A) decide (B) merge (C) assemble (D) qualify

	Number	Question	
☐☐☐	009	The factory _____ a lot of obstacles in raising its production capacity.	(A) faced (B) informed (C) resembled (D) stored
☐☐☐	010	It is time to update the reading _____ in the clinic's waiting room.	(A) solution (B) material (C) assignment (D) decision
☐☐☐	011	A temporary location is being used while the company's new headquarters is under _____ .	(A) direction (B) profession (C) communication (D) construction
☐☐☐	012	For insurance reasons, drivers must _____ all goods onto the truck themselves.	(A) load (B) choose (C) utilize (D) participate
☐☐☐	013	The office needs to be _____ to accommodate the new employees.	(A) desired (B) maximized (C) rearranged (D) amazed
☐☐☐	014	ProServe has been France's most popular _____ manufacturer for more than 50 years.	(A) ownership (B) cookware (C) imagination (D) characteristic
☐☐☐	015	Many staff members requested a set of desk _____ where they can store personal items.	(A) drives (B) matts (C) drawers (D) lifts
☐☐☐	016	Yale Constructions has years of experience adding _____ to existing structures.	(A) errors (B) suspensions (C) settings (D) patios

Number	Question	
☐☐☐ 017	Repair workers used a _____ to access the building's roof.	(A) wheelbarrow (B) trolley (C) ladder (D) receptacle
☐☐☐ 018	Organizers have _____ refreshment stations at two-kilometer intervals along the course.	(A) decided (B) collected (C) brought (D) placed
☐☐☐ 019	The software updates will be _____ automatically outside business hours.	(A) turned (B) installed (C) stated (D) specified
☐☐☐ 020	Factory workers must _____ protective clothing whenever they are on the production line.	(A) wear (B) attend (C) regard (D) charge
☐☐☐ 021	The new _____ from Carter Accessories is perfect for an overnight stay in a hotel.	(A) stack (B) effort (C) backpack (D) merger
☐☐☐ 022	The hospital uses an automated system to _____ the lawns on the eastern side of the property.	(A) release (B) conclude (C) water (D) gain
☐☐☐ 023	Mail is delivered to the various departments using a specially made _____ .	(A) border (B) cart (C) fashion (D) mark
☐☐☐ 024	It will be necessary to replace the _____ on the building's façade if the company is renamed.	(A) shelter (B) pane (C) position (D) sign

	Number	Question	
☐☐☐	**025**	The lobby of the Xanadu Hotel has a high _____ with ornate chandeliers.	(A) nature (B) measure (C) mission (D) ceiling
☐☐☐	**026**	The Duravan from TYR Motors can _____ as many as 10 adults in comfort.	(A) carry (B) mount (C) cause (D) propose
☐☐☐	**027**	The food for the barbecue is being _____ in a refrigerator on the fourth floor.	(A) served (B) applied (C) stored (D) selected
☐☐☐	**028**	Goldman's stocks a massive range of office _____ including conference tables and even podiums.	(A) expenditure (B) leisure (C) furniture (D) knowhow
☐☐☐	**029**	Ms. Chang _____ at an old air conditioner when talking about reasons for the apartment's high electricity bill.	(A) argued (B) pointed (C) responded (D) invented
☐☐☐	**030**	Students often _____ bicycles against the fence causing it to bend under the weight.	(A) recommend (B) insure (C) limit (D) prop
☐☐☐	**031**	Many customers cancel their orders when they learn that products may not _____ them in time.	(A) attain (B) get (C) refer (D) reach
☐☐☐	**032**	A member of the staff should _____ the area in front of the entrance before our important guests arrive.	(A) sweep (B) oppose (C) kneel (D) greet

Number	Question	
☐☐☐ 033	Copy paper of various sizes is stored on a _____ in the storage room.	(A) limb (B) shelf (C) suggestion (D) normality
☐☐☐ 034	Many of the desks at the West Bank office have been _____ since the merger.	(A) unoccupied (B) undone (C) unpaid (D) unresolved
☐☐☐ 035	The _____ at the front of the café should be replaced as soon as possible.	(A) potential (B) value (C) awning (D) assessment
☐☐☐ 036	Nileways Home Shopping guarantees that _____ are delivered within two weeks.	(A) orders (B) versions (C) attractions (D) reasons
☐☐☐ 037	Due to *Slow Dance*'s popularity, it is necessary to _____ tickets at least two months in advance.	(A) observe (B) book (C) note (D) prefer
☐☐☐ 038	Mr. Brubeck _____ at work one hour early in order to call a client in London.	(A) remained (B) arrived (C) inquired (D) consisted
☐☐☐ 039	Mr. DePalma has agreed to give the keynote speech at the _____ .	(A) formality (B) restoration (C) conference (D) promotion
☐☐☐ 040	At the book signing event, Mr. Akiyoshi signed more than 300 _____ of his latest novel.	(A) opponents (B) copies (C) selections (D) efforts

	Number	Question	
☐☐☐	041	Employees should _____ their accounting software before starting work this morning.	(A) update (B) determine (C) trust (D) reply
☐☐☐	042	A party was organized to welcome the new _____ head to the Springfield branch.	(A) conclusion (B) shipment (C) department (D) rental
☐☐☐	043	_____ marked as "fragile" are always handled with extreme care.	(A) Packages (B) Predictions (C) Occasions (D) Details
☐☐☐	044	If you are happy with your new computer mouse, please write a _____ review on the Web site.	(A) negative (B) project (C) product (D) reason
☐☐☐	045	Construction of the new office was delayed because of ground conditions at the _____ .	(A) site (B) pause (C) present (D) desire
☐☐☐	046	Please log on to the Linevids customer Web site to confirm that your _____ details are up-to-date.	(A) appraisal (B) account (C) personnel (D) withdrawal
☐☐☐	047	The project management team were given a bonus for completing the work under _____ .	(A) duration (B) budget (C) distance (D) urgency
☐☐☐	048	Five new staff members were _____ to keep up with increasing demand for Starbright's services.	(A) denied (B) released (C) amended (D) hired

Number	Question	
049	The company is now using social media _____ rather than traditional advertising.	(A) permits (B) goals (C) queries (D) posts
050	Ms. Willis gave an excellent _____ on the history of forestry in Hartford.	(A) presentation (B) assortment (C) hallway (D) motion
051	City leaders gathered to _____ some plans for an art festival at Southbend Park.	(A) contact (B) assist (C) review (D) interest
052	The hotel's dining _____ can provide lunch for as many as 300 people.	(A) traffic (B) service (C) participation (D) involvement
053	Any changes to your work _____ must be approved ahead of time by a section manager.	(A) validity (B) founder (C) shift (D) familiarity
054	Replacements for malfunctioning devices will be _____ as soon as the return is received at the warehouse.	(A) consumed (B) shipped (C) excluded (D) predicted
055	This _____ has been organized to help staff members improve their communications skills.	(A) workshop (B) violation (C) comparison (D) quarterly
056	Guided tours of the museum are _____ for $12 per person, but must be booked in advance.	(A) eventual (B) casual (C) comparable (D) available

Number	Question	
057	This letter is to remind you that your annual membership _____ must be paid by November 7.	(A) cause (B) admission (C) fee (D) value
058	Application _____ for the Manhattan Fun Run can be downloaded from the City's Web site.	(A) deals (B) places (C) means (D) forms
059	Evan's Music will _____ its main recording studio to 19 Montgomery Road in Heathcliff.	(A) move (B) locate (C) draw (D) arise
060	People hoping to appear on the new quiz show must _____ an audition at the Chanel 10 television studio.	(A) practice (B) attend (C) realize (D) induce
061	All the cleaning products are kept in a storage _____ on the first floor.	(A) closet (B) solution (C) association (D) range
062	New staff members are asked to sign an employment _____ after they complete a two-week probationary period.	(A) program (B) condition (C) contract (D) obligation
063	For an _____ fee, the hotel can provide a high-speed Internet connection.	(A) eventual (B) admirable (C) extra (D) instant
064	As a result of her excellent achievements, Ms. Walters was _____ a promotion to senior sales manager.	(A) earned (B) offered (C) heard (D) implied

Number	Question	
☐☐☐ 065	Ms. Yakamoto scheduled an _____ with her manager to discuss her future at GTP Pharmaceuticals.	(A) appointment (B) expression (C) investment (D) occasion
☐☐☐ 066	Mr. McGillicutty _____ his supervisor to request time off work to attend a wedding in Seattle.	(A) competed (B) replied (C) sorted (D) contacted
☐☐☐ 067	A team of volunteers from Halpert Engineering _____ up trash and broken branches along Mitchel Avenue.	(A) removed (B) disposed (C) picked (D) alerted
☐☐☐ 068	The _____ of next month's regional meetings have not yet been announced.	(A) deliveries (B) locations (C) goods (D) performances
☐☐☐ 069	You may return the mattress within 50 days of _____ if you are not completely satisfied.	(A) urgency (B) earning (C) effort (D) purchase
☐☐☐ 070	When registering for the fun run, you must _____ photo identification.	(A) decide (B) provide (C) preserve (D) qualify
☐☐☐ 071	If you would like to use one of the company vehicles, you must submit a _____ to the general affairs office.	(A) conclusion (B) function (C) request (D) customer
☐☐☐ 072	As Mr. Yamaguchi is on _____ this month, Ms. Howard is handling all his accounts.	(A) clerk (B) leave (C) input (D) job

	Number	Question	
☐☐☐	**073**	Please be sure to return the photography _____ to the storage room after use.	(A) improvement (B) preservation (C) prediction (D) equipment
☐☐☐	**074**	If you are traveling with a _____ , it might be more economical to rent a car.	(A) colleague (B) forecast (C) transportation (D) nation
☐☐☐	**075**	It will be necessary to _____ the annual budget if plans for road improvements are approved.	(A) enclose (B) assume (C) increase (D) insist
☐☐☐	**076**	If you would like to have a stall at the festival, you must _____ the form on the Web site.	(A) complete (B) appeal (C) export (D) oppose
☐☐☐	**077**	The _____ must be stored securely as it contains some personal information.	(A) currency (B) fabric (C) document (D) beverage
☐☐☐	**078**	If you are unlikely to meet the _____ , you should ask your supervisor for an extension as early as possible.	(A) deadline (B) outlay (C) attention (D) cafeteria
☐☐☐	**079**	You can make a _____ by calling the organizers on the following phone number.	(A) protection (B) reservation (C) supervision (D) limitation
☐☐☐	**080**	Mr. Po submitted receipts for his meals and accommodation in accordance with the company's travel _____ .	(A) tour (B) policy (C) appreciation (D) reputation

Number	Question	
081	The catalog should be _____ to include several new products.	(A) relied (B) ensured (C) involved (D) revised
082	A safety _____ will be carried out by an officer from the Workplace Health and Safety Division of the city council.	(A) traffic (B) slide (C) area (D) inspection
083	The door to the parking garage is still malfunctioning, but we are doing all we can to _____ the issue.	(A) correct (B) assume (C) withdraw (D) contribute
084	If you need help with your work _____, you may approach one of the interns.	(A) retirement (B) establishment (C) assignment (D) advancement
085	The team's new _____ is to find a venue for the Summer Arts Festival.	(A) code (B) formation (C) pastime (D) task
086	Customers have been _____ online about the sudden increase in the price of building materials.	(A) requesting (B) complaining (C) addressing (D) working
087	People who register early can _____ 10 percent on their registration fee for the Springfield Better Business Bureau.	(A) get (B) apply (C) save (D) earn
088	A shipment of paper that was _____ to arrive today has not yet been delivered.	(A) happened (B) supposed (C) reserved (D) continued

Number	Question	
089	The _____ instructions for the TI18 Shelving unit can be downloaded from the Peterson Furniture Web site.	(A) assembly (B) formation (C) management (D) proficiency
090	It is important that _____ no one outside the design team has access to the prototype.	(A) certainly (B) understandably (C) severely (D) absolutely
091	After receiving a more attractive job offer from TRF Corporation, Mr. Singh _____ the invitation to work at Hardy Plumbing Company.	(A) prepared (B) employed (C) declined (D) searched
092	Ms. Tanaka has agreed to train her replacement before she _____ in June this year.	(A) retires (B) concludes (C) uncovers (D) waives
093	Hotel guests receive a _____ for 20 percent off a meal at Pierce Pizza on Wells Street.	(A) design (B) voucher (C) gratitude (D) layout
094	The warehouse will be demolished in June to make way for a new apartment _____ .	(A) complex (B) projection (C) analysis (D) insight
095	Applicants for the head chef position must _____ their cooking skills as part of the selection process.	(A) instigate (B) irritate (C) demonstrate (D) benefit
096	Information about the business trip reporting process is covered in the employee _____ .	(A) handbook (B) footwork (C) accreditation (D) timetable

Number	Question	
097	Ms. Cavalier has been nominated for several _____ for excellence in management and planning.	(A) occupations (B) awards (C) routines (D) tenants
098	A team of volunteers came to clean up the walking _____ on Mt. Lindell.	(A) summaries (B) orders (C) pairs (D) trails
099	Production at the _____ has been temporarily paused for new equipment to be installed.	(A) flavor (B) factory (C) effort (D) finality
100	Matlock Foods conducted a _____ to find out why sales of its protein bars have been declining.	(A) research (B) survey (C) tradition (D) belief
101	Construction on the warehouse cannot begin until the builders submit an _____ to the relevant government department.	(A) upgrade (B) examination (C) interest (D) application
102	Penobscot Fashion's new advertisement will be _____ during the final game of the National Football Tournament.	(A) broadcast (B) apologized (C) installed (D) relied
103	Smithers Gallery _____ collections from some of the world's most renowned artists.	(A) enlists (B) executes (C) features (D) innovates
104	The Web site hosts a lot of _____ content not provided in the print version of *Wheel World Magazine*.	(A) additional (B) continual (C) reflected (D) proficient

☐☐☐	**105**	Frampton Car Care offers a _____ tire repair and replacement service at very competitive rates.	(A) possible (B) numerous (C) mobile (D) natural
☐☐☐	**106**	To attract new customers, Weston Solar Group held a free information _____ at Hamilton Event Hall.	(A) session (B) design (C) laboratory (D) peak
☐☐☐	**107**	Marsden City has some _____ leftover in its budget as a result of the cancellation of the annual music festival.	(A) duties (B) funds (C) distractions (D) possibilities
☐☐☐	**108**	A new bridge will be built over the Stillwell River to _____ travel times across the city.	(A) reveal (B) reduce (C) remain (D) reform
☐☐☐	**109**	Employees will have an opportunity to _____ feedback to the organizers after the workshop.	(A) desire (B) attribute (C) retire (D) submit
☐☐☐	**110**	The roof of the shed should be checked _____ to determine whether any rust has developed.	(A) nearly (B) affordably (C) fairly (D) annually
☐☐☐	**111**	I would like to _____ you that the company banquet will be held on September 9 this year.	(A) remind (B) conclude (C) commend (D) suggest
☐☐☐	**112**	Matt Thornton won an award for his highly successful advertising _____ .	(A) payment (B) assumption (C) campaign (D) effect

Number	Question	
113	F&T Supermarket has _____ business at its Victoria store for more than 35 years.	(A) situated (B) forced (C) resided (D) conducted
114	This _____ can be redeemed for cash or goods at Normandy Department Stores.	(A) modification (B) coupon (C) reliability (D) situation
115	Ms. Schifrin's flight was _____ on account of inclement weather on the way from San Diego.	(A) expended (B) remedied (C) delayed (D) challenged
116	Please _____ out the enclosed registration form to activate your product warranty.	(A) sign (B) fill (C) push (D) call
117	You may direct any comments or _____ to the event organizers.	(A) concerns (B) minutes (C) peaks (D) controls
118	Although admission to the concert is free, it is necessary to _____ online to secure a seat.	(A) relate (B) nominate (C) consume (D) register
119	Mr. Maeda had several years of experience working at a publishing _____ before he became a writer.	(A) profession (B) consumer (C) firm (D) insight
120	I am writing to _____ an invitation to you and your wife to attend our grand opening.	(A) extend (B) allow (C) follow (D) comply

Number	Question	
121	Ms. Powell caught the _____ of audiences with her portrayal of Cynthia Smythe in the popular television drama, *Manor Mayhem*.	(A) attention (B) material (C) restriction (D) storage
122	Rasmussen Park is _____ by a team of dedicated groundskeepers with years of experience.	(A) instructed (B) charged (C) maintained (D) directed
123	Centrally located, the Ravenclaw Hotel has excellent _____ to both rail and bus networks.	(A) fields (B) insights (C) interest (D) access
124	Trip reports must be submitted _____ three days of your return.	(A) beyond (B) away from (C) within (D) because of
125	The barbecue was held at Friar's Park _____ the weather forecast was for rain.	(A) even if (B) beside (C) ever since (D) although
126	Mr. Monk planned to visit the theater _____ he was in Chicago for a conference.	(A) while (B) or (C) which (D) so
127	Please make sure you have the _____ paperwork with you when you come to create a new bank account.	(A) consistent (B) relevant (C) automatic (D) synthetic
128	The new soft drinks have been extremely popular _____ 18 to 30 year olds.	(A) along (B) among (C) besides (D) apart

Number	Question	
129	Stocksnap is an excellent online _____ for stock photographs and videos at very competitive prices.	(A) access (B) resource (C) normality (D) conversion
130	The salon is open daily from 10:00 A.M. to 7:00 P.M., _____ on Tuesdays.	(A) unless (B) except (C) despite (D) during
131	Miles Willow accepted a _____ at Hartley Engineering because it was closer to his home.	(A) contractor (B) laboratory (C) garment (D) position
132	Stallard House Apartments has a variety of _____ equipment on its third floor for tenants to use.	(A) fitness (B) code (C) prototype (D) flight
133	_____ a 20 percent price increase, sales of Fukuzawa brand wallpaper have increased drastically over the last 12 months.	(A) Once (B) Nonetheless (C) Despite (D) Since
134	You may submit your job application _____ by e-mail or online at www.brandonrefrigeration.com.	(A) either (B) both (C) neither (D) each
135	George Fielding's new book is an excellent source of _____ advice for new investors.	(A) dental (B) inclusive (C) financial (D) opposite
136	Representatives from the tourism _____ gathered at Vandelay Hotel for their yearly meeting.	(A) industry (B) finance (C) feedback (D) critic

	Number	Question	
☐☐☐	**137**	Purchases of items over $200 must be approved in advance by the _____ of administration.	(A) former (B) director (C) campaign (D) target
☐☐☐	**138**	The _____ of directors at Holloway Corporation is looking at ways to resolve the company's budgetary issues.	(A) branch (B) board (C) property (D) locality
☐☐☐	**139**	Artists who sell their work from booths _____ the west side of Hammond Square may have to pay rent in the future.	(A) until (B) withstanding (C) between (D) along
☐☐☐	**140**	Sales reports are _____ on the last Friday of the month unless it falls on a national holiday.	(A) durable (B) prudent (C) vacant (D) due
☐☐☐	**141**	Bel-a-Mi is a well _____ company widely known for producing quality cooking ingredients.	(A) established (B) admitted (C) machined (D) included
☐☐☐	**142**	In an effort to _____ corporate security, employees will have to use key cards to enter the building in future.	(A) import (B) specify (C) improve (D) remind
☐☐☐	**143**	The company is considering _____ or not to encourage employees to try telecommuting.	(A) although (B) either (C) only (D) whether
☐☐☐	**144**	Dalton Bridge will be closed for three days to _____ work crews to check on the structure and perform maintenance.	(A) modify (B) allow (C) respect (D) relate

Number	Question	
☐☐☐ **145**	A full list of employment _____ is available from the job description on the Callister Web site.	(A) updates (B) skills (C) benefits (D) appointments
☐☐☐ **146**	Princeton Accounting _____ a yearly banquet at Normandy Hotel to show appreciation to its employees.	(A) holds (B) seeks (C) passes (D) invests
☐☐☐ **147**	Ms. Greene's latest book _____ people to grow vegetables in their own home gardens.	(A) encourages (B) demonstrates (C) observes (D) enhances
☐☐☐ **148**	Everyone who _____ in the volunteer cleanup event in Galveston Park will receive a special T-shirt.	(A) personifies (B) permits (C) participates (D) predicts
☐☐☐ **149**	Ms. Tully was recently awarded for her _____ service contributions over the years.	(A) appointment (B) community (C) economy (D) enrollment
☐☐☐ **150**	A celebrity chef was hired to help _____ the hotel's new restaurant.	(A) specify (B) treat (C) receive (D) promote
☐☐☐ **151**	Ms. Danes said that she would _____ not have the vehicle repaired as she is planning on buying a new one.	(A) rather (B) prefer (C) exchange (D) spend
☐☐☐ **152**	Swalwell Technology has internship opportunities for local university students _____ the year.	(A) along (B) throughout (C) aboard (D) toward

	Number	Question	
☐☐☐	**153**	The GT654 smartphone has a very advanced camera that takes extremely _____ photographs even in low light.	(A) clear (B) broad (C) aware (D) residential
☐☐☐	**154**	The city council is seriously _____ a project that will double the town's water supply.	(A) competing (B) resorting (C) considering (D) trading
☐☐☐	**155**	Jobsnowone.com is the most popular choice for major _____ looking for qualified employees.	(A) appreciations (B) advancements (C) corporations (D) transactions
☐☐☐	**156**	The most recent sales _____ show that the company has successfully come out of its recent slump.	(A) settings (B) figures (C) regulations (D) warranty
☐☐☐	**157**	Maxwell Trail _____ to a cabin at the top of Howell's Peak, which is a popular destination for hikers.	(A) leads (B) locates (C) states (D) adheres
☐☐☐	**158**	StorePro software helps you keep a complete financial _____ of your online business.	(A) promotion (B) process (C) input (D) record
☐☐☐	**159**	The new advertising campaign has not yet been _____ by the director of the sales and marketing department.	(A) avoided (B) risen (C) approved (D) linked
☐☐☐	**160**	The _____ of rental vehicles is inspected carefully when they are returned.	(A) attraction (B) contribution (C) exception (D) condition

	161	An exhibition of artwork donated by the Foreman family will be held _____ the items have been completely cataloged.	(A) as for (B) prior (C) inasmuch as (D) once
	162	Please try to arrive at the venue early to _____ that you will get a seat.	(A) consume (B) ensure (C) notice (D) replace
	163	Ms. Wales called the online seller's helpline when she received an oven _____ of the frypan she ordered.	(A) rather (B) aside (C) instead (D) both
	164	Jamie Harper is held in high _____ by his colleagues because of all the assistance he provides.	(A) deal (B) position (C) regard (D) respect
	165	After they have worked at GeoTrend for five years, employees may _____ to take part in the management training program.	(A) project (B) apply (C) accept (D) impress
	166	An employee of Savage Painting will visit your home to provide an accurate _____ of the cost of your project.	(A) estimate (B) spoilage (C) availability (D) opposition
	167	Home delivery is _____ in the price of all items sold on www.antiqueking.com.	(A) retained (B) consisted (C) produced (D) included
	168	If there are any _____ with your air conditioner, a technician will be dispatched immediately.	(A) truths (B) blames (C) issues (D) proofs

Number	Question	
□□□ 169	Our current stock shortage means there is a _____ to the number of memory cards we can sell to each customer.	(A) plan (B) mode (C) width (D) limit
□□□ 170	It will be necessary to _____ the grand opening if the construction delays continue any longer.	(A) postpone (B) research (C) trust (D) view
□□□ 171	Shafston House is a historical building that is open to the _____ five days a week from 9:00 A.M. to 5:00 P.M.	(A) chapter (B) public (C) demonstration (D) practice
□□□ 172	Pauline's Steakhouse _____ received a glowing review in *Dining Out* magazine, and has been fully booked ever since.	(A) recently (B) never (C) severely (D) beforehand
□□□ 173	According to a recent _____, more and more people are becoming interested in moving to live in rural communities.	(A) party (B) motive (C) study (D) arrangement
□□□ 174	_____ the hotel offers a discount, we will have to find alternative accommodation for conference attendees.	(A) Whether (B) Ever since (C) Unless (D) Because of
□□□ 175	The CT45 carport is designed to house _____ up to 4.5 meters in length.	(A) analysis (B) vehicles (C) positions (D) beverages
□□□ 176	The company is investigating more cost-effective _____ of promoting its services.	(A) methods (B) economics (C) alerts (D) inventories

Number	Question	
177	Mr. Townsend was among the three top _____ for the position of CEO at FDR Finance.	(A) surpluses (B) trendsetters (C) programs (D) candidates
178	Garments from McAfee Fashion _____ stylish design with comfort and durability.	(A) enroll (B) confirm (C) combine (D) expect
179	All your accommodation and transportation _____ will be covered by Giordano Event Company.	(A) paychecks (B) directions (C) possibilities (D) expenses
180	Although he _____ Golden Imports, Mr. Gold is no longer involved in the day-to-day management of the company.	(A) founded (B) believed (C) examined (D) expected
181	Mr. Leitner _____ the human resources department that he would take an early retirement in December.	(A) fabricated (B) informed (C) discussed (D) directed
182	The city has _____ a new set of laws to improve the safety of elevators in commercial buildings.	(A) introduced (B) earned (C) attributed (D) signified
183	Ms. Pencil has been asked to _____ the opening of a new branch in Belize.	(A) agree (B) regain (C) oversee (D) pay
184	All plumbing work must be authorized in writing by the _____ owners.	(A) property (B) management (C) occasion (D) consideration

	Number	Question	
☐☐☐	**185**	There are substantial financial rewards for anyone who _____ clients to the business.	(A) amends (B) refers (C) relies (D) comments
☐☐☐	**186**	The interior design _____ the Central American roots of the restaurant's owners.	(A) graduates (B) participates (C) joins (D) reflects
☐☐☐	**187**	In a press _____ , the company announced that it would be merging with a competitor in the next few weeks.	(A) result (B) release (C) information (D) blockage
☐☐☐	**188**	If you hope to _____ a seat on the tour, you should make a reservation as soon as possible.	(A) figure (B) promote (C) secure (D) record
☐☐☐	**189**	Orphis Tech _____ in security software for large international corporations.	(A) ensures (B) specializes (C) negotiates (D) specifies
☐☐☐	**190**	Even _____ she had lived in Japan for five years, Ms. Logan was not able to speak the language fluently.	(A) if (B) since (C) because (D) though
☐☐☐	**191**	YTR contributed funds _____ the construction of a new wing on the Thornton Public Library.	(A) toward (B) along (C) except (D) onto
☐☐☐	**192**	Haliburton Consulting has been in business for more than 20 years and has offices _____ Canada.	(A) among (B) until (C) across (D) between

Number	Question	
193	Many members of the board of directors were _____ the plan to merge with Cranston Automotive.	(A) against (B) upon (C) through (D) about
194	Radio 2JZ's morning financial program provides an excellent _____ of business news in Queensland.	(A) distraction (B) retailer (C) analysis (D) permission
195	Wondercorp _____ users a monthly fee for access to its huge library of royalty-free music.	(A) charges (B) hosts (C) celebrates (D) requires
196	Armstrong Manufacturing has received several noise _____ from surrounding businesses.	(A) operations (B) complaints (C) achievements (D) acquisitions
197	Foods and beverages from Tully Co. _____ only locally grown, natural ingredients.	(A) impress (B) contain (C) direct (D) innovate
198	Harmer Dairy Company hired many _____ employees of Birch and Croft Desserts.	(A) entire (B) regardless (C) complimentary (D) former
199	_____ members voted to carry out preventative maintenance on the town's drainage system ahead of the rainy season.	(A) Foreman (B) Discovery (C) Merchandise (D) Council
200	Carleton Reflective Paint can _____ household energy bills by as much as seven percent in the summer.	(A) decrease (B) attend (C) complete (D) suppose

Number	Question	
201	Simmons Health Insurance has experienced huge _____ in its membership since it lowered its monthly rates.	(A) editorial (B) impression (C) growth (D) gathering
202	Grimes Research Institute has a vacancy on its staff for a _____ assistant.	(A) regulation (B) handbook (C) sequence (D) laboratory
203	Mr. Yates has had several jobs in the _____ field, the most significant of which was head of nursing at Wilson Hospital.	(A) curious (B) medical (C) absolute (D) eventual
204	Mr. Truman was able to _____ a large discount by offering to sign a 12-month contract.	(A) automate (B) clarify (C) negotiate (D) resemble
205	It is necessary to _____ a forklift operator's license to qualify for a job in the warehouse.	(A) aim (B) obtain (C) comply (D) field
206	The Millbury Farming Conference is a wonderful _____ to exchange information with other people in the agricultural industry.	(A) opportunity (B) ability (C) appliance (D) treatment
207	The restaurant opened early to _____ for a large group of tourists visiting from Spain.	(A) tend (B) monitor (C) settle (D) prepare
208	Mr. Peterson _____ the award for first place at the annual advertising awards in Seattle.	(A) detected (B) separated (C) presented (D) exceeded

		Question	
☐☐☐	209	_____ to working at Georgetown River Cruises, Todd Dawe was the captain of a large ocean liner.	(A) Proper (B) Popular (C) Purposeful (D) Prior
☐☐☐	210	First-time subscribers to the Winear Online Music streaming service _____ for discount tickets to many live concerts.	(A) qualify (B) double (C) disturb (D) prevent
☐☐☐	211	Mantapro has donated to the Shoreline Preservation Society on several _____ .	(A) profits (B) occasions (C) options (D) appeals
☐☐☐	212	Stockholm Fashion _____ people from many of the nation's top design schools.	(A) recruits (B) undergoes (C) withdraws (D) reverses
☐☐☐	213	As it is not possible to _____ parking spaces, concert-goers are advised to use public transportation.	(A) compose (B) urge (C) reserve (D) insist
☐☐☐	214	Freda's Café is popular with local _____ but relatively unknown to visitors to the area.	(A) solutions (B) refunds (C) residents (D) entertainments
☐☐☐	215	Collins Ice Cream has expanded its production capacity to better _____ customer demand.	(A) depict (B) satisfy (C) appoint (D) graduate
☐☐☐	216	Tomkins Roofing looks for _____ solutions to roofing problems to help its clients save money.	(A) economical (B) extensive (C) steady (D) essential

☐☐☐	**217**	The caterer has asked that we _____ the number of diners by Friday afternoon.	(A) organize (B) instruct (C) commute (D) specify
☐☐☐	**218**	By concentrating on customer needs, Hollywell Books was able to _____ despite the slow economy.	(A) conclude (B) expire (C) succeed (D) generalize
☐☐☐	**219**	Peter Chow was asked to _____ the trainees while the human resources officer was away for the day.	(A) last (B) mark (C) demand (D) supervise
☐☐☐	**220**	The Brookline Island Ferry can _____ up to 55 people and their luggage.	(A) accommodate (B) attend (C) renew (D) halt
☐☐☐	**221**	Ms. Walker sent each of the successful applicants an e-mail to _____ their approval and to suggest a start date.	(A) enclose (B) acknowledge (C) invent (D) own
☐☐☐	**222**	By doing well at the first round of interviews, Mr. Collins was able to _____ to the next stage of the evaluation process.	(A) advance (B) specify (C) comply (D) tend
☐☐☐	**223**	According to the terms of the supply _____ , Sanderson Beds must ship 3,000 beds a month to Freeman Furniture Stores.	(A) volunteer (B) representative (C) agreement (D) principal
☐☐☐	**224**	Generally speaking, sales _____ is considered an entry-level position with little opportunity for promotion.	(A) relevance (B) crop (C) associate (D) basis

Number	Question	
225	Hancock Floorings authorizes _____ employees to use company vehicles for work-related trips.	(A) potential (B) certain (C) respective (D) economical
226	Be sure to use this voucher at Tasty Treat Ice Cream before it _____ .	(A) expires (B) manages (C) detects (D) organizes
227	The board of directors is still reviewing the designs for the new sports _____ in Benowa.	(A) insurance (B) effect (C) surplus (D) facility
228	The government is offering _____ to young people with interesting business ideas.	(A) statements (B) terms (C) grants (D) reductions
229	A survey was used to _____ areas for improvement in product design.	(A) excel (B) notify (C) comply (D) identify
230	Ms. Leishman's experience as a lawyer was _____ what the company was looking for in the head of its legal department.	(A) exactly (B) lately (C) thoroughly (D) relatively
231	According to the terms of the _____ , the company is obliged to get permission before making alterations to the building.	(A) quote (B) lease (C) drawing (D) decade
232	Workers should closely _____ the temperature gauge on the factory equipment to make sure it does not overheat.	(A) monitor (B) approximate (C) emphasize (D) consider

	233	To _____ waste, the company has installed sensor light switches on each floor of the building.	(A) transport (B) expand (C) eliminate (D) complete
□□□	**234**	Please _____ any sales inquiries to Max Hargreaves until Ms. Harper returns from her vacation.	(A) forward (B) adopt (C) intend (D) weigh
□□□	**235**	Fluctuations in the cost of building materials have made it hard for contractors to provide _____ estimates.	(A) positive (B) precise (C) executive (D) contemporary
□□□	**236**	Please let the server know if you _____ a receipt for your meal.	(A) commission (B) dine (C) represent (D) require
□□□	**237**	Hotel guests should _____ that breakfast will only be served until 9:00 A.M.	(A) concern (B) note (C) expire (D) follow
□□□	**238**	Mr. Simms would _____ it if we all got together for his birthday.	(A) assign (B) involve (C) appreciate (D) represent
□□□	**239**	Further _____ will be made available from the Web site.	(A) achievements (B) details (C) landscapes (D) performances
□□□	**240**	A team of programmers was hired to _____ a smartphone app for the new security camera.	(A) resist (B) consult (C) finalize (D) develop

Number	Question	
☐☐☐ 241	Ms. Greene asked one of her acquaintances for an _____ to a financial expert.	(A) introduction (B) exception (C) opportunity (D) enterprise
☐☐☐ 242	It might be _____ to reschedule the trip if we can find a hotel vacancy.	(A) secure (B) temporary (C) possible (D) legal
☐☐☐ 243	John Tutor _____ a position at a rival firm that was offering better financial rewards.	(A) accepted (B) impressed (C) catered (D) gathered
☐☐☐ 244	You can _____ traffic congestion in the city center by using the new rail service.	(A) distribute (B) transfer (C) avoid (D) repeat
☐☐☐ 245	The film *Scotts Manor* is _____ on a true story from the life of Maxwell Scott.	(A) based (B) composed (C) deposited (D) departed
☐☐☐ 246	Before coming to AMG Television, Ms. Kling _____ a successful production company in Idaho.	(A) occupied (B) ran (C) tracked (D) recalled
☐☐☐ 247	Pete Dawn _____ on the Barton International Music Festival organizing committee for five years in a row.	(A) noted (B) served (C) certified (D) relocated
☐☐☐ 248	The _____ insurance rate for rental vehicles varies according to the age of the renter.	(A) mature (B) enthusiastic (C) close (D) daily

Number	Question	
□□□ 249	We _____ update our online catalog to include new products and special discount offers.	(A) literally (B) frequently (C) remarkably (D) evenly
□□□ 250	Mr. Ling retired from Murphy Law ending a long and successful _____ as an attorney.	(A) career (B) officer (C) function (D) selection
□□□ 251	The operating system in this _____ will automatically update itself once a week.	(A) failure (B) outline (C) device (D) pollution
□□□ 252	Waystar Photography has an _____ reputation among the high-profile businesses it serves.	(A) exhaustive (B) alternative (C) optional (D) excellent
□□□ 253	Although the election is a year away, there are currently five candidates for the position of _____ .	(A) luggage (B) instrument (C) mayor (D) insight
□□□ 254	All Royco products are covered by a 12-month warranty unless _____ stated.	(A) because (B) otherwise (C) also (D) as
□□□ 255	The Homesafe water tank is great for people living in rural areas during extended dry _____ .	(A) periods (B) ceremonies (C) itineraries (D) regards
□□□ 256	Helen Moore was recently made vice _____ of development and planning.	(A) conclusion (B) merger (C) anticipation (D) president

Number	Question	
257	Employees were given a pay _____ after the company posted record profits for three years in a row.	(A) remark (B) personnel (C) raise (D) judgment
258	Aganovic knives are not available from _____ stores and can only be purchased from the manufacturer's Web site.	(A) enthusiastic (B) steady (C) attractive (D) retail
259	Employees must always maintain a professional _____ when they are on duty.	(A) appearance (B) aspect (C) priority (D) caution
260	Unfortunately, whiteboard markers are now out of _____ and will not be available until next week.	(A) pharmaceutical (B) stock (C) attendance (D) commitment
261	When receiving the employee-of-the-year award, Ms. Marks thanked her team for their _____ .	(A) support (B) matters (C) encounter (D) permission
262	Passengers on Starr Airlines receive _____ via text messages when their flights are delayed.	(A) values (B) effects (C) alerts (D) actions
263	The company _____ to customers whose shipments arrived later than expected.	(A) registered (B) regarded (C) apologized (D) restored
264	When you send in your e-mail application, please remember to _____ your résumé.	(A) compensate (B) attach (C) research (D) validate

	Number	Question	
☐☐☐	**265**	According to a recent article, Presia is Australia's fastest growing hotel _____ .	(A) chain (B) account (C) activity (D) aisle
☐☐☐	**266**	If you have any questions about the banquet, please _____ them to the organizers.	(A) consider (B) arrive (C) permit (D) direct
☐☐☐	**267**	The Reinhart family recently _____ a huge collection of artworks to the Baker Museum of Art.	(A) practiced (B) rescheduled (C) donated (D) related
☐☐☐	**268**	Sparkways apologizes for any _____ suffered by customers during its brief closure.	(A) satisfaction (B) prescription (C) participant (D) inconvenience
☐☐☐	**269**	Interested _____ can learn more about the fun run by visiting the Web site.	(A) individuals (B) temperatures (C) logistics (D) registrations
☐☐☐	**270**	Preston ice cream is made with locally grown _____ from organic farms.	(A) colleagues (B) ingredients (C) details (D) receptions
☐☐☐	**271**	It is company policy to pay _____ within a week of receiving them.	(A) invoices (B) relations (C) exchanges (D) purchases
☐☐☐	**272**	Michael Segura has decided to _____ a range of men's accessories for sale in his stores.	(A) express (B) compete (C) launch (D) urge

Number	Question	
273	_____ joining the company, you will be issued with a uniform and a laptop computer.	(A) Into (B) Since (C) Upon (D) Until
274	Find great homes for sale in any _____ using the Realesta One app.	(A) promotion (B) neighborhood (C) preparation (D) broadcast
275	The North American Farming Convention attracts agricultural experts from across the _____ .	(A) region (B) presentation (C) nutrition (D) proof
276	Mortenson Engineering is _____ qualified welders for its new manufacturing plant in Palmerston.	(A) addressing (B) determining (C) reducing (D) seeking
277	Dolby Financial Advisors provides advice and strategies that are _____ to each client's specific needs.	(A) inspected (B) placed (C) tailored (D) merged
278	The IT section is responsible for providing general _____ advice and solving networking issues.	(A) entire (B) eligible (C) patient (D) technical
279	Because the hotel's elevators are now 20 years old, we _____ some mechanical issues from time to time.	(A) stabilize (B) anticipate (C) establish (D) initiate
280	Plymouth Plumbing uses only _____ grade fittings in all of its projects.	(A) commercial (B) successful (C) previous (D) patient

Number	Question	
281	The Douglass Street store is _____ for customers because of its large parking lot.	(A) wholesale (B) precise (C) convenient (D) regional
282	To get rid of its excess _____ , Miller Tires holds an annual clearance sale.	(A) security (B) calculation (C) inventory (D) transport
283	You should renew your _____ before it expires by visiting the Web site.	(A) compensation (B) membership (C) industry (D) retailer
284	Shipments from Dalton Meatworks should be placed in the refrigerator _____ upon delivery.	(A) promptly (B) beforehand (C) afterward (D) simply
285	Robert Odanaka _____ worked as a lawyer, so he has an excellent knowledge of corporate law.	(A) immediately (B) increasingly (C) possibly (D) previously
286	Many of our employees _____ to work by bicycle, so a parking shelter would certainly be appreciated.	(A) appear (B) commute (C) invest (D) authorize
287	_____ , Ms. Grant will not be available for consultations this week as she is on a business trip.	(A) Unfortunately (B) Considerably (C) Nationally (D) Properly
288	The food took almost an hour to prepare. _____ some of our guests were served the wrong dishes.	(A) Consequently (B) Therefore (C) Moreover (D) Similarly

Number	Question	
289	Mr. Natividad will be away from the office all week. _____ , Ms. Cho will not return from her business trip until Friday evening.	(A) Accordingly (B) In as much as (C) However (D) Likewise
290	The price of timber has increased significantly. _____ , we must take this into account when estimating the cost of construction projects.	(A) Therefore (B) In contrast (C) For example (D) In summary
291	At FRD Supermarkets, shopping bags are no longer provided for free. _____ , you can purchase them for a minimal fee.	(A) Nevertheless (B) Otherwise (C) In addition (D) Similarly
292	At the _____ of the workshop, the presenter asked the participants to fill out a survey.	(A) criterion (B) obligation (C) conclusion (D) expiration
293	In order to fill the empty positions, the human resources department placed an _____ in a local newspaper.	(A) advertisement (B) expense (C) endeavor (D) organization
294	Even though it was highly _____ by critics, Mads Simmons' new film failed to make a profit.	(A) overlooked (B) established (C) weighed (D) rated
295	Reimbursements for business trip-related purchases will be included in your monthly _____ .	(A) pharmacy (B) pay (C) preference (D) promise
296	Many people are choosing to live in Fielding's Creek because the _____ is more reasonable there.	(A) entry (B) ideal (C) rent (D) length

	Number	Question	
☐☐☐	297	The _____ of the instruction at Milford Technical Academy is second to none.	(A) accomplishment (B) quality (C) exposure (D) publicity
☐☐☐	298	Peter Beaumont played soccer on his local team for several years before he turned _____ .	(A) complete (B) advantageous (C) partial (D) professional
☐☐☐	299	All of the rooms at Seaside Lodge have magnificent _____ of the ocean.	(A) views (B) wishes (C) scenes (D) proofs
☐☐☐	300	Ms. Meyer's magazine article _____ on works by contemporary Canadian artists.	(A) authorizes (B) continues (C) focuses (D) merges
☐☐☐	301	Mr. Truman has been in his _____ position as company president for 20 years.	(A) current (B) visible (C) affordable (D) ancient
☐☐☐	302	Steve Yeardley was suggested as the new head of _____ for the facility.	(A) income (B) beverage (C) security (D) accuracy
☐☐☐	303	XFactor Online Video is a proud _____ of the Stanford Amateur Film Awards.	(A) sponsor (B) mentor (C) venture (D) consumer
☐☐☐	304	A list of _____ club events will be mailed to members along with the monthly newsletter.	(A) cautious (B) upcoming (C) eager (D) generous

Number	Question	
305	Employee photographs will _____ in the company directory when it is published.	(A) appear (B) restore (C) imply (D) contribute
306	Hotel guests may leave their luggage in our _____ lockers for up to 10 hours after they check out.	(A) innovation (B) conflict (C) plumber (D) storage
307	According to the product _____ the XR15 photocopier is the fastest copier on the market.	(A) consideration (B) confidence (C) accomplishment (D) description
308	With plenty of accommodation and event spaces, Springfield _____ more than 50 conferences every year.	(A) hosts (B) encloses (C) contributes (D) adopts
309	Ms. Brand was nominated for an award for her _____ contributions to the community.	(A) potential (B) outstanding (C) former (D) minimal
310	_____ from the city council will speak with homeowners about their safety concerns.	(A) Permissions (B) Reputations (C) Calculators (D) Officials
311	Patrick Uskert used a _____ release to announce his plan to retire as CEO of Uskert Industries.	(A) distribution (B) press (C) collaboration (D) paperwork
312	Martin Scout is the _____ of several best-selling books including *Big Data Archeology*.	(A) clarity (B) outline (C) author (D) manuscript

Number	Question	
313	The Regal Ballroom is often used for smaller events and family _____ .	(A) ventures (B) celebrations (C) portfolios (D) insights
314	The _____ on the skateboard was inspired by artists from Central America.	(A) graphic (B) initiative (C) compensation (D) expiration
315	New quality control _____ have drastically improved the reputation of Milton Appliances.	(A) admissions (B) limits (C) editions (D) standards
316	The assistant _____ is responsible for identifying publishing projects with high sales potential.	(A) detour (B) attorney (C) editor (D) portion
317	Four large flower _____ are needed for display in the hotel lobby.	(A) references (B) commentaries (C) observers (D) arrangements
318	Line cooks are to be constantly monitored by the executive _____ .	(A) chef (B) receptionist (C) lapse (D) retiree
319	All inquiries must be answered by a customer service _____ within 24 hours.	(A) guide (B) agent (C) courtesy (D) garment
320	Hanson Hotel is in heart of Chicago's financial _____ , making it perfect for business travelers.	(A) dedication (B) district (C) utility (D) element

問題	Q	Question

		Question	
☐☐☐	321	The next edition of *Motorcycle Maintenance for Beginners* will include an additional _____ to cover tire repair.	(A) character (B) luggage (C) chapter (D) stair
☐☐☐	322	The office storage room is currently full of outdated _____ equipment.	(A) repetitive (B) urgent (C) electronic (D) intense
☐☐☐	323	The clinic's hours of _____ are clearly written on the front door.	(A) preparation (B) operation (C) criterion (D) personnel
☐☐☐	324	Ms. Ellington is a _____ guest at the Giordano Hotel because of its convenient location and reasonable rates.	(A) regular (B) productive (C) fierce (D) primary
☐☐☐	325	Wilson Advertising has a small production studio in its _____ in New York.	(A) coverage (B) reputation (C) faculty (D) headquarters
☐☐☐	326	_____ to the annual company banquet will be mailed on September 19.	(A) Expirations (B) Attachments (C) Invitations (D) Obligations
☐☐☐	327	Hartford Museum's latest _____ is attracting visitors from around the state.	(A) portfolio (B) statistic (C) dealer (D) exhibit
☐☐☐	328	Some customers have been noticing that their water _____ are higher than usual.	(A) bills (B) circumstances (C) disposals (D) rumors

Number	Question	
329	Festival organizers are looking for a _____ location for this year's comic book festival.	(A) numerous (B) suitable (C) strict (D) typical
330	The new solar panels from GTY are a _____ improvement over previous models in terms of power generation and design.	(A) significant (B) feasible (C) contrary (D) fragile
331	Malcolm Harding will _____ a presentation on the research he has been doing for Stinson University of Science.	(A) dispose (B) enroll (C) deliver (D) engage
332	A new public address system has been installed to make it easier for travelers to hear _____ anywhere in the station.	(A) contributions (B) circumstance (C) announcements (D) patience
333	Despite the huge _____ of money that was spent on the theater's renovations, the roof still leaks in heavy rain.	(A) residence (B) amount (C) enterprise (D) prospect
334	Employees at the production company offered several great _____ for future online videos.	(A) suggestions (B) suburbs (C) revivals (D) speculations
335	Ms. Durant immediately _____ to an e-mail inquiry about her involvement in the building's design.	(A) adjusted (B) excused (C) explored (D) responded
336	VDE Industries has subscriptions to several trade _____ , although few employees read them.	(A) behaviors (B) vacancies (C) publications (D) recipients

Number	Question	
337	Reimbursement cannot be provided for purchases without an itemized _____ .	(A) demolition (B) asset (C) substance (D) receipt
338	Surveys show that guests are especially impressed with the hotel's _____ staff.	(A) helpful (B) avid (C) artificial (D) endangered
339	Porteous Consultancy Group can help any company improve its profitability no _____ how big or small.	(A) divider (B) matter (C) complication (D) remainder
340	Library _____ should be aware that books in the reference section cannot be taken out of the building.	(A) patrons (B) desires (C) suppliers (D) vessels
341	Employees are reminded to leave their parking _____ on the dashboard of their car.	(A) disposals (B) scarcities (C) permits (D) durations
342	A copy of the meeting _____ has been e-mailed to each of the attendees.	(A) success (B) internship (C) agenda (D) distance
343	Conference-goers receive a name badge at _____ when they arrive at the convention center.	(A) instruction (B) reception (C) formation (D) compensation
344	There are bulk discounts available for customers who order large _____ of tiles.	(A) quantities (B) resignations (C) commands (D) interventions

	Number	Question	
☐☐☐	345	A _____ of the report must be inspected for errors before it is submitted to head office.	(A) disposal (B) scarcity (C) trend (D) draft
☐☐☐	346	Technicians _____ that the cables in the server room required replacement.	(A) distributed (B) explored (C) determined (D) resumed
☐☐☐	347	All of the products in the _____ have been tested and reviewed by Harper Fashion.	(A) treatment (B) transfer (C) congestion (D) brochure
☐☐☐	348	If you would like to transfer to another _____ , you must submit a request to your local manager.	(A) branch (B) survey (C) interest (D) expansion
☐☐☐	349	It took the mechanics several hours to find the _____ of the bus's breakdown.	(A) purpose (B) cause (C) service (D) designation
☐☐☐	350	It is important to speak with an expert before making important financial _____ .	(A) decisions (B) industries (C) productions (D) efficiencies
☐☐☐	351	The City of London Walking Tour includes over 12 important _____ sites.	(A) dependent (B) current (C) historic (D) demanding
☐☐☐	352	The _____ design for the tractor did not have a radio or air conditioning.	(A) initial (B) mutual (C) exceptional (D) scenic

Number	Question	
353	The real _____ agent took her clients to five different addresses before they found something suitable.	(A) distance (B) estate (C) content (D) domain
354	_____ studies have shown that age has a big effect on smartphone gaming preferences.	(A) Reflective (B) Symbolic (C) Inactive (D) Multiple
355	All survey responses will _____ confidential, so please answer thoroughly and truthfully.	(A) dismiss (B) remain (C) dictate (D) invest
356	A _____ will be held to mark the grand opening of the new community center.	(A) permission (B) postage (C) ceremony (D) donation
357	The _____ instructors at Colbert Golf School will help you improve your swing in a matter of hours.	(A) disposal (B) expert (C) initiative (D) commercial
358	Drew Workwear is made with a heavy-duty _____ that is resistant to tearing and staining.	(A) intermission (B) refreshment (C) subsidy (D) fabric
359	The job fair will provide information on a wide _____ of professions.	(A) range (B) possession (C) payroll (D) endeavor
360	Employees should ask for _____ if they are not confident carrying out any task.	(A) inventory (B) opportunity (C) assistance (D) surcharge

	361	There is a _____ store on Warner Street that sells fresh fruit and vegetables.	(A) grocery (B) quarter (C) timber (D) trademark
☐☐☐	362	Callister Supermarket mails _____ to addresses within a seven-kilometer radius of the store.	(A) hazards (B) detours (C) flyers (D) respects
☐☐☐	363	Bruce Marshal Five will perform concerts in most _____ North American cities.	(A) major (B) versatile (C) measurable (D) consistent
☐☐☐	364	Mr. Ohno is _____ for maintaining the fleet of delivery vehicles at Vance Transportation.	(A) feasible (B) responsible (C) relevant (D) reasonable
☐☐☐	365	Jane Lopez submitted her _____ to five photography studios and received replies from two.	(A) source (B) résumé (C) shortage (D) transaction
☐☐☐	366	You must bring two forms of _____ when you apply for your chemical handler's license.	(A) publicity (B) promotion (C) circumstance (D) identification
☐☐☐	367	There are still three exhibition _____ ready for rent at the Colorado Mountain Climbing Convention.	(A) appeals (B) gains (C) permissions (D) booths
☐☐☐	368	Few _____ in Portland have as much seating as Potter Stadium.	(A) venues (B) expenses (C) effects (D) materials

☐☐☐	**369**	Discount tickets are available for students, but you must show a _____ student ID.	(A) culinary (B) silent (C) valid (D) thorough
☐☐☐	**370**	Experience working in a busy kitchen is not _____, but it is certainly an advantage.	(A) administrational (B) spectacular (C) remarkable (D) necessary
☐☐☐	**371**	_____ must store their suitcases in the special section at the rear of each train carriage.	(A) Entrepreneurs (B) Passengers (C) Summaries (D) Itineraries
☐☐☐	**372**	There is a _____ bus service between the Ibis Hotel and Seattle's International and Domestic Airports.	(A) praise (B) shortage (C) shuttle (D) funding
☐☐☐	**373**	Helen Rogers is in charge of the company's marketing _____ .	(A) accolade (B) strategy (C) impression (D) priority
☐☐☐	**374**	First-time Xphayz Mobile Network _____ get their first three months free.	(A) subscribers (B) properties (C) households (D) facilities
☐☐☐	**375**	This Friday evening, FTJ Cinema will mark its 10th _____ with a free showing of *Star Crash*.	(A) designation (B) monument (C) commentary (D) anniversary
☐☐☐	**376**	This weekend a team of workers will be removing expired items from the _____ .	(A) doubts (B) customization (C) warehouse (D) expenses

Number	Question	
377	It is time to replace the current air conditioners with a more _____ model.	(A) efficient (B) detailed (C) diverse (D) harmful
378	If any item is out of stock, please mention the problem to the manager on _____ .	(A) stress (B) duty (C) wealth (D) usage
379	TRW industrial dishwashers can _____ huge loads of dishes and bowls.	(A) handle (B) transfer (C) unite (D) value
380	Todd Mackenzie _____ a committee that created a shoreline protection plan for Normandy Beach.	(A) contributed (B) consisted (C) doubted (D) chaired
381	*City Dining Magazine* featured a _____ of Chivon Harkonen, the head chef at Maurice's Seafood Restaurant.	(A) review (B) reservation (C) profile (D) resident
382	Davis Tech offers customers amazing _____ on computers and peripheral devices.	(A) strengths (B) savings (C) marks (D) origins
383	All employees at Sheffield Publishing get experience working in _____ departments.	(A) various (B) precise (C) reduced (D) severe
384	The network will be shut down for two hours tomorrow while _____ are carried out on the server.	(A) hotlines (B) representatives (C) deductions (D) upgrades

Number	Question	
385	_____ at Dr. Winchester's presentations are encouraged to ask questions and offer comments.	(A) Necessities (B) Promotions (C) Audiences (D) Relatives
386	PJ's Posters is sad to announce that it will be closing all but its _____ store.	(A) term (B) publicity (C) locality (D) downtown
387	Applicants for the chief researcher position must hold an advanced _____ in chemistry or biology.	(A) degree (B) indication (C) attempt (D) inspiration
388	Please ensure that your name is marked on your uniform so that you receive the _____ one back from the laundry.	(A) reduced (B) correct (C) skillful (D) efficient
389	On Tuesdays and Thursdays, GB Attorneys offers free _____ advice at its Miami office.	(A) legal (B) attractive (C) vacant (D) negotiable
390	The seats in the Hudson Hurricane are _____ uncomfortable on long drives.	(A) freely (B) habitually (C) particularly (D) boldly
391	Skole brand speakers have received overwhelmingly _____ reviews on the Nileways Online Shopping Web site.	(A) innovative (B) absent (C) positive (D) available
392	Vincent's leather cream is a great way to _____ your leather products from sun damage.	(A) approach (B) protect (C) arrange (D) force

Number	Question	
393	KC's Asian Supermarket _____ to people looking to cook authentic Asian dishes in the Holden Area.	(A) caters (B) estimates (C) hastens (D) certifies
394	_____ to Xanadu Botanical Gardens is just $10 for adults and $5 for students.	(A) Indication (B) Publicity (C) Regularity (D) Admission
395	People wishing to hold events at Blackwell Park must _____ the appropriate permits from Ryder City Council.	(A) implement (B) pack (C) acquire (D) populate
396	The _____ who designed the new Gibraltar Bank building received an award from an industry association.	(A) accountant (B) origin (C) participant (D) architect
397	Ms. Popov's company gave her special _____ for attracting hundreds of new clients.	(A) recognition (B) questionnaire (C) necessity (D) procedure
398	General Carpet Cleaning Company has almost doubled its _____ by posting videos of its work online.	(A) notice (B) revenue (C) venture (D) reduction
399	Facing increased _____ for contracts, Peterson Signwriters has lowered its rates and started offering illuminated signboards.	(A) competition (B) physician (C) reality (D) pharmaceutical
400	Food ran out at the festival because the _____ was much larger than expected.	(A) shortness (B) supply (C) crowd (D) exception

【コラム】
Column

コーパスから作られた「使用頻度順リスト」にはランクインしなかったものの、意外と間違えやすい・忘れやすい単語を集めました。

	見出し語	品詞	訳
941	amend	動	～を修正する
942	assume	動	～を本当だと思う
943	attribute	動	～のせいにする
944	commend	動	～をほめる
945	compose	動	～を組み立てる
946	consist	動	成る
947	detect	動	～を見つける
948	force	動	～に強いる
949	imply	動	～をほのめかす
950	insist	動	～と主張する
951	invent	動	～を発明する
952	observe	動	～を観察する
953	oppose	動	～に反対する
954	practice	動	～を練習する
955	predict	動	～を予言する
956	relate	動	～を関連させる
957	resemble	動	～に似ている
958	sort	動	～を分類する
959	trust	動	～を信用する
960	utilize	動	～を利用する

4 解答

正解・不正解だけでなく、あやふやな単語は
必ず対応番号から単語編で確認しましょう。

Number	Answer

□□□ **001**

【正解】 **A**

Staff members are asked not to **park** their vehicles in any of the spaces at the front of the office.
（職員は事務所の前のスペースに乗物を停めないよう求められている。）
(A) park（〜〈自動車〉を駐車する）002　　(B) sort（〜を分類する）
(C) carry（〜を運ぶ）011　　　　　　　(D) assign（〜を割り当てる）566

□□□ **002**

【正解】 **B**

Product samples are on **display** in a locked cabinet in our main showroom.
（製品サンプルはメインショールームの鍵のかかったキャビネットの中に展示されている。）
(A) feature（特徴）155　　(B) display（展示）004
(C) usage（使い方）938　　(D) location（場所）105

□□□ **003**

【正解】 **D**

After the event, the chairs should be **stacked** and stored in the room beneath the stairs of the auditorium.（イベントの後、椅子は積み重ねられて、講堂の階段の下の部屋の中に保管されなければならない。）
(A) defended（守られた）　　(B) held（持たれた）220
(C) stood（立てられた）　　(D) stacked（積み重ねられた）005

□□□ **004**

【正解】 **B**

The refrigerator was disposed of because it would be too expensive to **repair**.
（冷蔵庫は修理する方がずっと高くつくので処分された。）
(A) pave（〜を舗装する）　　(B) repair（〜を修理する）009
(C) involve（〜を含む）562　　(D) amend（〜を修正する）941

□□□ **005**

【正解】 **C**

Various **merchandise** is available at the giftshop at the stadium's entrance.
（競技場の入口の土産物店でさまざまな商品が入手できる。）
(A) evidence（証拠）910　　(B) research（調査）173
(C) merchandise（商品）012　　(D) beauty（美しさ）

□□□ **006**

【正解】 **D**

Customer files are stored in a locked filing **cabinet** to ensure privacy is maintained.
（顧客ファイルはプライバシー保護が維持されるために鍵のかかったファイルキャビネットの中にしまわれている。）
(A) removal（撤去）018　　(B) installation（取り付け）026
(C) station（駅）　　(D) cabinet（キャビネット）015

□□□ **007**

【正解】 **A**

It took the team over an hour to sort through the **pile** of documents on the counter.
（チームがカウンターの上の資料の山を整理するのに1時間以上かかった。）
(A) pile（積み重ね）017　　(B) half（半分）
(C) form（用紙）076　　(D) trial（試し）937

□□□ **008**

【正解】 **C**

Please read the instructions from beginning to end before attempting to **assemble** the shelving unit.
（棚を組み立てようとする前に説明書を最初から最後まで読んでください。）
(A) decide（〜を決める）558　　(B) merge（〜を合併する）653
(C) assemble（〜を組み立てる）024　　(D) qualify（〜の資格を与える）285

☐☐☐ **009**

【正解】
A

The factory **faced** a lot of obstacles in raising its production capacity.
(工場は生産力を上げるのに、たくさんの障害に直面した。)
(A) faced(〜に直面した) 025　　　(B) informed(〜〈人〉に知らせた) 256
(C) resembled(〜に似ていた) 957　　(D) stored(〜を保管した) 013

☐☐☐ **010**

【正解】
B

It is time to update the reading **material** in the clinic's waiting room.
(クリニックの待合室にある読み物を新しくする時だ。)
(A) solution(解決策) 339　　　　　　　(B) material(資料) 031
(C) assignment(〈割り当てられた〉仕事) 125　　(D) decision(決定) 558

☐☐☐ **011**

【正解】
D

A temporary location is being used while the company's new headquarters is under **construction**.
(新しい本社が建設中の間、一時的な場所が使われている。)
(A) direction(方向) 447　　　　　　(B) profession(専門職) 503
(C) communication(コミュニケーション)　(D) construction(建設) 036

☐☐☐ **012**

【正解】
A

For insurance reasons, drivers must **load** all goods onto the truck themselves.
(保険上の理由で、運転手は全ての荷物を自分でトラックに積み込まなければならない。)
(A) load(〜を〈車などに〉積む) 039　　(B) choose(〜を選ぶ)
(C) utilize(〜を利用する) 960　　　　(D) participate(参加する) 222

☐☐☐ **013**

【正解】
C

The office needs to be **rearranged** to accommodate the new employees.
(オフィスは新入社員を入れるために再び配置し直す必要がある。)
(A) desired(強く望まれた) 904　　　(B) maximized(最大化された)
(C) rearranged(配置し直された) 044　　(D) amazed(驚いた)

☐☐☐ **014**

【正解】
B

ProServe has been France's most popular **cookware** manufacturer for more than 50 years.
(ProServe社は、50年以上の歴史のあるフランスで最も有名な調理器具の製造会社だ。)
(A) ownership(所有) 414　　(B) cookware(調理器具) 050
(C) imagination(想像)　　　(D) characteristic(特徴)

☐☐☐ **015**

【正解】
C

Many staff members requested a set of desk **drawers** where they can store personal items.
(多くの社員が私物を収納できる机の引き出し一式を要求した。)
(A) drives(ドライブ)　　　(B) matts(マット)
(C) drawers(引き出し) 019　　(D) lifts(リフト)

☐☐☐ **016**

【正解】
D

Yale Constructions has years of experience adding **patios** to existing structures.
(Yale Constructions社は現行の建物に中庭を付け加える長年の経験を持っている。)
(A) errors(誤り)　　　　　(B) suspensions(サスペンション)
(C) settings(環境) 932　　(D) patios(中庭) 040

Number	Answer

□□□ **017**

Repair workers used a **ladder** to access the building's roof.
(修理工は建物の屋根に上がるためにはしごを使った。)

【正解】
C

(A) wheelbarrow（手押し車）**939** (B) trolley（台車）
(C) ladder（はしご）**030** (D) receptacle（容器）

□□□ **018**

Organizers have **placed** refreshment stations at two-kilometer intervals along the course.
(運営者はコースに沿って2キロおきに飲み物コーナーを設置した。)

【正解】
D

(A) decided（〜を決めた）**558** (B) collected（〜を集めた）
(C) brought（〜を持ってきた） (D) placed（〜を置いた）**007**

□□□ **019**

The software updates will be **installed** automatically outside business hours.
(ソフトウェアのアップデートは業務時間外に自動でインストールされる。)

【正解】
B

(A) turned（回転された） (B) installed（インストールされた）**026**
(C) stated（表明された）**354** (D) specified（詳細に述べられた）**292**

□□□ **020**

Factory workers must **wear** protective clothing whenever they are on the production line. (工場で働く人は、生産ラインにいるときはいつも防護服を身に着けていなければならない。)

【正解】
A

(A) wear（〜を身に着けている）**028** (B) attend（〜に出席する）**078**
(C) regard（〜と見なす）**239** (D) charge（〜を請求する）**271**

□□□ **021**

The new **backpack** from Carter Accessories is perfect for an overnight stay in a hotel.
(Carter Accessories社の新しいバックパックはホテルでの一泊に最適だ。)

【正解】
C

(A) stack（積み重ね）**005** (B) effort（努力）**909**
(C) backpack（バックパック）**029** (D) merger（合併）**653**

□□□ **022**

The hospital uses an automated system to **water** the lawns on the eastern side of the property.
(病院は建物の東側の芝生に水をまくための自動システムを使っている。)

【正解】
C

(A) release（〜を発売する）**262** (B) conclude（〜と結論を下す）**491**
(C) water（〜に水をまく）**006** (D) gain（〜を獲得する）**280**

□□□ **023**

Mail is delivered to the various departments using a specially made **cart**.
(郵便物は特製のカートを使って、さまざまな部門に配達される。)

【正解】
B

(A) border（境界） (B) cart（カート）**008**
(C) fashion（ファッション） (D) mark（印）

□□□ **024**

It will be necessary to replace the **sign** on the building's façade if the company is renamed.
(社名が変更されるなら、ビルの正面の看板も取り替える必要があるでしょう。)

【正解】
D

(A) shelter（シェルター） (B) pane（窓ガラス）**925**
(C) position（位置）**203** (D) sign（看板）**010**

	Number	Answer

025

【正解】
D

The lobby of the Xanadu Hotel has a high **ceiling** with ornate chandeliers.
(Xanadu ホテルのロビーには装飾の施されたシャンデリアのある高い天井がある。)
(A) nature（自然）   (B) measure（寸法） 330
(C) mission（任務）   (D) ceiling（天井） 035

026

【正解】
A

The Duravan from TYR Motors can **carry** as many as 10 adults in comfort.
(TYR Motors社のDuravanは、10人もの大人を快適に運ぶことができる。)
(A) carry（〜を運ぶ） 011   (B) mount（〜を取り付ける）
(C) cause（〜を引き起こす） 557   (D) propose（〜を提案する）

027

【正解】
C

The food for the barbecue is being **stored** in a refrigerator on the fourth floor.
(バーベキュー用の食材が4階の冷蔵庫にしまわれているところだ。)
(A) served（〜を供した） 418   (B) applied（適用された） 240
(C) stored（保管された） 013   (D) selected（選ばれた）

028

【正解】
C

Goldman's stocks a massive range of office **furniture** including conference tables and even podiums.（Goldman's社は会議用テーブルや演台さえも含めた膨大な種類のオフィス家具をそろえている。）
(A) expenditure（経費） 254   (B) leisure（余暇）
(C) furniture（家具） 016   (D) knowhow（ノウハウ）

029

【正解】
B

Ms. Chang **pointed** at an old air conditioner when talking about reasons for the apartment's high electricity bill. （Changさんはアパートの高額な電気料金の請求書の理由について話している時に、古いエアコンを指さした。）
(A) argued（議論した）   (B) pointed（〜を指さした） 041
(C) responded（返答した） 543   (D) invented（〜を発明した） 951

030

【正解】
D

Students often **prop** bicycles against the fence causing it to bend under the weight.
(生徒たちはしばしば自転車をフェンスに立てかけるので、その重みでフェンスが曲がってしまう。)
(A) recommend（〜を推奨する） 600   (B) insure（〜を保証する） 304
(C) limit（〜を制限する） 244   (D) prop（〜をもたせかける） 043

031

【正解】
D

Many customers cancel their orders when they learn that products may not **reach** them in time.
(多くの顧客は製品が時間通りに届かないかもしれないと知ると注文をキャンセルする。)
(A) attain（〜を達成する）   (B) get（〜を得る） 280
(C) refer（言及する） 260 .   (D) reach（〜に届く） 022

032

【正解】
A

A member of the staff should **sweep** the area in front of the entrance before our important guests arrive.
(スタッフのメンバーは、大切なお客様が到着する前に玄関の前を掃除すべきだ。)
(A) sweep（〜を掃除する） 046   (B) oppose（〜に反対する） 953
(C) kneel（ひざまずく）   (D) greet（〜にあいさつをする）

解答 A

	Number	Answer

☐☐☐ **033** 【正解】 **B**

Copy paper of various sizes is stored on a **shelf** in the storage room.
(さまざまなサイズのコピー用紙が保管室の棚の上に保管されている。)
(A) limb（大枝）　　　　　　　　(B) shelf（棚）`023`
(C) suggestion（提案）`544`　　　(D) normality（正常）`920`

☐☐☐ **034** 【正解】 **A**

Many of the desks at the West Bank office have been **unoccupied** since the merger.
(West銀行の事務所の机の多くは合併以来空いている。)
(A) unoccupied（占有されていない）`048`　　(B) undone（なされていない）
(C) unpaid（未払いの）　　　　　　　　　　(D) unresolved（未解決の）

☐☐☐ **035** 【正解】 **C**

The **awning** at the front of the café should be replaced as soon as possible.
(カフェの前の日よけはできるだけ早く交換されるべきだ。)
(A) potential（可能性）`333`　　(B) value（価値）`403`
(C) awning（日よけ）`049`　　　(D) assessment（意見）

☐☐☐ **036** 【正解】 **A**

Nileways Home Shopping guarantees that **orders** are delivered within two weeks.
(Nilewaysホームショッピングは注文したものは2週間以内に配達されると保証している。)
(A) orders（注文）`051`　　　　　(B) versions（版）
(C) attractions（魅力）`642`　　(D) reasons（理由）

☐☐☐ **037** 【正解】 **B**

Due to *Slow Dance*'s popularity, it is necessary to **book** tickets at least two months in advance. 『Slow Dance』の人気のために、少なくとも2カ月前にチケットを予約する必要がある。)
(A) observe（〜を観察する）`952`　　(B) book（〜を予約する）`053`
(C) note（〜に注意を払う）`401`　　(D) prefer（〜を好む）`434`

☐☐☐ **038** 【正解】 **B**

Mr. Brubeck **arrived** at work one hour early in order to call a client in London.
(Brubeckさんは、ロンドンの顧客に電話するために1時間早く職場に着いた。)
(A) remained（〜のままであった）`564`　　(B) arrived（着いた）`055`
(C) inquired（尋ねた）`597`　　　　　　　　(D) consisted（成った）`946`

☐☐☐ **039** 【正解】 **C**

Mr. DePalma has agreed to give the keynote speech at the **conference**.
(DePalmaさんは会議で基調講演をすることに同意した。)
(A) formality（形式的なこと）　　　　(B) restoration（回復）`680`
(C) conference（会議）`052`　　　　　(D) promotion（昇進）`182`

☐☐☐ **040** 【正解】 **B**

At the book signing event, Mr. Akiyoshi signed more than 300 **copies** of his latest novel.
(本のサイン会でAkiyoshiさんは300部以上の彼の最新の小説にサインをした。)
(A) opponents（相手）`923`　　(B) copies（部）`056`
(C) selections（選択）`931`　　(D) efforts（努力）`909`

	Number	Answer

☐☐☐ **041**

【正解】 **A**

Employees should **update** their accounting software before starting work this morning.

(従業員は今朝仕事を始める前に、彼らの会計ソフトを更新すべきだ。)

(A) update (〜を更新する) 058   (B) determine (〜を決定する) 553
(C) trust (〜を信用する) 959   (D) reply (返事をする) 543

☐☐☐ **042**

【正解】 **C**

A party was organized to welcome the new **department** head to the Springfield branch.

(Springfield支店に新しい部長を迎えるためにパーティーが催された。)

(A) conclusion (結論) 491   (B) shipment (発送) 072
(C) department (部) 059   (D) rental (賃貸) 093

☐☐☐ **043**

【正解】 **A**

Packages marked as "fragile" are always handled with extreme care.

(「こわれもの」と記された荷物は、いつも最大限の注意をもって取り扱われる。)

(A) Packages (荷物) 060   (B) Predictions (予言)
(C) Occasions (時) 389   (D) Details (細部) 406

☐☐☐ **044**

【正解】 **C**

If you are happy with your new computer mouse, please write a **product** review on the Web site. (新しいコンピュータのマウスに満足したら、製品のレビューをウェブサイトに書いてください。)

(A) negative (否定的な) 613   (B) project (計画) 057
(C) product (製品) 061   (D) reason (理由)

☐☐☐ **045**

【正解】 **A**

Construction of the new office was delayed because of ground conditions at the **site**.

(現場の地面の状態のために、新しいオフィスの建設は遅れた。)

(A) site (現場) 062   (B) pause (休止)
(C) present (現在) 283   (D) desire (願望) 904

☐☐☐ **046**

【正解】 **B**

Please log on to the Linevids customer Web site to confirm that your **account** details are up-to-date. (Linevidsの顧客ウェブサイトにログインしてあなたのアカウント詳細がアップデートされていることを確認してください。)

(A) appraisal (評価) 901   (B) account (アカウント) 063
(C) personnel (人事) 636   (D) withdrawal (撤退) 940

☐☐☐ **047**

【正解】 **B**

The project management team were given a bonus for completing the work under **budget**. (プロジェクト管理チームは、予算内で業務を完了させたことでボーナスが与えられた。)

(A) duration (期間) 908   (B) budget (予算) 064
(C) distance (距離)   (D) urgency (緊急) 681

☐☐☐ **048**

【正解】 **D**

Five new staff members were **hired** to keep up with increasing demand for Starbright's services. (Starbright社のサービスに対する増加する需要に応えるために5人の新スタッフメンバーが雇用された。)

(A) denied (拒否された)   (B) released (発売された) 262
(C) amended (修正された) 941   (D) hired (雇われた) 065

Number	Answer

□□□ **049**

The company is now using social media **posts** rather than traditional advertising.
（会社は今や、伝統的な広告よりもむしろソーシャルメディアへの投稿を利用している。）

【正解】
D

(A) permits（許可）**549**　　(B) goals（ゴール）
(C) queries（質問）**928**　　(D) posts（投稿）**066**

□□□ **050**

Ms. Willis gave an excellent **presentation** on the history of forestry in Hartford.
（WillisさんはHartfordの森林地の歴史について素晴らしいプレゼンを行った。）

【正解】
A

(A) presentation（プレゼン）**067**　　(B) assortment（各種取り揃えたもの）
(C) hallway（廊下）**097**　　　　　　(D) motion（動き）

□□□ **051**

City leaders gathered to **review** some plans for an art festival at Southbend Park.
（市の幹部たちはSouthbend公園のアートフェスティバルについてのいくつかの計画を再検討するために集まった。）

【正解】
C

(A) contact（〜と連絡を取る）**084**　　(B) assist（〜を助ける）**573**
(C) review（〜を再検討する）**068**　　(D) interest（〜に興味を持たせる）**700**

□□□ **052**

The hotel's dining **service** can provide lunch for as many as 300 people.
（ホテルの食事サービスは300人分もの昼食を提供することができる。）

【正解】
B

(A) traffic（交通）**086**　　　　　　(B) service（サービス）**070**
(C) participation（参加）**222**　　(D) involvement（関わり合い）**562**

□□□ **053**

Any changes to your work **shift** must be approved ahead of time by a section manager.
（シフトのいかなる変更も部局の管理者によって事前に承認されなければならない。）

【正解】
C

(A) validity（妥当）**579**　　(B) founder（創設者）**255**
(C) shift（シフト）**071**　　　(D) familiarity（精通していること）

□□□ **054**

Replacements for malfunctioning devices will be **shipped** as soon as the return is received at the warehouse.
（返送品が倉庫で受領されたら、すぐに不良機器の代用品が出荷されるだろう。）

【正解】
B

(A) consumed（消費された）**645**　　(B) shipped（発送された）**072**
(C) excluded（除外された）**242**　　(D) predicted（予言された）**955**

□□□ **055**

This **workshop** has been organized to help staff members improve their communications skills.（このワークショップは、スタッフメンバーがコミュニケーションスキルを改善するのを助けるために催されてきた。）

【正解】
A

(A) workshop（ワークショップ）**073**　　(B) violation（違反）
(C) comparison（比較）　　　　　　　　(D) quarterly（季刊誌）**099**

□□□ **056**

Guided tours of the museum are **available** for $12 per person, but must be booked in advance.（美術館のガイドツアーには1人12ドルで参加できるが、事前に予約されなければならない。）

【正解】
D

(A) eventual（最終的な）**321**　　(B) casual（あまり気にしない）
(C) comparable（比較できる）　　　(D) available（利用できる）**074**

Number	Answer

☐☐☐ **057**

【正解】 **C**

This letter is to remind you that your annual membership **fee** must be paid by November 7. (この手紙は、あなたの年会費が11月7日までに支払われなければならないことをあなたにお知らせするためのものです。)

(A) cause（原因）`557`　　(B) admission（入場）`626`
(C) fee（料金）`075`　　(D) value（価値）`403`

☐☐☐ **058**

【正解】 **D**

Application **forms** for the Manhattan Fun Run can be downloaded from the City's Web site. (Manhattan市民マラソンの申込用紙は市のウェブサイトからダウンロードできる。)

(A) deals（取引）`421`　　(B) places（場所）`007`
(C) means（意味）　　(D) forms（用紙）`076`

☐☐☐ **059**

【正解】 **A**

Evan's Music will **move** its main recording studio to 19 Montgomery Road in Heathcliff. (Evan's Music社は、メインの録音スタジオをHeathcliffのMontgomery Road19に移転するつもりだ。)

(A) move（～を移転する）`077`　　(B) locate（～を置く）`232`
(C) draw（～を描く）`376`　　(D) arise（起こる）

☐☐☐ **060**

【正解】 **B**

People hoping to appear on the new quiz show must **attend** an audition at the Chanel 10 television studio. (新しいクイズショーに出場したい人は、チャンネル10のテレビスタジオのオーディションに参加しなければならない。)

(A) practice（～を練習する）`954`　　(B) attend（～に出席する）`078`
(C) realize（～を認識する）　　(D) induce（～を引き起こす）`557`

☐☐☐ **061**

【正解】 **A**

All the cleaning products are kept in a storage **closet** on the first floor. (全ての清掃製品は1階の保管クローゼットにしまわれている。)

(A) closet（クローゼット）`079`　　(B) solution（解決策）`339`
(C) association（関係）`299`　　(D) range（範囲）`572`

☐☐☐ **062**

【正解】 **C**

New staff members are asked to sign an employment **contract** after they complete a two-week probationary period. (新しいスタッフメンバーは2週間の試用期間を完了したら、雇用契約書にサインすることを求められる。)

(A) program（プログラム）　　(B) condition（状態）`235`
(C) contract（契約）`080`　　(D) obligation（義務）`922`

☐☐☐ **063**

【正解】 **C**

For an **extra** fee, the hotel can provide a high-speed Internet connection. (追加料金を払えば、ホテルは高速インターネット接続を提供できる。)

(A) eventual（最終的な）`321`　　(B) admirable（賞賛に値する）
(C) extra（追加の）`081`　　(D) instant（即席の）

☐☐☐ **064**

【正解】 **B**

As a result of her excellent achievements, Ms. Walters was **offered** a promotion to senior sales manager. (Waltersさんは素晴らしい業績の結果として、上級セールスマネジャーへの昇進を提示された。)

(A) earned（得られた）`319`　　(B) offered（提示された）`082`
(C) heard（聞こえた）　　(D) implied（ほのめかされた）`949`

Number	Answer
☐☐☐ **065** 【正解】 **A**	Ms. Yakamoto scheduled an **appointment** with her manager to discuss her future at GTP Pharmaceuticals. (Yakamotoさんは、GTP Pharmaceuticals社での彼女の将来について話し合うために上司と会う予約を入れた。) (A) appointment（予約）083　　(B) expression（表現）181 (C) investment（投資）327　　(D) occasion（時）389
☐☐☐ **066** 【正解】 **D**	Mr. McGillicutty **contacted** his supervisor to request time off work to attend a wedding in Seattle. (McGillicuttyさんはSeattleでの結婚式に出席するための休暇願いのために彼の上司と連絡を取った。) (A) competed（競争した）621　　(B) replied（返事をした）543 (C) sorted（〜を分類した）958　　(D) contacted（〜と連絡を取った）084
☐☐☐ **067** 【正解】 **C**	A team of volunteers from Halpert Engineering **picked** up trash and broken branches along Mitchel Avenue. (Halpert Engineering社から来たボランティアチームはMitchel通り沿いのゴミと折れた木の枝を拾い集めた。) (A) removed（〜を取り除いた）018　　(B) disposed（〜を配置した） (C) picked（〜を取った）085　　(D) alerted（〜に警報を出した）443
☐☐☐ **068** 【正解】 **B**	The **locations** of next month's regional meetings have not yet been announced.（来月の地域会議の場所はまだ発表されていない。) (A) deliveries（配達）539　　(B) locations（場所）105 (C) goods（商品）102　　(D) performances（業績）926
☐☐☐ **069** 【正解】 **D**	You may return the mattress within 50 days of **purchase** if you are not completely satisfied. (もし完全にご満足いただけない場合、ご購入50日以内にマットレスを返品できます。) (A) urgency（緊急）681　　(B) earning（収入を得ること）319 (C) effort（努力）909　　(D) purchase（購入）106
☐☐☐ **070** 【正解】 **B**	When registering for the fun run, you must **provide** photo identification.（市民マラソンに登録する時は、写真付き身分証明書を提示しなければいけません。) (A) decide（〜を決める）558　　(B) provide（〜を提供する）107 (C) preserve（〜を保存する）　　(D) qualify（〜の資格を与える）285
☐☐☐ **071** 【正解】 **C**	If you would like to use one of the company vehicles, you must submit a **request** to the general affairs office.（会社の車の1台を使いたいなら、総務部に要望書を提出しなければいけません。) (A) conclusion（結論）491　　(B) function（機能）914 (C) request（要請）108　　(D) customer（顧客）103
☐☐☐ **072** 【正解】 **B**	As Mr. Yamaguchi is on **leave** this month, Ms. Howard is handling all his accounts.（Yamaguchiさんは今月は休暇を取っているので Howardさんが彼のアカウントを全て処理している。) (A) clerk（事務員）143　　(B) leave（休暇）109 (C) input（入力）　　(D) job（仕事）104

	Number	Answer

073

【正解】
D

Please be sure to return the photography **equipment** to the storage room after use.
(撮影機器は使った後は保管室に必ず戻してください。)
(A) improvement（改良） 215　　　(B) preservation（保存）
(C) prediction（予言）　　　(D) equipment（機器） 112

074

【正解】
A

If you are traveling with a **colleague**, it might be more economical to rent a car.
(同僚と一緒に移動するなら、車を借りる方が経済的かもしれません。)
(A) colleague（同僚） 113　　　(B) forecast（予報） 912
(C) transportation（輸送機関） 316　　　(D) nation（国家）

075

【正解】
C

It will be necessary to **increase** the annual budget if plans for road improvements are approved.
(道路の改修計画が承認されたら、年度予算を増やすことが必要になる。)
(A) enclose（〜を同封する） 405　　　(B) assume（〜を本当だと思う） 942
(C) increase（〜を増やす） 115　　　(D) insist（〜と主張する） 950

076

【正解】
A

If you would like to have a stall at the festival, you must **complete** the form on the Web site.（フェスティバルで屋台を出したいなら、ウェブサイトの申込書に記入する必要があります。)
(A) complete（〜〈書式〉に記入する） 116　　　(B) appeal（訴える）
(C) export（〜を輸出する）　　　(D) oppose（〜に反対する） 953

077

【正解】
C

The **document** must be stored securely as it contains some personal information.
(その文書は個人情報を含んでいるので、確実に保管されなければいけない。)
(A) currency（通貨）　　　(B) fabric（織物） 570
(C) document（文書） 118　　　(D) beverage（飲み物） 644

078

【正解】
A

If you are unlikely to meet the **deadline**, you should ask your supervisor for an extension as early as possible.（締め切りに間に合いそうもないなら、できるだけ早くあなたの上司に締め切りの延長を頼むべきです。)
(A) deadline（締め切り） 119　　　(B) outlay（出資金）
(C) attention（注意） 179　　　(D) cafeteria（〈セルフサービスの〉食堂） 142

079

【正解】
B

You can make a **reservation** by calling the organizers on the following phone number.
(次の電話番号で主催者に電話すれば、予約を取ることができます。)
(A) protection（保護） 614　　　(B) reservation（予約） 120
(C) supervision（監督） 294　　　(D) limitation（制限） 244

080

【正解】
B

Mr. Po submitted receipts for his meals and accommodation in accordance with the company's travel **policy**.
(Poさんは会社の出張方針に従って、食事と宿泊の領収書を提出した。)
(A) tour（ツアー） 114　　　(B) policy（方針） 121
(C) appreciation（感謝） 404　　　(D) reputation（評判） 693

Number	Answer

081

【正解】
D

The catalog should be **revised** to include several new products.
（カタログはいくつかの新しい製品を入れて改訂されるべきだ。）

(A) relied（頼られた）**336**　　　(B) ensured（保証された）**237**
(C) involved（含まれた）**562**　　(D) revised（改訂された）**122**

082

【正解】
D

A safety **inspection** will be carried out by an officer from the Workplace Health and Safety Division of the city council.
（安全検査は市議会の職場健康安全部の係官によって行われる。）

(A) traffic（交通）**086**　　　(B) slide（スライド）**140**
(C) area（地域）**110**　　　(D) inspection（検査）**123**

083

【正解】
A

The door to the parking garage is still malfunctioning, but we are doing all we can to **correct** the issue.（駐車ガレージへのドアはまだ故障しているが、私たちは問題を是正するためにできることは全部しています。）

(A) correct（～を訂正する）**606**　　(B) assume（～を本当だと思う）**942**
(C) withdraw（～を撤回する）　　(D) contribute（貢献する）**629**

084

【正解】
C

If you need help with your work **assignment**, you may approach one of the interns.
（割り当てられた仕事について手伝いが必要なら、インターンの一人に頼むこともできます。）

(A) retirement（退職）**139**　　　　　　(B) establishment（創立）**214**
(C) assignment（〈割り当てられた〉仕事）**125**　　(D) advancement（進歩）**297**

085

【正解】
D

The team's new **task** is to find a venue for the Summer Arts Festival.
（チームの新しい任務は夏の芸術祭の会場を見つけることだ。）

(A) code（コード）**187**　　　(B) formation（構成）**913**
(C) pastime（娯楽）　　　(D) task（任務）**126**

086

【正解】
B

Customers have been **complaining** online about the sudden increase in the price of building materials.
（顧客は建築資材の突然の値上げについてオンラインで不満を言っている。）

(A) requesting（～を要請している）**108**　(B) complaining（不満を言っている）**127**
(C) addressing（～を伝えている）**183**　(D) working（働いている）

087

【正解】
C

People who register early can **save** 10 percent on their registration fee for the Springfield Better Business Bureau.（早く登録した人は、Springfield Better Business Bureauの登録費用を10パーセント節約できる。）

(A) get（～を得る）**280**　　　(B) apply（申請する）**240**
(C) save（～を節約する）**129**　(D) earn（～を得る）**319**

088

【正解】
B

A shipment of paper that was **supposed** to arrive today has not yet been delivered.
（今日届くはずだった紙の荷物は、まだ配達されていない。）

(A) happened（起こった）**117**　　(B) supposed（思われた）**130**
(C) reserved（予約された）**288**　(D) continued（続けられた）

	Number	Answer

☐☐☐ **089**

The **assembly** instructions for the TI18 Shelving unit can be downloaded from the Peterson Furniture Web site.（TI18棚ユニットの組み立て説明書は、Peterson Furniture社のウェブサイトからダウンロードできる。）

【正解】 **A**

(A) assembly（組み立て）132　　　(B) formation（構成）913

(C) management（管理）329　　　(D) proficiency（熟達）

☐☐☐ **090**

It is important that **absolutely** no one outside the design team has access to the prototype.

（設計チーム以外の外部から決して誰も試作品にアクセスしないことが重要だ。）

【正解】 **D**

(A) certainly（確かに）133　　　(B) understandably（理解できるほど）

(C) severely（ひどく）　　　(D) absolutely（絶対に）137

☐☐☐ **091**

After receiving a more attractive job offer from TRF Corporation, Mr. Singh **declined** the invitation to work at Hardy Plumbing Company.（Singhさんは、TRF社からのより魅力的な仕事の依頼を受けた後で、Hardy Plumbing社の仕事の誘いを断った。）

【正解】 **C**

(A) prepared（～を準備した）282　　　(B) employed（～を雇った）020

(C) declined（～を断った）135　　　(D) searched（～を探した）

☐☐☐ **092**

Ms. Tanaka has agreed to train her replacement before she **retires** in June this year.

（Tanakaさんは今年の6月に退社する前に、彼女の後任の指導をすることに同意した。）

【正解】 **A**

(A) retires（退職する）139　　　(B) concludes（～と結論を下す）491

(C) uncovers（～を暴露する）　　　(D) waives（～を放棄する）

☐☐☐ **093**

Hotel guests receive a **voucher** for 20 percent off a meal at Pierce Pizza on Wells Street.

（ホテルの宿泊客はWells通りのPierceピザの20パーセント引きの割引券を受け取る。）

【正解】 **B**

(A) design（デザイン）111　　　(B) voucher（割引券）141

(C) gratitude（感謝）　　　(D) layout（配置）138

☐☐☐ **094**

The warehouse will be demolished in June to make way for a new apartment **complex**.

（倉庫は6月に新しい住居複合施設を作るために解体されるだろう。）

【正解】 **A**

(A) complex（複合施設）144　　　(B) projection（見積もり）057

(C) analysis（分析）269　　　(D) insight（洞察）495

☐☐☐ **095**

Applicants for the head chef position must **demonstrate** their cooking skills as part of the selection process.（主任シェフへの応募者は、選考プロセスの一部として調理技術を実演しなければならない。）

【正解】 **C**

(A) instigate（～を開始する）　　　(B) irritate（～をいらいらさせる）

(C) demonstrate（～を実演〈して説明〉する）146　(D) benefit（～の利益になる）218

☐☐☐ **096**

Information about the business trip reporting process is covered in the employee **handbook**.

（出張報告のプロセスについての情報は従業員ハンドブックに書かれている。）

【正解】 **A**

(A) handbook（ハンドブック）195　　　(B) footwork（フットワーク）

(C) accreditation（公認）　　　(D) timetable（予定表）

Number	Answer

☐☐☐ **097**

Ms. Cavalier has been nominated for several **awards** for excellence in management and planning. (Cavalierさんは経営と企画における優秀さによっていくつかの賞にノミネートされたことがある。)

【正解】 **B**

(A) occupations（職業）　　　(B) awards（賞）**149**
(C) routines（日課）　　　(D) tenants（賃借人）**697**

☐☐☐ **098**

A team of volunteers came to clean up the walking **trails** on Mt. Lindell.
(ボランティアチームはLindell山の歩道をきれいにするために来た。)

【正解】 **D**

(A) summaries（要約）**934**　　　(B) orders（注文）**051**
(C) pairs（ペア）　　　(D) trails（小道）**150**

☐☐☐ **099**

Production at the **factory** has been temporarily paused for new equipment to be installed.
(工場での製造は新しい機器が導入されるので一時的に中断されている。)

【正解】 **B**

(A) flavor（味）　　　(B) factory（工場）**151**
(C) effort（努力）**909**　　　(D) finality（終局）

☐☐☐ **100**

Matlock Foods conducted a **survey** to find out why sales of its protein bars have been declining. (Matlock食品社はプロテインバーの売上が落ちている理由を見つけるために調査を実施した。)

【正解】 **B**

(A) research（調査（不可算名詞のため不正解））**173**　　　(B) survey（調査）**152**
(C) tradition（伝統）　　　(D) belief（信念）

☐☐☐ **101**

Construction on the warehouse cannot begin until the builders submit an **application** to the relevant government department.
(倉庫の建設は、建築者が関連する政府の部署に申請書を提出するまでは始められない。)

【正解】 **D**

(A) upgrade（アップグレード）**589**　　　(B) examination（試験）
(C) interest（興味）**700**　　　(D) application（申請書）**153**

☐☐☐ **102**

Penobscot Fashion's new advertisement will be **broadcast** during the final game of the National Football Tournament. (Penobscot Fashion社の新しい広告は、ナショナルフットボールトーナメントの決勝戦の間、放送されるだろう。)

【正解】 **A**

(A) broadcast（放送された）**154**　　　(B) apologized（謝罪された）**444**
(C) installed（取り付けられた）**026**　　　(D) relied（信頼された）**336**

☐☐☐ **103**

Smithers Gallery **features** collections from some of the world's most renowned artists.
(Smithers Galleryは何人かの世界中で最も有名な芸術家の作品を特集している。)

【正解】 **C**

(A) enlists（〜に協力を求める）　　　(B) executes（〜を実行する）**650**
(C) features（〜を特集する）**155**　　　(D) innovates（〜を革新する）**660**

☐☐☐ **104**

The Web site hosts a lot of **additional** content not provided in the print version of *Wheel World Magazine*.
(Wheel World誌の紙版にないたくさんの追加コンテンツがウェブサイトに載っている。)

【正解】 **A**

(A) additional（追加の）**156**　　　(B) continual（繰り返される）
(C) reflected（反映された）**261**　　　(D) proficient（熟達した）

	Number	Answer
☐☐☐	**105** 【正解】 **C**	Frampton Car Care offers a **mobile** tire repair and replacement service at very competitive rates.（Frampton Car Care社は、とても競争力のある価格で出張式のタイヤの修理や交換のサービスを提供している。） (A) possible（可能な） **408**　　(B) numerous（多数の） **676** (C) mobile（移動式の） **157**　　(D) natural（自然の）
☐☐☐	**106** 【正解】 **A**	To attract new customers, Weston Solar Group held a free information **session** at Hamilton Event Hall.（Weston Solarグループは、新規顧客を引き寄せるためにHamiltonイベントホールで無料の説明会を催した。） (A) session（セッション） **158**　　(B) design（デザイン） **111** (C) laboratory（実験室） **277**　　(D) peak（絶頂）
☐☐☐	**107** 【正解】 **B**	Marsden City has some **funds** leftover in its budget as a result of the cancellation of the annual music festival. （Marsden市は年次音楽祭の中止の結果、予算にいくらかの資金が残っている。） (A) duties（義務） **594**　　(B) funds（資金） **159** (C) distractions（邪魔） **475**　　(D) possibilities（可能性） **408**
☐☐☐	**108** 【正解】 **B**	A new bridge will be built over the Stillwell River to **reduce** travel times across the city. （市内を移動する時間を減らすために、Stillwell川に新しい橋が架けられるだろう。） (A) reveal（〜を明らかにする）　　(B) reduce（〜を減らす） **160** (C) remain（〜のままである） **564**　　(D) reform（〜を改善する）
☐☐☐	**109** 【正解】 **D**	Employees will have an opportunity to **submit** feedback to the organizers after the workshop.（従業員はワークショップの後、主催者にフィードバックを提出する機会があるだろう。） (A) desire（〜を強く望む） **904**　　(B) attribute（〜のせいにする） **943** (C) retire（引退する） **139**　　(D) submit（〜を提出する） **161**
☐☐☐	**110** 【正解】 **D**	The roof of the shed should be checked **annually** to determine whether any rust has developed. （小屋の屋根はさびが発生していないか明らかにするために毎年チェックされるべきだ。） (A) nearly（ほとんど）　　(B) affordably（手頃に） **628** (C) fairly（かなり）　　(D) annually（毎年） **162**
☐☐☐	**111** 【正解】 **A**	I would like to **remind** you that the company banquet will be held on September 9 this year. （会社の晩餐会は今年の9月9日に催されることをあなたに念押ししておきたい。） (A) remind（〜について念を押す） **163**　　(B) conclude（〜と結論を下す） **491** (C) commend（〜をほめる） **944**　　(D) suggest（〜を提案する） **544**
☐☐☐	**112** 【正解】 **C**	Matt Thornton won an award for his highly successful advertising **campaign**. （Matt Thorntonは広告キャンペーンでの大成功で賞を受賞した。） (A) payment（支払い） **500**　　(B) assumption（想定） (C) campaign（キャンペーン） **164**　　(D) effect（影響） **320**

Number	Answer

☐☐☐ **113**

【正解】 **D**

F&T Supermarket has **conducted** business at its Victoria store for more than 35 years.
(F&T Supermarketは、そのVictoria店で35年以上ビジネスを行ってきた。)
(A) situated (〜を置いた) **232**　　(B) forced (〜に強いた) **948**
(C) resided (居住した) **289**　　(D) conducted (〜を行った) **165**

☐☐☐ **114**

【正解】 **B**

This **coupon** can be redeemed for cash or goods at Normandy Department Stores.
(このクーポンはNormandyデパートで現金や商品と交換できる。)
(A) modification (修正) **331**　　(B) coupon (クーポン) **167**
(C) reliability (信頼性) **336**　　(D) situation (状況)

☐☐☐ **115**

【正解】 **C**

Ms. Schifrin's flight was **delayed** on account of inclement weather on the way from San Diego.
(Schifrinさんのフライトは San Diego からの途中の悪天候で遅れた。)
(A) expended (使われた) **254**　　(B) remedied (矯正された)
(C) delayed (遅れた) **168**　　(D) challenged (挑戦された)

☐☐☐ **116**

【正解】 **B**

Please **fill** out the enclosed registration form to activate your product warranty.
(同封されている登録用紙に記入して、あなたの製品の保証を有効にしてください。)
(A) sign (〜に署名する) **010**　　(B) fill (〜を埋める) **169**
(C) push (〜を押す)　　(D) call (〜を呼ぶ)

☐☐☐ **117**

【正解】 **A**

You may direct any comments or **concerns** to the event organizers.
(イベント主催者にコメントや心配事を直接送っても構いません。)
(A) concerns (心配) **170**　　(B) minutes (議事録) **498**
(C) peaks (絶頂)　　(D) controls (管理)

☐☐☐ **118**

【正解】 **D**

Although admission to the concert is free, it is necessary to **register** online to secure a seat. (コンサートの入場料は無料だが、席を確保するためにオンラインで登録する必要がある。)
(A) relate (〜を関連させる) **956**　　(B) nominate (〜をノミネートする)
(C) consume (〜を消費する) **645**　　(D) register (〜を登録する) **171**

☐☐☐ **119**

【正解】 **C**

Mr. Maeda had several years of experience working at a publishing **firm** before he became a writer.
(Maedaさんは作家になる前に、出版社で数年間働いた経験がある。)
(A) profession (専門職) **503**　　(B) consumer (消費者) **645**
(C) firm (会社) **184**　　(D) insight (洞察) **495**

☐☐☐ **120**

【正解】 **A**

I am writing to **extend** an invitation to you and your wife to attend our grand opening.
(あなたとあなたの奥さんをグランドオープンに招待するために手紙を書いています。)
(A) extend (〜を延長する) **176**　　(B) allow (〜を許す) **217**
(C) follow (〜の後に付いていく) **526**　　(D) comply (従う) **347**

	Number	Answer

121 【正解】 **A**

Ms. Powell caught the **attention** of audiences with her portrayal of Cynthia Smythe in the popular television drama, *Manor Mayhem*. (Powellさんは人気のあるテレビドラマ『Manor Mayhem』でCynthia Smytheを演じて視聴者の注目を集めた。)

(A) attention (注目) 179　　　(B) material (材料) 031
(C) restriction (制限)　　　(D) storage (保管) 511

122 【正解】 **C**

Rasmussen Park is **maintained** by a team of dedicated groundskeepers with years of experience. (Rasmussen公園は長年の経験のある専任のグラウンドキーパーのチームによって維持されている。)

(A) instructed (指示された) 326　　　(B) charged (請求された) 271
(C) maintained (維持された) 189　　　(D) directed (向けられた) 447

123 【正解】 **D**

Centrally located, the Ravenclaw Hotel has excellent **access** to both rail and bus networks. (中心部に位置しているので、Ravenclawホテルは鉄道とバスのネットワークの両方へ良好なアクセスがある。)

(A) fields (分野) 911　　　(B) insights (洞察) 495
(C) interest (興味) 700　　　(D) access (アクセス) 174

124 【正解】 **C**

Trip reports must be submitted **within** three days of your return. (出張報告は戻ってから3日以内に提出されなければならない。)

(A) beyond (～の向こうに) 364　　　(B) away from (～から離れて)
(C) within (～以内に) 204　　　(D) because of (～のために)

125 【正解】 **D**

The barbecue was held at Friar's Park **although** the weather forecast was for rain. (天気予報は雨だったが、バーベキューはFriar's公園で催された。)

(A) even if (たとえ～だとしても)　　　(B) beside (～のそばに) 363
(C) ever since (～以来ずっと)　　　(D) although (～にもかかわらず) 199

126 【正解】 **A**

Mr. Monk planned to visit the theater **while** he was in Chicago for a conference. (Monkさんは会議でChicagoにいる間に劇場を訪ねることを計画した。)

(A) while (～している間に) 197　　　(B) or (または)
(C) which (どちら)　　　(D) so (それで)

127 【正解】 **B**

Please make sure you have the **relevant** paperwork with you when you come to create a new bank account. (新しい銀行口座の開設のためにお越しの際は、必ず関連書類をお持ちください。)

(A) consistent (一貫した) 369　　　(B) relevant (関連がある) 392
(C) automatic (自動化された)　　　(D) synthetic (合成の)

128 【正解】 **B**

The new soft drinks have been extremely popular **among** 18 to 30 year olds. (新しいソフトドリンクは18歳から30歳の間で特に人気がある。)

(A) along (～に沿って) 212　　　(B) among (～の間に) 200
(C) besides (その上) 270　　　(D) apart (離れて) 360

解答

	Number	Answer

☐☐☐ **129**

【正解】 **B**

Stocksnap is an excellent online **resource** for stock photographs and videos at very competitive prices.（Stocksnapは写真と動画をとても競争力のある価格で提供する素晴らしいオンライン資源だ。）

(A) access（アクセス）174　　(B) resource（資源）178

(C) normality（正常）920　　(D) conversion（転換）

☐☐☐ **130**

【正解】 **B**

The salon is open daily from 10:00 A.M. to 7:00 P.M., **except** on Tuesdays.
（サロンは火曜日以外は毎日午前10時から午後7時まで営業している。）

(A) unless（～しない限り）250　　(B) except（～を除いて）202

(C) despite（～にもかかわらず）205　　(D) during（～の間じゅう）201

☐☐☐ **131**

【正解】 **D**

Miles Willow accepted a **position** at Hartley Engineering because it was closer to his home.（Miles Willowは彼の家から近かったのでHartley Engineering社でのポジションを受け入れた。）

(A) contractor（請負業者）371　　(B) laboratory（実験室）277

(C) garment（衣服）916　　(D) position（職位）203

☐☐☐ **132**

【正解】 **A**

Stallard House Apartments has a variety of **fitness** equipment on its third floor for tenants to use.（Stallard Houseアパートの3階には賃借者が使うために豊富なフィットネスの機器がある。）

(A) fitness（フィットネス）177　　(B) code（コード）187

(C) prototype（試作品）191　　(D) flight（フライト）172

☐☐☐ **133**

【正解】 **C**

Despite a 20 percent price increase, sales of Fukuzawa brand wallpaper have increased drastically over the last 12 months.（20パーセント値上がりしたにも関わらず、Fukuzawaブランドの壁紙の売上は直近の12カ月にわたって劇的に増加した。）

(A) Once（いったん～すると）221　　(B) Nonetheless（それにもかかわらず）

(C) Despite（～にもかかわらず）205　　(D) Since（～なので）

☐☐☐ **134**

【正解】 **A**

You may submit your job application **either** by e-mail or online at www.brandonrefrigeration.com.（求職応募はメールかwww.brandonrefrigeration.comにオンラインで提出することができる。）

(A) either（どちらか）206　　(B) both（両方）

(C) neither（どちらの～も～でない）　　(D) each（それぞれ）

☐☐☐ **135**

【正解】 **C**

George Fielding's new book is an excellent source of **financial** advice for new investors.（George Fieldingの新刊は新しい投資家のための財務アドバイスの素晴らしい情報源だ。）

(A) dental（歯科の）422　　(B) inclusive（全てを含んだ）242

(C) financial（財務の）208　　(D) opposite（反対の）

☐☐☐ **136**

【正解】 **A**

Representatives from the tourism **industry** gathered at Vandelay Hotel for their yearly meeting.
（観光業界の代表者は年次会議のためにVandelayホテルに集まった。）

(A) industry（業界）209　　(B) finance（財務）208

(C) feedback（フィードバック）413　　(D) critic（批評家）372

137

【正解】**B**

Purchases of items over $200 must be approved in advance by the **director** of administration. （200ドル以上の品物の購入は、事前に管理部門の取締役によって承認されなければならない。）

(A) former（前者）**386**　　　　　(B) director（取締役）**210**
(C) campaign（キャンペーン）**164**　　(D) target（目標）

138

【正解】**B**

The **board** of directors at Holloway Corporation is looking at ways to resolve the company's budgetary issues.
（Holloway社の取締役会は会社の予算上の問題を解決する方法を検討している。）

(A) branch（支店）**551**　　　　(B) board（役員会）**211**
(C) property（財産）**259**　　　(D) locality（地域）**919**

139

【正解】**D**

Artists who sell their work from booths **along** the west side of Hammond Square may have to pay rent in the future. （Hammond Squareの西側沿いのブースで作品を売る芸術家は、将来賃貸料を払わなければならないだろう。）

(A) until（～まで）　　　　(B) withstanding（耐える）
(C) between（～の間）　　　(D) along（～に沿って）**212**

140

【正解】**D**

Sales reports are **due** on the last Friday of the month unless it falls on a national holiday.
（販売報告書は祝日でない限りは当月の最終金曜日が提出期限だ。）

(A) durable（耐久性のある）**348**　　(B) prudent（用心深い）
(C) vacant（空いている）**357**　　　(D) due（〈提出物などの〉期限が来て）**213**

141

【正解】**A**

Bel-a-Mi is a well **established** company widely known for producing quality cooking ingredients.
（Bel-a-Mi社は良質の食材を生産することで広く知られている一流企業だ。）

(A) established（確立された）**214**　　(B) admitted（認められた）**626**
(C) machined（機械加工された）　　　(D) included（含まれた）**242**

142

【正解】**C**

In an effort to **improve** corporate security, employees will have to use key cards to enter the building in future. （会社の警備を改善するために、今後、従業員はビルに入るためにキーカードを使わなければならない。）

(A) import（～を輸入する）　　　　(B) specify（～を詳細に述べる）**292**
(C) improve（～を改善する）**215**　(D) remind（～を気付かせる）**163**

143

【正解】**D**

The company is considering **whether** or not to encourage employees to try telecommuting.
（会社は従業員に在宅勤務を勧めるかどうか検討している。）

(A) although（～にもかかわらず）**199**　(B) either（どちらか）**206**
(C) only（唯一）　　　　　　　　　　(D) whether（～かどうか）**216**

144

【正解】**B**

Dalton Bridge will be closed for three days to **allow** work crews to check on the structure and perform maintenance.
（Dalton橋は作業者が構造を確認し、メンテナンスを行うため3日間閉鎖される。）

(A) modify（～を修正する）**331**　　(B) allow（～を許す）**217**
(C) respect（～を尊敬する）**929**　　(D) relate（～を関連させる）**956**

Number	Answer
145 【正解】 **C**	A full list of employment **benefits** is available from the job description on the Callister Web site. (福利厚生の完全なリストは、Callister社のウェブサイトの職務記述書から入手できる。) (A) updates（更新）**058** (B) skills（技術）**291** (C) benefits（利益）**218** (D) appointments（約束）**083**
146 【正解】 **A**	Princeton Accounting **holds** a yearly banquet at Normandy Hotel to show appreciation to its employees. (Princeton会計事務所は従業員に謝意を示すためにNormandyホテルで年次晩餐会を催す。) (A) holds（〜（会議など）を開く）**220** (B) seeks（〜を探す）**458** (C) passes（〜を手渡す） (D) invests（〜を投資する）**327**
147 【正解】 **A**	Ms. Greene's latest book **encourages** people to grow vegetables in their own home gardens. (Greeneさんの新刊は、家庭菜園で野菜を育てることを人々に奨励している。) (A) encourages（〜するように勧める）**236** (B) demonstrates（〜を実演〈して説明〉する）**146** (C) observes（〜を観察する）**952** (D) enhances（〜を高める）
148 【正解】 **C**	Everyone who **participates** in the volunteer cleanup event in Galveston Park will receive a special T-shirt. (Galveston公園のボランティア清掃イベントに参加した人は皆、特別なTシャツを受け取る。) (A) personifies（〜を体現する） (B) permits（〜を許可する）**549** (C) participates（参加する）**222** (D) predicts（〜を予言する）**955**
149 【正解】 **B**	Ms. Tully was recently awarded for her **community** service contributions over the years. (Tullyさんは最近、長年にわたる地域社会への貢献によって賞を与えられた。) (A) appointment（約束）**083** (B) community（地域社会）**219** (C) economy（経済）**377** (D) enrollment（登録）**688**
150 【正解】 **D**	A celebrity chef was hired to help **promote** the hotel's new restaurant. (著名なシェフがホテルの新しいレストランを発展させるのを手伝うために採用された。) (A) specify（〜を詳細に述べる）**292** (B) treat（〜を扱う） (C) receive（〜を受け取る）**542** (D) promote（〜を促進する）**223**
151 【正解】 **A**	Ms. Danes said that she would **rather** not have the vehicle repaired as she is planning on buying a new one. (Danesさんは新しい車の購入を予定しているので、むしろ今の車は修理してもらわないつもりだと言った。) (A) rather（むしろ）**224** (B) prefer（〜を好む）**434** (C) exchange（〜を交換する）**131** (D) spend（〜を使う）
152 【正解】 **B**	Swalwell Technology has internship opportunities for local university students **throughout** the year. (Swalwell Technology社は1年中、地元の大学生にインターンシップの機会を提供している。) (A) along（〜に沿って）**212** (B) throughout（〜の間じゅう）**225** (C) aboard（〜に乗って） (D) toward（〜の方へ）**266**

☐☐☐ **153**

【正解】 **A**

The GT654 smartphone has a very advanced camera that takes extremely **clear** photographs even in low light. (GT654スマートフォンには、暗くてもとてもはっきりした写真が撮れる大変進化したカメラが付いている。)

(A) clear（明快な）**226**　　　　(B) broad（広い）**365**
(C) aware（気づいている）　　　(D) residential（住宅向きの）**437**

☐☐☐ **154**

【正解】 **C**

The city council is seriously **considering** a project that will double the town's water supply.
(市議会は町の水の供給量を2倍にするプロジェクトを真剣に検討している。)

(A) competing（競争している）**621**　　　(B) resorting（頼っている）
(C) considering（～をよく考えている）**227**　(D) trading（貿易している）

☐☐☐ **155**

【正解】 **C**

Jobsnowone.com is the most popular choice for major **corporations** looking for qualified employees. (Jobsnowone.comは有資格の従業員を探している一流企業にとって最も人気のある選択肢だ。)

(A) appreciations（感謝）**404**　　　(B) advancements（進歩）**297**
(C) corporations（株式会社）**228**　　(D) transactions（取引）**442**

☐☐☐ **156**

【正解】 **B**

The most recent sales **figures** show that the company has successfully come out of its recent slump.
(直近の売上高は、会社が最近の不振からうまく脱出したことを示している。)

(A) settings（環境）**932**　　　(B) figures（数）**230**
(C) regulations（規則）**313**　　(D) warranty（保証）**186**

☐☐☐ **157**

【正解】 **A**

Maxwell Trail **leads** to a cabin at the top of Howell's Peak, which is a popular destination for hikers. (Maxwellトレイルはハイカーに人気の目的地であるHowell's Peakの頂上の小屋へ続いている。)

(A) leads（～を導く）**231**　　　(B) locates（～を置く）**232**
(C) states（～を表明する）**354**　(D) adheres（くっつく）

☐☐☐ **158**

【正解】 **D**

StorePro software helps you keep a complete financial **record** of your online business. (StoreProソフトはあなたのオンラインビジネスの完全な財務記録を保持するのを助ける。)

(A) promotion（昇進）**182**　　(B) process（プロセス）**415**
(C) input（入力）　　　　　　　(D) record（記録）**233**

☐☐☐ **159**

【正解】 **C**

The new advertising campaign has not yet been **approved** by the director of the sales and marketing department. (新しい広告キャンペーンは販売とマーケティング部門の取締役にまだ承認されていない。)

(A) avoided（避けられた）**411**　　(B) risen（昇った）
(C) approved（承認された）**234**　(D) linked（接続された）

☐☐☐ **160**

【正解】 **D**

The **condition** of rental vehicles is inspected carefully when they are returned.
(レンタカーの状態は返却時に注意深く検査される。)

(A) attraction（魅力）**642**　　(B) contribution（貢献）**629**
(C) exception（例外）**202**　　(D) condition（状態）**235**

解答

Number	Answer

□□□ **161**

An exhibition of artwork donated by the Foreman family will be held **once** the items have been completely cataloged. （品物がカタログに完全に収められたら、Foreman家によって寄贈された芸術作品の展示会が催される。）

【正解】
D

(A) as for（〜に関しては） (B) prior（前の） `679`
(C) inasmuch as（〜だから） (D) once（いったん〜すると） `221`

□□□ **162**

Please try to arrive at the venue early to **ensure** that you will get a seat. （席を確保するために会場に早めに着くようにしてください。）

【正解】
B

(A) consume（〜を消費する） `645` (B) ensure（〜を確実にする） `237`
(C) notice（〜に気づく） `921` (D) replace（〜に取って代わる） `402`

□□□ **163**

Ms. Wales called the online seller's helpline when she received an oven **instead** of the frypan she ordered. （Walesさんは、彼女が注文したフライパンの代わりにオーブンが届いた時、オンライン販売者のヘルプラインに電話をした。）

【正解】
C

(A) rather（いくぶん） `224` (B) aside（脇へ）
(C) instead（その代わりに） `238` (D) both（両方の）

□□□ **164**

Jamie Harper is held in high **regard** by his colleagues because of all the assistance he provides.

（Jamie Harperは彼が提供している援助のために同僚から高く評価されている。）

【正解】
C

(A) deal（取引） `421` (B) position（位置） `203`
(C) regard（評価） `239` (D) respect（尊敬） `929`

□□□ **165**

After they have worked at GeoTrend for five years, employees may **apply** to take part in the management training program. （GeoTrend社で5年間働くと、従業員は管理者トレーニングプログラムへ参加を申請することができる。）

【正解】
B

(A) project（〜を計画する） `057` (B) apply（申請する） `240`
(C) accept（〜を受け入れる） `410` (D) impress（〜に感銘を与える） `610`

□□□ **166**

An employee of Savage Painting will visit your home to provide an accurate **estimate** of the cost of your project. （Savage Painting社の従業員が、あなたの計画にかかる費用の正確な見積もりを出すためにご自宅を訪問します。）

【正解】
A

(A) estimate（見積もり） `241` (B) spoilage（損傷）
(C) availability（予定などの空き状況） `074` (D) opposition（反対）

□□□ **167**

Home delivery is **included** in the price of all items sold on www.antiqueking.com. （www.antiqueking.com.で販売される全ての商品の価格には配送料が含まれている。）

【正解】
D

(A) retained（保たれた） (B) consisted（成った） `946`
(C) produced（製造された） `061` (D) included（含まれた） `242`

□□□ **168**

If there are any **issues** with your air conditioner, a technician will be dispatched immediately.

（エアコンに何か問題がある場合は、技術者がすぐに派遣されます。）

【正解】
C

(A) truths（真実） (B) blames（責任）
(C) issues（問題） `243` (D) proofs（証拠） `692`

	Number	Answer

□□□ **169**
【正解】**D**

Our current stock shortage means there is a **limit** to the number of memory cards we can sell to each customer. (現在の在庫不足は、私たちが顧客一人一人に販売できるメモリーカードの数が限られていることを意味する。)

(A) plan (計画)　　　(B) mode (方法)
(C) width (広さ)　　　(D) limit (限界) 244

□□□ **170**
【正解】**A**

It will be necessary to **postpone** the grand opening if the construction delays continue any longer.
(工事の遅延がこれ以上続くなら、グランドオープンを延期する必要があるだろう。)

(A) postpone (〜を延期する) 246　　　(B) research (〜を調査する) 173
(C) trust (〜を信用する) 959　　　(D) view (〜を見る) 504

□□□ **171**
【正解】**B**

Shafston House is a historical building that is open to the **public** five days a week from 9:00 A.M. to 5:00 P.M. (Shafston Houseは週5日、午前9時から午後5時まで一般に公開されている歴史的な建物だ。)

(A) chapter (章) 529　　　(B) public (一般の人々) 247
(C) demonstration (実演) 146　　　(D) practice (〜を練習する) 954

□□□ **172**
【正解】**A**

Pauline's Steakhouse **recently** received a glowing review in *Dining Out* magazine, and has been fully booked ever since. (Pauline'sステーキハウスは、最近Dining Out誌で好意的な評価を受けて以来、予約でいっぱいだ。)

(A) recently (最近) 248　　　(B) never (決して〜ない)
(C) severely (ひどく)　　　(D) beforehand (前もって)

□□□ **173**
【正解】**C**

According to a recent **study**, more and more people are becoming interested in moving to live in rural communities.
(最近の研究によれば、田舎に移住することに興味を持つ人が増えている。)

(A) party (パーティー)　　　(B) motive (動機)
(C) study (研究) 249　　　(D) arrangement (準備) 524

□□□ **174**
【正解】**C**

Unless the hotel offers a discount, we will have to find alternative accommodation for conference attendees. (ホテルが値引きを提供しない限り、私たちは会議参加者のために代わりの宿泊施設を見つけなければなりません。)

(A) Whether (〜かどうか) 216　　　(B) Ever since (その後ずっと)
(C) Unless (〜しない限り) 250　　　(D) Because of (〜のために)

□□□ **175**
【正解】**B**

The CT45 carport is designed to house **vehicles** up to 4.5 meters in length.
(CT45カーポートは全長4.5メートルまでの車を収容できるように設計されている。)

(A) analysis (分析) 269　　　(B) vehicles (乗り物) 251
(C) positions (位置) 203　　　(D) beverages (飲み物) 644

□□□ **176**
【正解】**A**

The company is investigating more cost-effective **methods** of promoting its services.
(会社はサービスを促進する、より費用対効果の高い方法を調査している。)

(A) methods (方法) 388　　　(B) economics (経済) 377
(C) alerts (警報) 443　　　(D) inventories (在庫) 465

Number	Answer
177 【正解】 **D**	Mr. Townsend was among the three top **candidates** for the position of CEO at FDR Finance. (TownsendさんはFDR Finance社の最高経営責任者の有力な3人の候補者の中に入っていた。) (A) surpluses(余剰) 935　　(B) trendsetters(流行を作り出す人) (C) programs(プログラム)　　(D) candidates(候補者) 252
178 【正解】 **C**	Garments from McAfee Fashion **combine** stylish design with comfort and durability. (McAfee Fashion社の衣服はスタイリッシュなデザインに快適さと耐久性を組み合わせている。) (A) enroll(登録する) 688　　　　(B) confirm(〜を確認する) 175 (C) combine(〜を組み合わせる) 253　　(D) expect(〜を予期する) 400
179 【正解】 **D**	All your accommodation and transportation **expenses** will be covered by Giordano Event Company. (あなたの全ての宿泊費と交通費はGiordano Event社によって賄われる。) (A) paychecks(給料)　　　　(B) directions(方向) 447 (C) possibilities(可能性) 408　　(D) expenses(費用) 254
180 【正解】 **A**	Although he **founded** Golden Imports, Mr. Gold is no longer involved in the day-to-day management of the company. (GoldさんはGolden Imports社を創立したが、彼はもはや会社の日々の経営には携わっていない。) (A) founded(〜を設立した) 255　　(B) believed(〜を信じた) (C) examined(〜を調査した)　　(D) expected(〜を予期した) 400
181 【正解】 **B**	Mr. Leitner **informed** the human resources department that he would take an early retirement in December. (Leitnerさんは人事部に、12月に早期退職すると知らせた。) (A) fabricated(〜を製造した) 385　　(B) informed(〜〈人〉に知らせた) 256 (C) discussed(〜を話し合った)　　(D) directed(〜を向けた) 447
182 【正解】 **A**	The city has **introduced** a new set of laws to improve the safety of elevators in commercial buildings. (市は商業ビルのエレベーターの安全性を改善する一連の新しい法律を導入した。) (A) introduced(〜を導入した) 257　　(B) earned(〜を得た) 319 (C) attributed(〜のせいにした) 943　　(D) signified(〜を表した)
183 【正解】 **C**	Ms. Pencil has been asked to **oversee** the opening of a new branch in Belize. (PencilさんはBelizeの新しい支店の開設を監督するように依頼されている。) (A) agree(同意する) 298　　(B) regain(〜を回復する) (C) oversee(〜を監督する) 258　　(D) pay(〜〈代金〉を払う) 500
184 【正解】 **A**	All plumbing work must be authorized in writing by the **property** owners. (全ての配管工事は建物の所有者によって文書で承認されなければならない。) (A) property(建物) 259　　(B) management(管理) 329 (C) occasion(時) 389　　(D) consideration(考慮) 227

Number	Answer
☐☐☐ **185** 【正解】 **B**	There are substantial financial rewards for anyone who **refers** clients to the business. (顧客をビジネスに紹介した人には十分な金銭的報酬がある。) (A) amends (〜を修正する) 941　(B) refers (〜を紹介する) 260 (C) relies (頼りにする) 336　(D) comments (〜とコメントする)
☐☐☐ **186** 【正解】 **D**	The interior design **reflects** the Central American roots of the restaurant's owners. (内装のデザインはレストランオーナーの中央アメリカのルーツを反映している。) (A) graduates (卒業する)　(B) participates (参加する) 222 (C) joins (〜に加入する)　(D) reflects (〜を反映する) 261
☐☐☐ **187** 【正解】 **B**	In a press **release**, the company announced that it would be merging with a competitor in the next few weeks. (報道発表によれば、会社は今後数週間のうちに競争相手と合併すると公言した。) (A) result (結果) 409　(B) release (公開) 262 (C) information (情報) 256　(D) blockage (妨害)
☐☐☐ **188** 【正解】 **C**	If you hope to **secure** a seat on the tour, you should make a reservation as soon as possible. (ツアーの席を確保することを希望するなら、できるだけ早く予約をすべきです。) (A) figure (重要な位置を占める) 230　(B) promote (昇進させる) 223 (C) secure (〜を確保する) 263　(D) record (〜を記録する) 233
☐☐☐ **189** 【正解】 **B**	Orphis Tech **specializes** in security software for large international corporations. (Orphis Tech社は大手国際企業向けのセキュリティソフトに特化している。) (A) ensures (〜を確実にする) 237　(B) specializes (専門にする) 264 (C) negotiates (交渉する) 279　(D) specifies (〜を詳細に述べる) 292
☐☐☐ **190** 【正解】 **D**	Even **though** she had lived in Japan for five years, Ms. Logan was not able to speak the language fluently. (Loganさんは5年間日本に住んでいたが、言葉を流暢に話せなかった。) (A) if (もし〜ならば)　(B) since (〜なので) (C) because (〜だから)　(D) though (〜けれども) 265
☐☐☐ **191** 【正解】 **A**	YTR contributed funds **toward** the construction of a new wing on the Thornton Public Library. (YTR社はThornton公共図書館の新館建設への資金を提供した。) (A) toward (〜の方へ) 266　(B) along (〜に沿って) 212 (C) except (〜を除いて) 202　(D) onto (〜の上へ)
☐☐☐ **192** 【正解】 **C**	Haliburton Consulting has been in business for more than 20 years and has offices **across** Canada. (Haliburton Consulting社は20年以上ビジネスをしており、カナダの至る所に事務所がある。) (A) among (〜の間に) 200　(B) until (〜まで) (C) across (〜中に) 267　(D) between (〜の間)

Number	Answer

☐☐☐ **193**

Many members of the board of directors were **against** the plan to merge with Cranston Automotive.
(取締役会のメンバーの多くがCranston Automotive社との合併の計画に反対した。)

【正解】**A**

(A) against (〜に反して) 268 (B) upon (〜で、〜に) 483
(C) through (〜を通して) (D) about (〜について)

☐☐☐ **194**

Radio 2JZ's morning financial program provides an excellent **analysis** of business news in Queensland. (2JZ'sラジオの朝の経済番組はQueenslandのビジネスニュースの素晴らしい分析を提供している。)

【正解】**C**

(A) distraction (邪魔) 475 (B) retailer (小売業者) 482
(C) analysis (分析) 269 (D) permission (許可) 351

☐☐☐ **195**

Wondercorp **charges** users a monthly fee for access to its huge library of royalty-free music. (Wondercorp社は利用者に著作権使用料無料の膨大な音楽ライブラリーにアクセスするのに月額料金を請求している。)

【正解】**A**

(A) charges (〜を請求する) 271 (B) hosts (〜を主催する) 514
(C) celebrates (〜を祝う) 519 (D) requires (〜を必要とする) 399

☐☐☐ **196**

Armstrong Manufacturing has received several noise **complaints** from surrounding businesses. (Armstrong Manufacturing社は周囲の会社から騒音についていくつかの苦情を受けた。)

【正解】**B**

(A) operations (事業) 535 (B) complaints (不満) 127
(C) achievements (業績) 565 (D) acquisitions (獲得) 358

☐☐☐ **197**

Foods and beverages from Tully Co. **contain** only locally grown, natural ingredients. (Tully社の食品と飲み物は地元で作られた自然の食材のみを含んでいる。)

【正解】**B**

(A) impress (〜に感銘を与える) 610 (B) contain (〜を含む) 273
(C) direct (〜を向ける) 447 (D) innovate (〜を革新する) 660

☐☐☐ **198**

Harmer Dairy Company hired many **former** employees of Birch and Croft Desserts.
(Harmer Dairy社は Birch and Croft Desserts社の多くの元従業員を雇用した。)

【正解】**D**

(A) entire (全体の) 380 (B) regardless (無頓着な) 352
(C) complimentary (無料の) 346 (D) former (以前の) 386

☐☐☐ **199**

Council members voted to carry out preventative maintenance on the town's drainage system ahead of the rainy season.
(市議会の議員は雨期を前に町の排水システムの予防保守を実行することに投票した。)

【正解】**D**

(A) Foreman (監督) (B) Discovery (発見)
(C) Merchandise (商品) 012 (D) Council (議会) 274

☐☐☐ **200**

Carleton Reflective Paint can **decrease** household energy bills by as much as seven percent in the summer. (Carleton Reflective塗装社は、家庭エネルギーの請求額を夏に7パーセントも下げることができる。)

【正解】**A**

(A) decrease (〜を減らす) 275 (B) attend (〜に出席する) 078
(C) complete (〜を完成させる) 116 (D) suppose (〜と思う) 130

Number	Answer

□□□ **201**

Simmons Health Insurance has experienced huge **growth** in its membership since it lowered its monthly rates.（Simmons Health Insurance社は、月額料金を下げて以来、会員数が大幅に増加している。）

【正解】 **C**

(A) editorial（社説）**378**   (B) impression（印象）**610**
(C) growth（成長）**276**   (D) gathering（集会）

□□□ **202**

Grimes Research Institute has a vacancy on its staff for a **laboratory** assistant.
(Grimes Research研究所は研究室のアシスタントスタッフに空きがある。）

【正解】 **D**

(A) regulation（規則）**313**   (B) handbook（ハンドブック）**195**
(C) sequence（順序）   (D) laboratory（研究室）**277**

□□□ **203**

Mr. Yates has had several jobs in the **medical** field, the most significant of which was head of nursing at Wilson Hospital.（Yatesさんは医療分野でいくつかの仕事をしてきたが、その中で最も重要なのはWilson病院の看護師長だった。）

【正解】 **B**

(A) curious（好奇心が強い）   (B) medical（医療の）**278**
(C) absolute（絶対の）**137**   (D) eventual（最終的な）**321**

□□□ **204**

Mr. Truman was able to **negotiate** a large discount by offering to sign a 12-month contract.（Trumanさんは12カ月契約へのサインを申し出ることで大幅な値引きを取り決めることができた。）

【正解】 **C**

(A) automate（自動化する）**362**   (B) clarify（～を明らかにする）**366**
(C) negotiate（～を取り決める）**279**   (D) resemble（～に似ている）**957**

□□□ **205**

It is necessary to **obtain** a forklift operator's license to qualify for a job in the warehouse.（倉庫での仕事の資格を満たすにはフォークリフトの運転免許を持っていることが必要だ。）

【正解】 **B**

(A) aim（～を目指す）**359**   (B) obtain（～を手に入れる）**280**
(C) comply（従う）**347**   (D) field（分野）**911**

□□□ **206**

The Millbury Farming Conference is a wonderful **opportunity** to exchange information with other people in the agricultural industry.
(Millbury農業会議は農産業に関わる他の人々との情報交換の素晴らしい機会だ。）

【正解】 **A**

(A) opportunity（機会）**281**   (B) ability（能力）**342**
(C) appliance（器具）**343**   (D) treatment（治療）**936**

□□□ **207**

The restaurant opened early to **prepare** for a large group of tourists visiting from Spain.（レストランはスペインから訪問している大きな旅行団客の準備をするために早く開店した。）

【正解】 **D**

(A) tend（～しがちである）**355**   (B) monitor（～を監視する）**307**
(C) settle（～に決着をつける）**665**   (D) prepare（準備する）**282**

□□□ **208**

Mr. Peterson **presented** the award for first place at the annual advertising awards in Seattle.
(PetersonさんはSeattleで行われた年間広告大賞で1等を贈呈した。）

【正解】 **C**

(A) detected（～を見つけた）**947**   (B) separated（～を分けた）**338**
(C) presented（～を贈呈した）**283**   (D) exceeded（～を超えた）

Number	Answer

209
【正解】 **D**

☐☐☐

<u>**Prior**</u> to working at Georgetown River Cruises, Todd Dawe was the captain of a large ocean liner.
(Georgetown River Cruises社で働く前は、Todd Daweは大きな定期船の船長だった。)

(A) Proper（適切な） **334**　　(B) Popular（人気がある） **309**
(C) Purposeful（断固とした）　(D) Prior（前の） **284**

210
【正解】 **A**

☐☐☐

First-time subscribers to the Winear Online Music streaming service **qualify** for discount tickets to many live concerts. (Winear Online Musicのストリーミングサービスを初めて定期申込した人は、たくさんのライブコンサートの割引チケットをもらう資格がある。)

(A) qualify（～の資格を与える） **285**　　(B) double（2倍にする） **428**
(C) disturb（～を邪魔する）　　　　(D) prevent（～するのを防ぐ） **310**

211
【正解】 **B**

☐☐☐

Mantapro has donated to the Shoreline Preservation Society on several **occasions**.
(Mantapro社はShoreline Preservation Societyに何度も寄付をしている。)

(A) profits（利益） **311**　　(B) occasions（時） **389**
(C) options（選択） **332**　　(D) appeals（アピール）

212
【正解】 **A**

☐☐☐

Stockholm Fashion **recruits** people from many of the nation's top design schools.
(Stockholm Fashion社は国内のたくさんのトップクラスのデザイン学校の卒業生を新規採用している。)

(A) recruits（～を新規採用する） **287**　　(B) undergoes（～を経験する） **340**
(C) withdraws（～を撤回する）　　　　(D) reverses（～を翻す）

213
【正解】 **C**

☐☐☐

As it is not possible to **reserve** parking spaces, concert-goers are advised to use public transportation. (駐車スペースを予約できないので、コンサートに行く人は公共交通を利用するようアドバイスされる。)

(A) compose（～を組み立てる）　　(B) urge（～を説得する） **341**
(C) reserve（～を予約する） **288**　　(D) insist（～と主張する） **950**

214
【正解】 **C**

☐☐☐

Freda's Café is popular with local **residents** but relatively unknown to visitors to the area. (Freda's Caféは地元の住民に人気があるが、この地域への訪問者にはあまり知られていない。)

(A) solutions（解決策） **339**　　(B) refunds（払い戻し） **335**
(C) residents（住民） **289**　　(D) entertainments（娯楽）

215
【正解】 **B**

☐☐☐

Collins Ice Cream has expanded its production capacity to better **satisfy** customer demand.
(Collins Ice Cream社は顧客からの要望をより満足させるため、生産能力を高めた。)

(A) depict（～を描写する） **375**　　(B) satisfy（～を満足させる） **290**
(C) appoint（～を任命する） **083**　　(D) graduate（卒業する）

216
【正解】 **A**

☐☐☐

Tomkins Roofing looks for **economical** solutions to roofing problems to help its clients save money. (Tomkins Roofing社は顧客の節約を助けるために屋根の問題の経済的な解決法を探している。)

(A) economical（経済的な） **377**　　(B) extensive（大規模な） **384**
(C) steady（着実な）　　　　　　(D) essential（不可欠の） **381**

Number	Answer

☐☐☐ **217**

【正解】 **D**

The caterer has asked that we **specify** the number of diners by Friday afternoon.
(ケータリング業者は金曜の午後までに食事をする人の人数を明らかにするように求めた。)

(A) organize(～を準備する) 350　　　(B) instruct(～に指示する) 326
(C) commute(通勤する) 473　　　(D) specify(～を詳細に述べる) 292

☐☐☐ **218**

【正解】 **C**

By concentrating on customer needs, Hollywell Books was able to **succeed** despite the slow economy. (顧客のニーズに集中することで、Hollywell Books社は景気が悪いにもかかわらず成功することができた。)

(A) conclude(～と結論を下す) 491　　　(B) expire(有効期限が切れる) 301
(C) succeed(成功する) 293　　　(D) generalize(～を一般化する)

☐☐☐ **219**

【正解】 **D**

Peter Chow was asked to **supervise** the trainees while the human resources officer was away for the day.
(Peter Chowは人事部長が一日留守の間、研修生を監督するように頼まれた。)

(A) last(続く) 397　　　(B) mark(～に印を付ける)
(C) demand(～を要求する) 318　　　(D) supervise(～を監督する) 294

☐☐☐ **220**

【正解】 **A**

The Brookline Island Ferry can **accommodate** up to 55 people and their luggage.
(Brookline Islandフェリーは、最大55人の乗客とその荷物を収容することができる。)

(A) accommodate(～を収容する) 295　　　(B) attend(～に出席する) 078
(C) renew(～を再開する) 337　　　(D) halt(～を中止させる)

☐☐☐ **221**

【正解】 **B**

Ms. Walker sent each of the successful applicants an e-mail to **acknowledge** their approval and to suggest a start date. (Walkerさんは合格した応募者一人一人に、承認したことと就業日を知らせるためにeメールを送った。)

(A) enclose(～を同封する) 405　　　(B) acknowledge(～を認める) 296
(C) invent(～を発明する) 951　　　(D) own(～を所有する) 414

☐☐☐ **222**

【正解】 **A**

By doing well at the first round of interviews, Mr. Collins was able to **advance** to the next stage of the evaluation process. (初回の面接でうまくいったので、Collinsさんは評価プロセスの次の段階に進むことができた。)

(A) advance(前進する) 297　　　(B) specify(～を詳細に述べる) 292
(C) comply(従う) 347　　　(D) tend(～しがちである) 355

☐☐☐ **223**

【正解】 **C**

According to the terms of the supply **agreement**, Sanderson Beds must ship 3,000 beds a month to Freeman Furniture Stores. (供給合意条件により、Sandersonベッド社は月3000台のベッドをFreeman家具店へ出荷しなければならない。)

(A) volunteer(ボランティア) 424　　　(B) representative(代表者) 416
(C) agreement(契約) 298　　　(D) principal(校長)

☐☐☐ **224**

【正解】 **C**

Generally speaking, sales **associate** is considered an entry-level position with little opportunity for promotion. (一般的に言って、販売員は昇進の機会がほとんどない、初級レベルの職位とみなされている。)

(A) relevance(関連)　　　(B) crop(作物) 373
(C) associate(同僚) 299　　　(D) basis(基礎) 695

Number	Answer

☐☐☐ **225** 【正解】 **B**

Hancock Floorings authorizes **certain** employees to use company vehicles for work-related trips.（Hancock Floorings社は特定の従業員に社用車を仕事関連の出張に使うことを認めている。）

(A) potential（可能性のある）333　　(B) certain（特定の）300
(C) respective（それぞれの）　　(D) economical（経済的な）377

☐☐☐ **226** 【正解】 **A**

Be sure to use this voucher at Tasty Treat Ice Cream before it **expires**.
（期限が切れる前に、Tasty Treatアイスクリームでこの割引券を必ず使ってください。）

(A) expires（有効期限が切れる）301　　(B) manages（〜を管理する）329
(C) detects（〜を見つける）947　　(D) organizes（〜を準備する）350

☐☐☐ **227** 【正解】 **D**

The board of directors is still reviewing the designs for the new sports **facility** in Benowa.
（取締役会はBenowaの新しいスポーツ施設のデザインをまだ検討中である。）

(A) insurance（保険）304　　(B) effect（影響）320
(C) surplus（余剰）935　　(D) facility（施設）302

☐☐☐ **228** 【正解】 **C**

The government is offering **grants** to young people with interesting business ideas.
（政府は興味深いビジネスのアイデアを持っている若者に補助金を提供している。）

(A) statements（報告書）354　　(B) terms（条件）315
(C) grants（補助金）303　　(D) reductions（減少）160

☐☐☐ **229** 【正解】 **D**

A survey was used to **identify** areas for improvement in product design.
（調査は製品のデザインで改善すべき箇所を特定するために利用された。）

(A) excel（〜より優れている）322　　(B) notify（〜〈人〉に通知する）308
(C) comply（従う）347　　(D) identify（〜を特定する）387

☐☐☐ **230** 【正解】 **A**

Ms. Leishman's experience as a lawyer was **exactly** what the company was looking for in the head of its legal department.（Leishmanさんの弁護士としての経験は、その会社が法務部長に求めているまさにそのものだった。）

(A) exactly（正確に）383　　(B) lately（最近）328
(C) thoroughly（完全に）356　　(D) relatively（比較的）353

☐☐☐ **231** 【正解】 **B**

According to the terms of the **lease**, the company is obliged to get permission before making alterations to the building.
（賃貸条件によれば、会社は建物を改修する前に許可を取らなければならない。）

(A) quote（引用文）391　　(B) lease（賃貸借契約）306
(C) drawing（線画）376　　(D) decade（10年間）374

☐☐☐ **232** 【正解】 **A**

Workers should closely **monitor** the temperature gauge on the factory equipment to make sure it does not overheat.
（従業員は工場設備が過熱しないように、温度計を注意深く監視すべきだ。）

(A) monitor（〜を監視する）307　　(B) approximate（およそ〜になる）344
(C) emphasize（〜を強調する）188　　(D) consider（〜をよく考える）227

	Number	Answer

233
【正解】 **C**

To **eliminate** waste, the company has installed sensor light switches on each floor of the building.
（無駄をなくすために、会社は建物の各階にセンサー付きの照明スイッチを設置した。）
(A) transport（～を輸送する） **316**　　　(B) expand（～を拡大する） **180**
(C) eliminate（～を除く） **379**　　　(D) complete（～を完成させる） **116**

234
【正解】 **A**

Please **forward** any sales inquiries to Max Hargreaves until Ms. Harper returns from her vacation.（売上についての質問は、Harperさんが休暇から戻るまでは Max Hargreavesに転送してください。）
(A) forward（～を転送する） **396**　　　(B) adopt（～を採用する） **685**
(C) intend（～するつもりである） **523**　　　(D) weigh（～の重さを量る） **683**

235
【正解】 **B**

Fluctuations in the cost of building materials have made it hard for contractors to provide **precise** estimates.（建築資材の価格の変動は、請負業者にとって正確な見積もりを出すことを困難にした。）
(A) positive（前向きの） **613**　　　(B) precise（正確な） **479**
(C) executive（重役の） **513**　　　(D) contemporary（現代の） **568**

236
【正解】 **D**

Please let the server know if you **require** a receipt for your meal.
（食事代の領収書が必要なら給仕人に知らせてください。）
(A) commission（～するように依頼する） **472**　　(B) dine（食事をする） **474**
(C) represent（～を代表する） **481**　　　(D) require（～を必要とする） **399**

237
【正解】 **B**

Hotel guests should **note** that breakfast will only be served until 9:00 A.M.
（朝食は午前9時までですので、ホテルにお泊りのお客様はご注意ください。）
(A) concern（～を心配させる） **170**　　　(B) note（～に注意を払う） **401**
(C) expire（有効期限が切れる） **301**　　　(D) follow（～の後に付いていく） **526**

238
【正解】 **C**

Mr. Simms would **appreciate** it if we all got together for his birthday.
（Simmsさんは誕生日に私たちが皆集まったらうれしいだろう。）
(A) assign（～を割り当てる） **566**　　　(B) involve（～を含む） **562**
(C) appreciate（～に感謝する） **404**　　　(D) represent（～を代表する） **481**

239
【正解】 **B**

Further **details** will be made available from the Web site.
（詳しくはウェブサイトをご覧ください。）
(A) achievements（業績） **565**　　　(B) details（詳細） **406**
(C) landscapes（風景） **575**　　　(D) performances（業績） **926**

240
【正解】 **D**

A team of programmers was hired to **develop** a smartphone app for the new security camera.（プログラマーのチームは、新しいセキュリティカメラのスマートフォンアプリを開発するために雇われた。）
(A) resist（～に抵抗する）　　　(B) consult（～に意見を求める） **593**
(C) finalize（～を完結させる） **595**　　　(D) develop（～を開発する） **407**

Number	Answer

□□□ **241**

Ms. Greene asked one of her acquaintances for an **introduction** to a financial expert.

（Greeneさんは財務の専門家の紹介を彼女の知り合いの一人に頼んだ。）

【正解】 **A**

(A) introduction（紹介） 477 (B) exception（例外） 202
(C) opportunity（機会） 281 (D) enterprise（企業） 476

□□□ **242**

It might be **possible** to reschedule the trip if we can find a hotel vacancy.

（もしホテルの部屋の空きを見つけることができたら、旅行のスケジュールを変更することが可能かもしれません。）

【正解】 **C**

(A) secure（安全な） 263 (B) temporary（一時的な） 602
(C) possible（可能な） 408 (D) legal（法律の） 611

□□□ **243**

John Tutor **accepted** a position at a rival firm that was offering better financial rewards.

（John Tutorはより良い金銭的報酬を提供するライバル会社の地位を受け入れた。）

【正解】 **A**

(A) accepted（～を受け入れた） 410 (B) impressed（～に感銘を与えた） 610
(C) catered（〈宴会などの〉料理をまかなった） 619 (D) gathered（～を集めた）

□□□ **244**

You can **avoid** traffic congestion in the city center by using the new rail service.

（新しい鉄道サービスを使うことで都心の交通渋滞を避けることができます。）

【正解】 **C**

(A) distribute（～を分配する） 623 (B) transfer（～を移転する） 625
(C) avoid（～を避ける） 411 (D) repeat（～を繰り返す）

□□□ **245**

The film *Scotts Manor* is **based** on a true story from the life of Maxwell Scott.

（映画『Scotts Manor』はMaxwell Scottの人生の実話を基にしている。）

【正解】 **A**

(A) based（～を置いた） 412 (B) composed（～を組み立てた）
(C) deposited（〈手付金、保証金として〉～を支払った） 630
(D) departed（出発した） 646

□□□ **246**

Before coming to AMG Television, Ms. Kling **ran** a successful production company in Idaho. （AMG Television社に来る前は、KlingさんはIdahoで成功を収めた制作会社を経営していた。）

【正解】 **B**

(A) occupied（～を占有した） 654 (B) ran（～を経営した） 417
(C) tracked（～を追跡した） 658 (D) recalled（～を思い出した）

□□□ **247**

Pete Dawn **served** on the Barton International Music Festival organizing committee for five years in a row.

（Pete DawnはBarton国際音楽祭の組織委員会の委員を5年続けて務めた。）

【正解】 **B**

(A) noted（～に注意を払った） 401 (B) served（～に仕えた） 418
(C) certified（～を証明した） 668 (D) relocated（～を移転させた） 663

□□□ **248**

The **daily** insurance rate for rental vehicles varies according to the age of the renter.

（レンタカーの1日当たりの保険料率は借り手の年齢によって変わる。）

【正解】 **D**

(A) mature（十分に成長した） (B) enthusiastic（熱狂的な） 673
(C) close（密接な） 317 (D) daily（日単位の） 420

	Number	Answer

249 【正解】**B**

We **frequently** update our online catalog to include new products and special discount offers. (当社はオンラインカタログを頻繁に更新して、新製品や特別割引オファーを掲載しています。)

(A) literally（文字通りに）   (B) frequently（しばしば）
(C) remarkably（著しく）   (D) evenly（均等に）

250 【正解】**A**

Mr. Ling retired from Murphy Law ending a long and successful **career** as an attorney. (LingさんはMurphy法律事務所を退職し、弁護士としての長く成功に満ちたキャリアを終えた。)

(A) career（キャリア） **426**   (B) officer（役員） **634**
(C) function（機能） **914**   (D) selection（選択） **931**

251 【正解】**C**

The operating system in this **device** will automatically update itself once a week. (この装置のオペレーティングシステムは週1回、自動的にアップデートされる。)

(A) failure（失敗）   (B) outline（概略） **635**
(C) device（装置） **427**   (D) pollution（汚染）

252 【正解】**D**

Waystar Photography has an **excellent** reputation among the high-profile businesses it serves. (Waystar Photography社は、同社がサービスを提供する著名な企業の間で素晴らしい評判を得ている。)

(A) exhaustive（徹底的な）   (B) alternative（代わりの） **640**
(C) optional（選択の） **332**   (D) excellent（素晴らしい） **429**

253 【正解】**C**

Although the election is a year away, there are currently five candidates for the position of **mayor**.
(選挙は1年先だが、現在のところ市長の地位に5人の候補者がいる。)

(A) luggage（手荷物） **633**   (B) instrument（楽器） **651**
(C) mayor（市長） **431**   (D) insight（洞察） **495**

254 【正解】**B**

All Royco products are covered by a 12-month warranty unless **otherwise** stated.
(全てのRoyco社の製品は特に断り書きがない限り、12カ月の保証が付いている。)

(A) because（～だから）   (B) otherwise（違ったふうに） **432**
(C) also（～もまた）   (D) as（～として）

255 【正解】**A**

The Homesafe water tank is great for people living in rural areas during extended dry **periods**.
(Homesafe社の貯水槽は長い乾期の間、田園地帯に住んでいる人々にとって役立つ。)

(A) periods（期間） **433**   (B) ceremonies（儀式） **567**
(C) itineraries（旅程表） **652**   (D) regards（配慮） **239**

256 【正解】**D**

Helen Moore was recently made vice **president** of development and planning.
(Helen Mooreは最近、開発・企画担当副社長に就任した。)

(A) conclusion（結論） **491**   (B) merger（合併） **653**
(C) anticipation（予想） **462**   (D) president（社長） **435**

解答

Number	Answer
257	Employees were given a pay **raise** after the company posted record profits for three years in a row.
	(従業員は会社が3年続けて記録的な利益を計上した後で給料が上がった。)
【正解】**C**	(A) remark(所見) **664**　　(B) personnel(人事) **636** (C) raise(賃上げ) **436**　　(D) judgment(判断)
258	Aganovic knives are not available from **retail** stores and can only be purchased from the manufacturer's Web site. (Aganovic社のナイフは小売店では入手できず、製造業者のウェブサイトからのみ購入できる。)
【正解】**D**	(A) enthusiastic(熱狂的な) **673**　　(B) steady(着実な) (C) attractive(魅力的な) **642**　　(D) retail(小売り) **438**
259	Employees must always maintain a professional **appearance** when they are on duty. (従業員は仕事中はいつもプロらしい外見を維持しなければならない。)
【正解】**A**	(A) appearance(外見) **486**　　(B) aspect(局面) (C) priority(優先事項) **679**　　(D) caution(注意)
260	Unfortunately, whiteboard markers are now out of **stock** and will not be available until next week. (残念ながら、ホワイトボードマーカーは現在、在庫切れで、来週まで入手できない。)
【正解】**B**	(A) pharmaceutical(〈通常-s〉製薬会社) **637**　　(B) stock(在庫) **440** (C) attendance(出席) **095**　　(D) commitment(約束) **686**
261	When receiving the employee-of-the-year award, Ms. Marks thanked her team for their **support**.
	(年間社員賞を受け取る時、Marksさんは彼女のチームのサポートに感謝した。)
【正解】**A**	(A) support(援助) **441**　　(B) matters(問題) **547** (C) encounter(出会い)　　(D) permission(許可) **351**
262	Passengers on Starr Airlines receive **alerts** via text messages when their flights are delayed. (Starrエアラインの乗客は、彼らのフライトが遅延する時、テキストメッセージで通知を受け取る。)
【正解】**C**	(A) values(価値) **403**　　(B) effects(影響) **320** (C) alerts(通知) **443**　　(D) actions(行動)
263	The company **apologized** to customers whose shipments arrived later than expected.
	(会社は荷物が予想より遅く到着した顧客に謝罪した。)
【正解】**C**	(A) registered(～を登録した) **171**　　(B) regarded(～を〈高く〉評価した) **239** (C) apologized(謝罪した) **444**　　(D) restored(～を回復した) **680**
264	When you send in your e-mail application, please remember to **attach** your résumé. (eメールで応募用紙を送る時には、履歴書を忘れずに添付してください。)
【正解】**B**	(A) compensate(～の埋め合わせをする) **490** (B) attach(～〈文書など〉を添付する) **445** (C) research(～を調査する) **173**　　(D) validate(～を有効にする) **579**

280

	Number	Answer

□□□ **265**

【正解】 **A**

According to a recent article, Presia is Australia's fastest growing hotel **chain**.
(最近の記事によれば、PresiaはAustraliaで最も早く成長しているホテルチェーンだ。)
(A) chain（チェーン店）**446**　　(B) account（口座）**063**
(C) activity（活動）　　(D) aisle（〈座席や棚などの間の〉通路）**087**

□□□ **266**

【正解】 **D**

If you have any questions about the banquet, please **direct** them to the organizers.
(晩餐会について何か質問があれば、まとめ役に直接連絡してください。)
(A) consider（～をよく考える）**227**　　(B) arrive（着く）**055**
(C) permit（～を許可する）**549**　　(D) direct（～を向ける）**447**

□□□ **267**

【正解】 **C**

The Reinhart family recently **donated** a huge collection of artworks to the Baker Museum of Art.（Reinhart家は最近、膨大な芸術作品のコレクションをBaker美術館に寄贈した。)
(A) practiced（～を練習した）**954**　　(B) rescheduled（～の予定を変更した）**100**
(C) donated（～を寄付した）**448**　　(D) related（～を関連させた）**956**

□□□ **268**

【正解】 **D**

Sparkways apologizes for any **inconvenience** suffered by customers during its brief closure.
(Sparkways社は短い閉店の期間中、顧客に不便をかけることを謝罪する。)
(A) satisfaction（満足）**290**　　(B) prescription（処方箋）**098**
(C) participant（参加者）**222**　　(D) inconvenience（不便）**449**

□□□ **269**

【正解】 **A**

Interested **individuals** can learn more about the fun run by visiting the Web site.
(興味のある人はウェブサイトを見れば、市民マラソンについてもっと知ることができる。)
(A) individuals（個人）**450**　　(B) temperatures（温度）
(C) logistics（物流）　　(D) registrations（登録）**171**

□□□ **270**

【正解】 **B**

Preston ice cream is made with locally grown **ingredients** from organic farms.
(Prestonアイスクリームは地元の有機農場で作られた食材でできている。)
(A) colleagues（同僚）**113**　　(B) ingredients（食材）**451**
(C) details（細部）**406**　　(D) receptions（受付）**556**

□□□ **271**

【正解】 **A**

It is company policy to pay **invoices** within a week of receiving them.
(請求書を受け取ったら1週間以内に支払うのが会社のポリシーだ。)
(A) invoices（請求書）**452**　　(B) relations（関係）
(C) exchanges（交換）**131**　　(D) purchases（購入）**106**

□□□ **272**

【正解】 **C**

Michael Segura has decided to **launch** a range of men's accessories for sale in his stores.
(Michael Seguraはさまざまな男性用アクセサリーを店で売り出すことを決めた。)
(A) express（～を伝える）**181**　　(B) compete（競争する）**621**
(C) launch（～を売り出す）**453**　　(D) urge（～を説得する）**341**

解答

Number	Answer
273 【正解】 **C**	**Upon** joining the company, you will be issued with a uniform and a laptop computer. （会社に入社すると、制服とノートパソコンが支給されるだろう。） (A) Into（～の中へ）　　　　　(B) Since（～なので） (C) Upon（～すると）**483**　　(D) Until（～まで）
274 【正解】 **B**	Find great homes for sale in any **neighborhood** using the Realesta One app. （Realesta Oneアプリを使って、あらゆる地域で売り出し中の素晴らしい家を見つけてください。） (A) promotion（昇進）**182**　　(B) neighborhood（地域）**455** (C) preparation（準備）**282**　　(D) broadcast（放送）**154**
275 【正解】 **A**	The North American Farming Convention attracts agricultural experts from across the **region**. （北アメリカ農業会議は地域中の農業の専門家を引きつける。） (A) region（地域）**457**　　　(B) presentation（プレゼン）**067** (C) nutrition（栄養）**190**　　(D) proof（証拠）**692**
276 【正解】 **D**	Mortenson Engineering is **seeking** qualified welders for its new manufacturing plant in Palmerston. （Mortenson Engineering社はPalmerstonの新しい製造工場のために資格のある溶接工を探している。） (A) addressing（～に伝えている）**183**　(B) determining（～を決定している）**553** (C) reducing（～を減らしている）**160**　(D) seeking（～を探している）**458**
277 【正解】 **C**	Dolby Financial Advisors provides advice and strategies that are **tailored** to each client's specific needs. （Dolby Financial Advisors社は各顧客の具体的なニーズに合わせてアドバイスや戦略を提供している。） (A) inspected（検査された）**325**　(B) placed（置かれた）**007** (C) tailored（合わせられた）**459**　(D) merged（合併された）**689**
278 【正解】 **D**	The IT section is responsible for providing general **technical** advice and solving networking issues. （IT部門は一般的な技術面の助言を提供し、ネットワークの問題を解決する責任がある。） (A) entire（全体の）**380**　　(B) eligible（適格の）**349** (C) patient（忍耐強い）**478**　(D) technical（技術上の）**460**
279 【正解】 **B**	Because the hotel's elevators are now 20 years old, we **anticipate** some mechanical issues from time to time. （ホテルのエレベーターは設置してから20年もたつので、時々機械の問題があることは予想しています。） (A) stabilize（～を安定させる）　　(B) anticipate（～を予想する）**462** (C) establish（～を設立する）**214**　(D) initiate（～を始める）
280 【正解】 **A**	Plymouth Plumbing uses only **commercial** grade fittings in all of its projects. （Plymouth Plumbing社は、全てのプロジェクトにおいて商業用品質の取り付け部品のみを使っている。） (A) commercial（商業〈上〉の）**463**　(B) successful（成功した）**293** (C) previous（以前の）**469**　　(D) patient（忍耐強い）**478**

	Number	Answer

281 【正解】 **C**

The Douglass Street store is **convenient** for customers because of its large parking lot.

(Douglass通りの店舗は大きな駐車場があるので顧客にとって便利だ。)

(A) wholesale（卸売の） **484**　　(B) precise（正確な） **479**

(C) convenient（便利な） **464**　　(D) regional（地域の） **480**

---

282 【正解】 **C**

To get rid of its excess **inventory**, Miller Tires holds an annual clearance sale.

(余分な在庫を減らすために、Miller Tires社は年1回在庫一掃セールを行う。)

(A) security（警備） **507**　　(B) calculation（計算） **489**

(C) inventory（在庫） **465**　　(D) transport（輸送） **316**

---

283 【正解】 **B**

You should renew your **membership** before it expires by visiting the Web site.

(会員の期限が切れる前に、ウェブサイトを訪問して更新してください。)

(A) compensation（補償） **490**　　(B) membership（会員権） **466**

(C) industry（産業） **209**　　(D) retailer（小売業者） **482**

---

284 【正解】 **A**

Shipments from Dalton Meatworks should be placed in the refrigerator **promptly** upon delivery.

(Dalton Meatworks社からの荷物は届いたらすぐ冷蔵庫に収められるべきだ。)

(A) promptly（遅延なく） **470**　　(B) beforehand（前もって）

(C) afterward（その後で） **485**　　(D) simply（全く） **666**

---

285 【正解】 **D**

Robert Odanaka **previously** worked as a lawyer, so he has an excellent knowledge of corporate law.（Robert Odanakaは以前弁護士として働いていたので、会社法について素晴らしい知識を持っている。）

(A) immediately（直ちに） **583**　　(B) increasingly（ますます） **115**

(C) possibly（ひょっとしたら） **408**　　(D) previously（以前に） **469**

---

286 【正解】 **B**

Many of our employees **commute** to work by bicycle, so a parking shelter would certainly be appreciated.

(従業員の多くが自転車で出勤しているので、覆いのある駐車場が喜ばれるだろう。)

(A) appear（現れる） **528**　　(B) commute（通勤する） **473**

(C) invest（～を投資する） **327**　　(D) authorize（～を認可する） **694**

---

287 【正解】 **A**

Unfortunately, Ms. Grant will not be available for consultations this week as she is on a business trip.

(残念ながら、Grantさんは出張中なので、今週のコンサルはできないだろう。)

(A) Unfortunately（残念ながら） **461**　　(B) Considerably（かなり） **227**

(C) Nationally（国家的に）　　(D) Properly（適切に） **334**

---

288 【正解】 **C**

The food took almost an hour to prepare. **Moreover** some of our guests were served the wrong dishes.（料理を準備するのに大体1時間かかった。さらに、お客の何人かは間違った料理を出された。）

(A) Consequently（その結果）　　(B) Therefore（したがって） **398**

(C) Moreover（その上） **468**　　(D) Similarly（同様に） **439**

解答 A

Number	Answer

☐☐☐ **289**

【正解】
D

Mr. Natividad will be away from the office all week. **Likewise**, Ms. Cho will not return from her business trip until Friday evening. (Natividadさんは1週間事務所を空けるだろう。同様に、Choさんも金曜夜まで出張から戻らない。)

(A) Accordingly（それゆえに）　　(B) In as much as（〜なので）

(C) However（しかしながら）　　(D) Likewise（同じように）454

☐☐☐ **290**

【正解】
A

The price of timber has increased significantly. **Therefore**, we must take this into account when estimating the cost of construction projects. (材木の値段がとても上がった。それゆえ、建設プロジェクトの費用を見積もる時には、このことを考慮に入れなければならない。)

(A) Therefore（それゆえに）398　　(B) In contrast（その一方）

(C) For example（例えば）　　(D) In summary（要約すると）

☐☐☐ **291**

【正解】
A

At FRD Supermarkets, shopping bags are no longer provided for free. **Nevertheless**, you can purchase them for a minimal fee. (FRDスーパーマーケットでは、買い物袋はもう無料提供されていない。しかし、買い物袋は最低限の費用で購入することができる。)

(A) Nevertheless（それにもかかわらず）456　　(B) Otherwise（さもないと）432

(C) In addition（その上）468　　(D) Similarly（同様に）439

☐☐☐ **292**

【正解】
C

At the **conclusion** of the workshop, the presenter asked the participants to fill out a survey. (ワークショップの結びに、発表者は参加者にアンケート調査に記入するように頼んだ。)

(A) criterion（基準）670　　(B) obligation（義務）922

(C) conclusion（結論）491　　(D) expiration（終了）301

☐☐☐ **293**

【正解】
A

In order to fill the empty positions, the human resources department placed an **advertisement** in a local newspaper.

(空いているポストを埋めるために、人事部は地元紙に広告を出した。)

(A) advertisement（広告）496　　(B) expense（費用）254

(C) endeavor（努力）493　　(D) organization（組織）350

☐☐☐ **294**

【正解】
D

Even though it was highly **rated** by critics, Mads Simmons' new film failed to make a profit. (Mads Simmonsの新しい映画は批評家に高く評価されたが、利益を生み出すことはなかった。)

(A) overlooked（見下ろされた）677　　(B) established（設立された）214

(C) weighed（慎重に検討された）683　　(D) rated（評価された）499

☐☐☐ **295**

【正解】
B

Reimbursements for business trip-related purchases will be included in your monthly **pay**.

(出張に関連して購入したものの精算は毎月の給料に含まれる。)

(A) pharmacy（薬局）637　　(B) pay（給料）500

(C) preference（好み）434　　(D) promise（約束）

☐☐☐ **296**

【正解】
C

Many people are choosing to live in Fielding's Creek because the **rent** is more reasonable there.

(多くの人が賃貸料がより手頃なのでFielding's Creekに住むことを選んでいる。)

(A) entry（参加）　　(B) ideal（理想）649

(C) rent（賃貸料）501　　(D) length（長さ）

☐☐☐ **297**

【正解】
B

The **quality** of the instruction at Milford Technical Academy is second to none.
(Milford Technical Academyの指導の質には並ぶものがない。)
(A) accomplishment（業績）**638**　　(B) quality（品質）**502**
(C) exposure（露出）　　(D) publicity（広告）**247**

☐☐☐ **298**

【正解】
D

Peter Beaumont played soccer on his local team for several years before he turned **professional**.
(Peter Beaumontはプロになる前に数年間、地元のチームでサッカーをしていた。)
(A) complete（完全な）**116**　　(B) advantageous（有利な）**627**
(C) partial（一部の）　　(D) professional（プロの）**503**

☐☐☐ **299**

【正解】
A

All of the rooms at Seaside Lodge have magnificent **views** of the ocean.
(Seaside Lodgeの全ての部屋は海の素晴らしい眺めがある。)
(A) views（眺め）**504**　　(B) wishes（願望）
(C) scenes（現場）　　(D) proofs（証拠）**692**

☐☐☐ **300**

【正解】
C

Ms. Meyer's magazine article **focuses** on works by contemporary Canadian artists.
(Meyerさんの雑誌の記事は現代のカナダの芸術家の作品に焦点を当てている。)
(A) authorizes（～を認可する）**694**　　(B) continues（～を続ける）
(C) focuses（焦点を当てる）**505**　　(D) merges（～を合併する）**689**

☐☐☐ **301**

【正解】
A

Mr. Truman has been in his **current** position as company president for 20 years.
(Trumanさんは20年間、会社の社長として今の地位にずっといる。)
(A) current（今の）**506**　　(B) visible（目に見える）
(C) affordable（〈値段が〉手頃な）**628**　　(D) ancient（古代の）

☐☐☐ **302**

【正解】
C

Steve Yeardley was suggested as the new head of **security** for the facility.
(Steve Yeardleyは施設の新しい警備部長として推された。)
(A) income（収入）**616**　　(B) beverage（飲み物）**644**
(C) security（警備）**507**　　(D) accuracy（正確さ）

☐☐☐ **303**

【正解】
A

XFactor Online Video is a proud **sponsor** of the Stanford Amateur Film Awards.
(XFactor Online Video社はStanfordアマチュア映画賞の誇りある広告主だ。)
(A) sponsor（スポンサー）**508**　　(B) mentor（助言者）
(C) venture（ベンチャー事業）**682**　　(D) consumer（消費者）**645**

☐☐☐ **304**

【正解】
B

A list of **upcoming** club events will be mailed to members along with the monthly newsletter. (来るべきクラブイベントのリストは会員に月刊ニュースレターと一緒に送られるだろう。)
(A) cautious（注意深い）　　(B) upcoming（来るべき）**509**
(C) eager（熱望している）　　(D) generous（気前のいい）**675**

Number	Answer

305

【正解】 **A**

Employee photographs will **appear** in the company directory when it is published.

(会社の従業員名簿が発行される時に従業員の写真が載るだろう。)

(A) appear（現れる） 528　　　　(B) restore（～を回復する） 680
(C) imply（～をほのめかす） 949　　(D) contribute（貢献する） 629

306

【正解】 **D**

Hotel guests may leave their luggage in our **storage** lockers for up to 10 hours after they check out. （ホテルにご宿泊のお客様はチェックアウト後、最大10時間まではホテルの保管ロッカーに荷物を置いておくことができる。）

(A) innovation（革新） 660　　　(B) conflict（予定が重なること） 669
(C) plumber（配管工） 691　　　(D) storage（保管（庫）） 511

307

【正解】 **D**

According to the product **description** the XR15 photocopier is the fastest copier on the market.

(製品説明によれば、XR15コピー機は市場で最速のコピー機だ。)

(A) consideration（考慮） 227　　(B) confidence（自信）
(C) accomplishment（業績） 638　(D) description（説明） 512

308

【正解】 **A**

With plenty of accommodation and event spaces, Springfield **hosts** more than 50 conferences every year. （豊富な宿泊施設とイベントスペースがあるので、Springfieldは毎年50以上の会議を主催する。）

(A) hosts（～を主催する） 514　　(B) encloses（～を同封する） 405
(C) contributes（貢献する） 629　(D) adopts（～を採用する） 685

309

【正解】 **B**

Ms. Brand was nominated for an award for her **outstanding** contributions to the community.

(Brandさんは彼女の地域社会への傑出した貢献により賞にノミネートされた。)

(A) potential（可能性のある） 333　(B) outstanding（傑出した） 655
(C) former（以前の） 386　　　　(D) minimal（最小の）

310

【正解】 **D**

Officials from the city council will speak with homeowners about their safety concerns.

(市議会の職員は住宅の所有者に安全性に関する心配について話すだろう。)

(A) Permissions（許可） 351　　(B) Reputations（評判） 693
(C) Calculators（計算機） 489　(D) Officials（役人） 516

311

【正解】 **B**

Patrick Uskert used a **press** release to announce his plan to retire as CEO of Uskert Industries. （Patrick UskertはUskert Industries社のCEOから引退する計画を発表するためにプレスリリースを使った。）

(A) distribution（分配） 623　　(B) press（報道機関） 517
(C) collaboration（協力）　　　(D) paperwork（事務作業） 661

312

【正解】 **C**

Martin Scout is the **author** of several best-selling books including *Big Data Archeology*.

(Martin Scoutは、『Big Data Archeology』を含む何冊かのベストセラー本の著者だ。)

(A) clarity（明快さ） 366　　　(B) outline（概略） 635
(C) author（著者） 518　　　　(D) manuscript（原稿）

	Number	Answer

313 【正解】 **B**

The Regal Ballroom is often used for smaller events and family **celebrations**.
(The Regal Ballroomはしばしば小さいイベントや家族の祝賀会に使われる。)
(A) ventures（ベンチャー事業）682　　(B) celebrations（祝賀会）519
(C) portfolios（サンプル集）927　　(D) insights（洞察）495

314 【正解】 **A**

The **graphic** on the skateboard was inspired by artists from Central America.
(そのスケートボードのグラフィックは中央アメリカ出身の芸術家から着想を与えられた。)
(A) graphic（グラフィック）520　　(B) initiative（主導権）918
(C) compensation（補償）490　　(D) expiration（終了）301

315 【正解】 **D**

New quality control **standards** have drastically improved the reputation of Milton Appliances.
(新しい品質管理基準は、Milton Appliances社の評判を劇的に改善した。)
(A) admissions（入場）626　　(B) limits（限界）244
(C) editions（版）　　(D) standards（基準）521

316 【正解】 **C**

The assistant **editor** is responsible for identifying publishing projects with high sales potential.
(編集助手はたくさん売れる可能性のある出版計画を特定する責任がある。)
(A) detour（迂回路）905　　(B) attorney（弁護士）361
(C) editor（編集者）522　　(D) portion（一部）

317 【正解】 **D**

Four large flower **arrangements** are needed for display in the hotel lobby.
(4つの大きな生け花はホテルのロビーに飾られる必要がある。)
(A) references（照会）312　　(B) commentaries（論評）903
(C) observers（観察者）　　(D) arrangements（配置）524

318 【正解】 **A**

Line cooks are to be constantly monitored by the executive **chef**.
(ラインのコックは総料理長によって絶えず監視されなければならない。)
(A) chef（シェフ）525　　(B) receptionist（受付係）192
(C) lapse（失効）301　　(D) retiree（定年退職者）

319 【正解】 **B**

All inquiries must be answered by a customer service **agent** within 24 hours.
(全ての質問は24時間以内に顧客サービス職員によって答えられなければならない。)
(A) guide（ガイド）185　　(B) agent（職員）527
(C) courtesy（礼儀正しさ）　　(D) garment（衣服）916

320 【正解】 **B**

Hanson Hotel is in heart of Chicago's financial **district**, making it perfect for business travelers.
(HansonホテルはChicagoの金融街の中心にあり、ビジネス旅行者にとって最適だ。)
(A) dedication（献身）　　(B) district（地域）510
(C) utility（公共料金）699　　(D) element（要素）672

Number	Answer

☐☐☐

321

【正解】
C

The next edition of *Motorcycle Maintenance for Beginners* will include an additional **chapter** to cover tire repair. (『Motorcycle Maintenance for Beginners』の次の版は、タイヤ修理について取り上げた追加の章が含まれるだろう。)

(A) character（特徴）　　(B) luggage（手荷物）**633**
(C) chapter（章）**529**　　(D) stair（階段）

☐☐☐

322

【正解】
C

The office storage room is currently full of outdated **electronic** equipment.
(今のところ、事務所の収納室は古くなった電子機器でいっぱいだ。)

(A) repetitive（同じことを繰り返す）　　(B) urgent（緊急の）**681**
(C) electronic（電子式の）**530**　　(D) intense（強烈な）

☐☐☐

323

【正解】
B

The clinic's hours of **operation** are clearly written on the front door.
(診察時間は前のドアに明確に書かれている。)

(A) preparation（準備）**282**　　(B) operation（操業）**535**
(C) criterion（基準）**670**　　(D) personnel（人事）**636**

☐☐☐

324

【正解】
A

Ms. Ellington is a **regular** guest at the Giordano Hotel because of its convenient location and reasonable rates. (Ellingtonさんは、便利な場所と妥当な価格から、Giordanoホテルの常連客となっている。)

(A) regular（常連の）**536**　　(B) productive（生産的な）
(C) fierce（激しい）　　(D) primary（主要な）**678**

☐☐☐

325

【正解】
D

Wilson Advertising has a small production studio in its **headquarters** in New York.
(Wilson Advertising社はNew Yorkの本社に小さな制作スタジオを持っている。)

(A) coverage（適用範囲）　　(B) reputation（評判）**693**
(C) faculty（学部）　　(D) headquarters（本社）**533**

☐☐☐

326

【正解】
C

Invitations to the annual company banquet will be mailed on September 19.
(年1回の会社の晩餐会への招待状は9月19日に郵送される。)

(A) Expirations（終了）**301**　　(B) Attachments（取り付け）**445**
(C) Invitations（招待）**534**　　(D) Obligations（義務）**922**

☐☐☐

327

【正解】
D

Hartford Museum's latest **exhibit** is attracting visitors from around the state.
(Hartford 美術館の最新の展示は州各地からの訪問者を引きつけている。)

(A) portfolio（サンプル集）**927**　　(B) statistic（統計）
(C) dealer（販売人）**421**　　(D) exhibit（展示）**531**

☐☐☐

328

【正解】
A

Some customers have been noticing that their water **bills** are higher than usual.
(何人かの顧客は水道の請求書がいつもより高いことに気づいている。)

(A) bills（請求書）**532**　　(B) circumstances（状況）**902**
(C) disposals（処分）**906**　　(D) rumors（うわさ）

☐☐☐ **329**

【正解】 **B**

Festival organizers are looking for a **suitable** location for this year's comic book festival.

（フェスティバルの主催者は、今年のマンガ本祭りに適した場所を探している。）

(A) numerous（多数の） **676**　　(B) suitable（適した） **537**
(C) strict（厳しい）　　　　　　(D) typical（典型的な）

☐☐☐ **330**

【正解】 **A**

The new solar panels from GTY are a **significant** improvement over previous models in terms of power generation and design.

（GTY社の新しい太陽光パネルは発電とデザインの点で前のモデルから著しい改善があった。）

(A) significant（著しい） **624**　　(B) feasible（実現可能な）
(C) contrary（反対の）　　　　　　(D) fragile（壊れやすい）

☐☐☐ **331**

【正解】 **C**

Malcolm Harding will **deliver** a presentation on the research he has been doing for Stinson University of Science.

（Malcolm HardingはStinson科学大学で彼がしてきた調査のプレゼンをするだろう。）

(A) dispose（〜を配置する）　　(B) enroll（登録する） **688**
(C) deliver（〜を届ける） **539**　　(D) engage（〜を引きつける）

☐☐☐ **332**

【正解】 **C**

A new public address system has been installed to make it easier for travelers to hear **announcements** anywhere in the station. （新しい構内放送システムが、旅行者が駅のどこにいてもアナウンスを聞きやすくするために導入された。）

(A) contributions（貢献） **629**　　(B) circumstance（状況） **902**
(C) announcements（発表） **546**　　(D) patience（忍耐） **478**

☐☐☐ **333**

【正解】 **B**

Despite the huge **amount** of money that was spent on the theater's renovations, the roof still leaks in heavy rain. （劇場の改修に使われた多額のお金にもかかわらず、大雨の時にはまだ屋根の雨漏りがする。）

(A) residence（住居） **289**　　(B) amount（総額） **545**
(C) enterprise（企業） **476**　　(D) prospect（見込み）

☐☐☐ **334**

【正解】 **A**

Employees at the production company offered several great **suggestions** for future online videos. （制作会社の従業員は将来のオンラインビデオのためにいくつかの素晴らしい提案をした。）

(A) suggestions（提案） **544**　　(B) suburbs（郊外）
(C) revivals（復活）　　　　　　　(D) speculations（憶測）

☐☐☐ **335**

【正解】 **D**

Ms. Durant immediately **responded** to an e-mail inquiry about her involvement in the building's design.

（Durantさんは建物の設計への関わりについて、すぐにeメールの質問に返事した。）

(A) adjusted（〜を調節した）　　(B) excused（〜を許した）
(C) explored（〜を探検した） **674**　　(D) responded（返答した） **543**

☐☐☐ **336**

【正解】 **C**

VDE Industries has subscriptions to several trade **publications**, although few employees read them. （VDE Industries社はいくつかの業界誌を定期購読しているが、それらを読んでいる従業員はほとんどいない。）

(A) behaviors（ふるまい）　　　　(B) vacancies（空席） **357**
(C) publications（出版物） **541**　　(D) recipients（受取人）

	Number	Answer

☐☐☐ **337**

【正解】
D

Reimbursement cannot be provided for purchases without an itemized **receipt**.
(経費の精算は明細付きの領収書がない購入品には行われない。)
(A) demolition（解体）   (B) asset（資産）`667`
(C) substance（物質）   (D) receipt（領収書）`542`

☐☐☐ **338**

【正解】
A

Surveys show that guests are especially impressed with the hotel's **helpful** staff.
(宿泊客は特にホテルの親切なスタッフに感銘を受けたと調査は示している。)
(A) helpful（親切な）`540`   (B) avid（熱心な）
(C) artificial（人工の）   (D) endangered（絶滅の危機にさらされた）

☐☐☐ **339**

【正解】
B

Porteous Consultancy Group can help any company improve its profitability no **matter** how big or small. (Porteous Consultancy Groupは会社の大小にかかわらず収益性を改善するお手伝いができる。)
(A) divider（仕切り）   (B) matter（問題）`547`
(C) complication（やっかいな問題）   (D) remainder（残り）`564`

☐☐☐ **340**

【正解】
A

Library **patrons** should be aware that books in the reference section cannot be taken out of the building. (図書館の利用者は参考図書コーナーの本は建物の外に持ち出せないことに注意すべきだ。)
(A) patrons（顧客）`548`   (B) desires（願望）`904`
(C) suppliers（供給業者）`657`   (D) vessels（船）

☐☐☐ **341**

【正解】
C

Employees are reminded to leave their parking **permits** on the dashboard of their car.
(従業員は、駐車許可証を車のダッシュボードに置いておくよう注意されている。)
(A) disposals（処分）`906`   (B) scarcities（欠乏）`930`
(C) permits（許可証）`549`   (D) durations（期間）`908`

☐☐☐ **342**

【正解】
C

A copy of the meeting **agenda** has been e-mailed to each of the attendees.
(ミーティングの議題が各参加者にeメールで送られた。)
(A) success（成功）`293`   (B) internship（インターンシップ）
(C) agenda（議題）`550`   (D) distance（距離）

☐☐☐ **343**

【正解】
B

Conference-goers receive a name badge at **reception** when they arrive at the convention center.
(会議の参加者は会議場に到着した時、受付で名札を受け取る。)
(A) instruction（指示）   (B) reception（受付）`556`
(C) formation（構成）   (D) compensation（補償）`490`

☐☐☐ **344**

【正解】
A

There are bulk discounts available for customers who order large **quantities** of tiles.
(タイルを大量に注文する顧客が利用できる大量購入割引がある。)
(A) quantities（量）`555`   (B) resignations（辞職）
(C) commands（命令）   (D) interventions（仲裁）

	Number	Answer

345 【正解】 **D**

A **draft** of the report must be inspected for errors before it is submitted to head office.
(レポートの草稿は本部に提出される前に誤りをチェックされなければならない。)
(A) disposal（処分） **906**   (B) scarcity（欠乏） **930**
(C) trend（傾向）   (D) draft（草稿） **554**

346 【正解】 **C**

Technicians **determined** that the cables in the server room required replacement.
(技術者はサーバールームのケーブルを取り替える必要があると明らかにした。)
(A) distributed（～を分配した） **623**   (B) explored（～を探検した） **674**
(C) determined（～を明らかにした） **553**   (D) resumed（～を再開した）

347 【正解】 **D**

All of the products in the **brochure** have been tested and reviewed by Harper Fashion. (パンフレットに載っている全ての製品はHarper Fashion社によってテストされ見直されている。)
(A) treatment（治療） **936**   (B) transfer（移転） **625**
(C) congestion（渋滞） **368**   (D) brochure（パンフレット） **552**

348 【正解】 **A**

If you would like to transfer to another **branch**, you must submit a request to your local manager.
(別の支店に移りたいなら地域の管理者に要請書を提出しなければなりません。)
(A) branch（支店） **551**   (B) survey（〈アンケートなどの〉調査） **152**
(C) interest（興味） **700**   (D) expansion（拡大） **180**

349 【正解】 **B**

It took the mechanics several hours to find the **cause** of the bus's breakdown.
(整備士がバスの故障の原因を発見するのに数時間かかった。)
(A) purpose（目的）   (B) cause（原因） **557**
(C) service（サービス） **070**   (D) designation（指定） **687**

350 【正解】 **A**

It is important to speak with an expert before making important financial **decisions**.
(重要な財務上の決定をする前に専門家と話すことが大切だ。)
(A) decisions（決定） **558**   (B) industries（産業） **209**
(C) productions（製品） **061**   (D) efficiencies（効率） **631**

351 【正解】 **C**

The City of London Walking Tour includes over 12 important **historic** sites.
(London市のウォーキングツアーは12以上の重要な歴史的な場所を含んでいる。)
(A) dependent（頼っている）   (B) current（今の） **506**
(C) historic（歴史的な） **560**   (D) demanding（厳しい） **318**

352 【正解】 **A**

The **initial** design for the tractor did not have a radio or air conditioning.
(トラクターの最初の設計ではラジオやエアコンがついていなかった。)
(A) initial（初めの） **561**   (B) mutual（相互の）
(C) exceptional（特に優れた） **494**   (D) scenic（景色のいい）

	Number	Answer
☐☐☐	**353** 【正解】 **B**	The real **estate** agent took her clients to five different addresses before they found something suitable. (不動産業者は顧客がふさわしい物件を見つけるまでに5カ所の異なる住所に連れていった。) (A) distance（距離） (B) estate（財産） **559** (C) content（内容） **370** (D) domain（領域）
☐☐☐	**354** 【正解】 **D**	**Multiple** studies have shown that age has a big effect on smartphone gaming preferences. (年齢がスマートフォンのゲームの好みに大きな影響があることを、複数の研究が示している。) (A) Reflective（反射する） **261** (B) Symbolic（象徴的な） (C) Inactive（不活発な） (D) Multiple（多数の） **563**
☐☐☐	**355** 【正解】 **B**	All survey responses will **remain** confidential, so please answer thoroughly and truthfully. (全ての調査の回答は機密扱いとなりますので、余すところなく正直に答えてください。) (A) dismiss（〜を解雇する） (B) remain（〜のままである） **564** (C) dictate（〜を書き取らせる） (D) invest（〜を投資する） **327**
☐☐☐	**356** 【正解】 **C**	A **ceremony** will be held to mark the grand opening of the new community center. (新しいコミュニティーセンターのグランドオープンを記念して式典が催される。) (A) permission（許可） **351** (B) postage（郵便料金） (C) ceremony（式典） **567** (D) donation（寄付） **194**
☐☐☐	**357** 【正解】 **B**	The **expert** instructors at Colbert Golf School will help you improve your swing in a matter of hours. (Colbertゴルフスクールの専門講師は数時間のうちにあなたのスイングを改善するお手伝いをします。) (A) disposal（処分） **906** (B) expert（専門家） **569** (C) initiative（主導権） **918** (D) commercial（商業〈上〉の） **463**
☐☐☐	**358** 【正解】 **D**	Drew Workwear is made with a heavy-duty **fabric** that is resistant to tearing and staining. (Drewワークウェアは破れや汚れに強い丈夫な生地で作られている。) (A) intermission（幕間） (B) refreshment（軽食） **196** (C) subsidy（補助金） (D) fabric（生地） **570**
☐☐☐	**359** 【正解】 **A**	The job fair will provide information on a wide **range** of professions. (就職説明会は幅広い職業についての情報を提供する。) (A) range（範囲） **572** (B) possession（所有） (C) payroll（給与総額） **245** (D) endeavor（努力） **493**
☐☐☐	**360** 【正解】 **C**	Employees should ask for **assistance** if they are not confident carrying out any task. (もし従業員が業務を遂行する上で自信がないなら、助力を頼むべきだ。) (A) inventory（在庫） **465** (B) opportunity（機会） **281** (C) assistance（助力） **573** (D) surcharge（追加料金）

	Number	Answer

361

【正解】
A

There is a **grocery** store on Warner Street that sells fresh fruit and vegetables.
(Warner通りには、新鮮な果物と野菜を売る食料品店がある。)
(A) grocery（食料〈日用〉品）**571**　　(B) quarter（4分の1）**286**
(C) timber（材木）　　(D) trademark（トレードマーク）

362

【正解】
C

Callister Supermarket mails **flyers** to addresses within a seven-kilometer radius of the store.
(Callisterスーパーマーケットは店の半径7キロ以内の住所にチラシを送る。)
(A) hazards（脅威）　　(B) detours（迂回路）**905**
(C) flyers（チラシ）**574**　　(D) respects（尊敬）**929**

363

【正解】
A

Bruce Marshal Five will perform concerts in most **major** North American cities.
(Bruce Marshal Fiveは北アメリカのほとんどの主要な都市でコンサートを行うだろう。)
(A) major（主要な）**576**　　(B) versatile（多才な）
(C) measurable（測定できる）**330**　　(D) consistent（一貫した）**369**

364

【正解】
B

Mr. Ohno is **responsible** for maintaining the fleet of delivery vehicles at Vance Transportation.
(OhnoさんはVance Transportation社で配達車両を整備する責任がある。)
(A) feasible（実現可能な）　　(B) responsible（責任がある）**577**
(C) relevant（関連がある）**392**　　(D) reasonable（手頃な）**628**

365

【正解】
B

Jane Lopez submitted her **résumé** to five photography studios and received replies from two.（Jane Lopezは履歴書を5カ所の写真撮影スタジオに送り2カ所から返事を受け取った。）
(A) source（源）**178**　　(B) résumé（履歴書）**578**
(C) shortage（不足）**933**　　(D) transaction（取引）**442**

366

【正解】
D

You must bring two forms of **identification** when you apply for your chemical handler's license.（化学薬品取扱者の免許を申請する時は、2通の身分証明書を持ってこなければなりません。）
(A) publicity（広告）**247**　　(B) promotion（昇進）**182**
(C) circumstance（状況）**902**　　(D) identification（身分証明書）**582**

367

【正解】
D

There are still three exhibition **booths** ready for rent at the Colorado Mountain Climbing Convention.
(Colorado登山会議では3つの展示ブースがまだ借りられる。)
(A) appeals（アピール）　　(B) gains（増加）**915**
(C) permissions（許可）**351**　　(D) booths（ブース）**581**

368

【正解】
A

Few **venues** in Portland have as much seating as Potter Stadium.
(PortlandにはPotterスタジアムと同じぐらいの席数がある会場はほとんどない。)
(A) venues（会場）**580**　　(B) expenses（費用）**254**
(C) effects（影響）**320**　　(D) materials（材料）**031**

解答

	Number	Answer

☐☐☐ **369** 【正解】 **C**

Discount tickets are available for students, but you must show a **valid** student ID.
(学生は割引券を使えるが、有効な学生証を提示しなければならない。)
(A) culinary（調理〈用〉の）**671**　　(B) silent（静かな）
(C) valid（有効な）**579**　　(D) thorough（徹底的な）**356**

☐☐☐ **370** 【正解】 **D**

Experience working in a busy kitchen is not **necessary**, but it is certainly an advantage.
(忙しい調理場で働いた経験は必須ではないが、それがあると必ず有利になる。)
(A) administrational（管理の）**639**　　(B) spectacular（壮観な）
(C) remarkable（注目すべき）**664**　　(D) necessary（必要な）**584**

☐☐☐ **371** 【正解】 **B**

Passengers must store their suitcases in the special section at the rear of each train carriage.
(乗客はスーツケースを各車輌の後ろにある専用の場所にしまわなければならない。)
(A) Entrepreneurs（起業家）**648**　　(B) Passengers（乗客）**585**
(C) Summaries（要約）**934**　　(D) Itineraries（旅程表）**652**

☐☐☐ **372** 【正解】 **C**

There is a **shuttle** bus service between the Ibis Hotel and Seattle's International and Domestic Airports.
(IbisホテルとSeattle国際・国内空港の間にはシャトルバスのサービスがある。)
(A) praise（賞賛の言葉）　　(B) shortage（不足）**933**
(C) shuttle（シャトル便）**586**　　(D) funding（資金）**159**

☐☐☐ **373** 【正解】 **B**

Helen Rogers is in charge of the company's marketing **strategy**.
(Helen Rogersは会社のマーケティング戦略の担当だ。)
(A) accolade（賞賛）　　(B) strategy（戦略）**587**
(C) impression（印象）**610**　　(D) priority（優先事項）**679**

☐☐☐ **374** 【正解】 **A**

First-time Xphayz Mobile Network **subscribers** get their first three months free.
(Xphayzモバイルネットワークに初めて加入した人は最初の3カ月は無料だ。)
(A) subscribers（購読者）**588**　　(B) properties（財産）**259**
(C) households（世帯）　　(D) facilities（施設）**302**

☐☐☐ **375** 【正解】 **D**

This Friday evening, FTJ Cinema will mark its 10th **anniversary** with a free showing of *Star Crash*.
(今度の金曜日の夜、FTJシネマは10周年を記念して『Star Crash』を無料上映する。)
(A) designation（指定）**687**　　(B) monument（記念碑）
(C) commentary（論評）**903**　　(D) anniversary（〜周年記念日）**604**

☐☐☐ **376** 【正解】 **C**

This weekend a team of workers will be removing expired items from the **warehouse**.
(今週末、従業員のチームは倉庫から期限切れの商品を取り除くだろう。)
(A) doubts（疑い）**907**　　(B) customization（カスタマイズ）
(C) warehouse（倉庫）**591**　　(D) expenses（費用）**254**

	Number	Answer

377
【正解】**A**

It is time to replace the current air conditioners with a more **efficient** model.
(今のエアコンをより効率的なモデルと取り替える時だ。)
(A) efficient（効率のよい）**631**   (B) detailed（詳細な）**406**
(C) diverse（多様な）   (D) harmful（有害な）

378
【正解】**B**

If any item is out of stock, please mention the problem to the manager on **duty**.
(商品が在庫切れなら、勤務中のマネージャーにその問題を伝えてください。)
(A) stress（ストレス）   (B) duty（仕事）**594**
(C) wealth（富）   (D) usage（使い方）**938**

379
【正解】**A**

TRW industrial dishwashers can **handle** huge loads of dishes and bowls.
(TRW社の業務用食器洗い機は大量の皿やボウルを扱うことができる。)
(A) handle（〜を取り扱う）**596**   (B) transfer（〜を移転する）**625**
(C) unite（〜を結合する）   (D) value（〜を評価する）**403**

380
【正解】**D**

Todd Mackenzie **chaired** a committee that created a shoreline protection plan for Normandy Beach. (Todd MackenzieはNormandyビーチの海岸線保護計画を作る委員会の議長を務めた。)
(A) contributed（貢献した）**629**   (B) consisted（成った）**946**
(C) doubted（〜を疑った）**907**   (D) chaired（〜の議長を務めた）**592**

381
【正解】**C**

City Dining Magazine featured a **profile** of Chivon Harkonen, the head chef at Maurice's Seafood Restaurant. (『City Dining』誌はMaurice'sシーフードレストランの料理長のChivon Harkonenの紹介を特集している。)
(A) review（批評）**068**   (B) reservation（予約）**120**
(C) profile（紹介）**599**   (D) resident（住民）**289**

382
【正解】**B**

Davis Tech offers customers amazing **savings** on computers and peripheral devices.
(Davis Tech社はコンピュータや周辺機器について驚くべき節約を顧客に提供している。)
(A) strengths（強さ）   (B) savings（節約）**601**
(C) marks（印）   (D) origins（起源）**924**

383
【正解】**A**

All employees at Sheffield Publishing get experience working in **various** departments.
(Sheffield Publishing社の全ての従業員は、さまざまな部門で働く経験をする。)
(A) various（さまざまな）**603**   (B) precise（正確な）**479**
(C) reduced（減らされた）**160**   (D) severe（厳しい）

384
【正解】**D**

The network will be shut down for two hours tomorrow while **upgrades** are carried out on the server. (明日、サーバーのアップグレードが実行される間、2時間ネットワークが遮断されるだろう。)
(A) hotlines（直通電話）   (B) representatives（代表者）**416**
(C) deductions（控除）   (D) upgrades（アップグレード）**589**

Number	Answer
□□□ **385** 【正解】 **C**	**Audiences** at Dr. Winchester's presentations are encouraged to ask questions and offer comments. （Winchester博士のプレゼンの聴衆は、質問やコメントをするように勧められる。） (A) Necessities（必要）**584**　　(B) Promotions（昇進）**182** (C) Audiences（聴衆）**605**　　(D) Relatives（親族）
□□□ **386** 【正解】 **D**	PJ's Posters is sad to announce that it will be closing all but its **downtown** store. （PJ's Posters社は、残念ながら繁華街の店を除いて全て閉店すると発表する。） (A) term（条件）**315**　　(B) publicity（広告）**247** (C) locality（地域）**919**　　(D) downtown（繁華街）**608**
□□□ **387** 【正解】 **A**	Applicants for the chief researcher position must hold an advanced **degree** in chemistry or biology.（主席研究員への応募者は化学か生物学の学士より上の学位を持っていなければならない。） (A) degree（学位）**607**　　(B) indication（指示）**917** (C) attempt（試み）**488**　　(D) inspiration（ひらめき）
□□□ **388** 【正解】 **B**	Please ensure that your name is marked on your uniform so that you receive the **correct** one back from the laundry.（洗濯に出した制服が間違いなく戻ってくるように、あなたの制服に名前をきちんと書いておいてください。） (A) reduced（減らされた）**160**　　(B) correct（正確な）**606** (C) skillful（熟練した）　　(D) efficient（効率のよい）**631**
□□□ **389** 【正解】 **A**	On Tuesdays and Thursdays, GB Attorneys offers free **legal** advice at its Miami office. （火曜日と木曜日に、GB弁護士事務所は無料法律相談をMiami事務所で提供する。） (A) legal（法律の）**611**　　(B) attractive（魅力的な）**642** (C) vacant（空いている）**357**　　(D) negotiable（交渉の余地がある）**279**
□□□ **390** 【正解】 **C**	The seats in the Hudson Hurricane are **particularly** uncomfortable on long drives. （Hudson Hurricaneの座席は、長距離ドライブで特に座り心地が悪い。） (A) freely（自由に）　　(B) habitually（習慣的に） (C) particularly（特に）**612**　　(D) boldly（大胆に）
□□□ **391** 【正解】 **C**	Skole brand speakers have received overwhelmingly **positive** reviews on the Nileways Online Shopping Web site.（Skoleブランドのスピーカーは、Nilewaysオンラインショッピングウェブサイトで圧倒的に好意的なレビューを受けている。） (A) innovative（革新的な）**660**　　(B) absent（欠席の） (C) positive（好意的な）**613**　　(D) available（入手できる）**074**
□□□ **392** 【正解】 **B**	Vincent's leather cream is a great way to **protect** your leather products from sun damage.（Vincent社の革クリームはあなたの革製品を日光のダメージから守るのに、素晴らしい方法です。） (A) approach（〜に近づく）　　(B) protect（〜を保護する）**614** (C) arrange（〜を準備する）**524**　　(D) force（〜に強いる）**948**

	Number	Answer

☐☐☐ **393**

【正解】 **A**

KC's Asian Supermarket **caters** to people looking to cook authentic Asian dishes in the Holden Area.（KC'sアジアスーパーマーケットは、Holden地区で本格的なアジア料理を作りたい人のニーズに応える。）

(A) caters（~〈要求、要望〉に応える）**619**　　　(B) estimates（~と見積もる）**241**
(C) hastens（~を急がせる）　　　(D) certifies（~を証明する）**668**

☐☐☐ **394**

【正解】 **D**

Admission to Xanadu Botanical Gardens is just $10 for adults and $5 for students.（Xanadu植物園の入場料は、大人はたった10ドル、学生はたった5ドルだ。）

(A) Indication（指示）**917**　　　(B) Publicity（広告）**247**
(C) Regularity（規則正しさ）**536**　　　(D) Admission（入場）**626**

☐☐☐ **395**

【正解】 **C**

People wishing to hold events at Blackwell Park must **acquire** the appropriate permits from Ryder City Council.（Blackwell公園でイベントを催したい人はRyder市議会から適切な許可を得なければならない。）

(A) implement（~を実行する）**650**　　　(B) pack（~を詰める）
(C) acquire（~を獲得する）**684**　　　(D) populate（~に住まわせる）

☐☐☐ **396**

【正解】 **D**

The **architect** who designed the new Gibraltar Bank building received an award from an industry association.
（新しいGibraltar銀行ビルを設計した建築家は業界団体からの賞を受賞した。）

(A) accountant（会計士）**659**　　　(B) origin（起源）**924**
(C) participant（参加者）**222**　　　(D) architect（建築家）**617**

☐☐☐ **397**

【正解】 **A**

Ms. Popov's company gave her special **recognition** for attracting hundreds of new clients.（Popovさんの会社は、何百人もの新規顧客を引き付けたことで彼女を特別に表彰した。）

(A) recognition（表彰）**615**　　　(B) questionnaire（アンケート）**662**
(C) necessity（必要）**584**　　　(D) procedure（手順）**656**

☐☐☐ **398**

【正解】 **B**

General Carpet Cleaning Company has almost doubled its **revenue** by posting videos of its work online.（General Carpet Cleaning社は仕事の動画をインターネットに投稿することで収益がほぼ倍増した。）

(A) notice（掲示）**921**　　　(B) revenue（収入）**616**
(C) venture（冒険）**682**　　　(D) reduction（減少）**160**

☐☐☐ **399**

【正解】 **A**

Facing increased **competition** for contracts, Peterson Signwriters has lowered its rates and started offering illuminated signboards.（契約の競合が増えたことに直面して、Peterson Signwriters社は料金を下げ、イルミネーション看板の提供を始めた。）

(A) competition（競合）**621**　　　(B) physician（医者）**690**
(C) reality（現実）　　　(D) pharmaceutical（〈通常-s〉製薬会社）**637**

☐☐☐ **400**

【正解】 **C**

Food ran out at the festival because the **crowd** was much larger than expected.
（観衆が予想よりはるかに多かったので、フェスティバルでは食料が底をついた。）

(A) shortness（不足）　　　(B) supply（供給）**657**
(C) crowd（群衆）**622**　　　(D) exception（例外）**202**

INDEX
索引

※赤文字は見出し語です。

著者紹介

西嶋 愉一（にしじま・ゆいち）

金沢大学国際基幹教育院准教授。1962年東京都世田谷区生まれ。東京工業大学大学院理工学研究科情報工学専攻修士課程修了。1987年日本アイ・ビー・エム入社、主にソフトウェア開発に従事。1998年から金沢大学外国語教育研究センター助教授（現・准教授）。コンピュータ支援外国語教育（CALL）のためのシステム作り、環境整備に携わりつつ、TOEICにも積極的に取り組む。2007年から調査目的で公開テストを受験し続け、受験回数は113回（2023年3月現在）。TOEIC L&R 990点取得。
TOEIC関係の著書に『TOEIC® L&Rテスト 究極のゼミ Part 2&1』『TOEIC® L&Rテスト Part 5 語彙問題だけ 555』（共著、アルク）、『TOEIC® TEST 鉄板シーン攻略 ボキャブラリー』（共著、ジャパンタイムズ）などがある。

◉ —— 編集	株式会社エンガワ	
◉ —— 問題作成	Ross Tulloch	
◉ —— 校正	Ross Tulloch・中村 信子・株式会社鷗来堂	
◉ —— 編集協力	勝山 庸子	
◉ —— カバーデザイン	竹内 雄二	
◉ —— DTP・本文図版	株式会社 創樹	
◉ —— 音源制作	株式会社アート・クエスト	
◉ —— 収録ディレクション	中村 秀和	
◉ —— ナレーター	Jack Merluzzi	

［音声DL付］
TOEIC® L&R TEST ドリルでマスター 出る順英単語

2023年 6月25日　　　初版発行

著者	西嶋 愉一
発行者	内田 真介
発行・発売	ベレ出版 〒162-0832　東京都新宿区岩戸町12 レベッカビル TEL.03-5225-4790 FAX.03-5225-4795 ホームページ　https://www.beret.co.jp/
印刷	モリモト印刷株式会社
製本	根本製本株式会社

落丁本・乱丁本は小社編集部あてにお送りください。送料弊社負担にてお取り替えします。
本書の無断複写は著作権法上での例外を除き禁じられています。購入者以外の第三者による本書のいかなる電子複製も一切認められておりません。

ISBN 978-4-86064-727-8 C2082